AF196733

Spionage in Festungen

Festungsforschung Band 15

Spionage in Festungen

Herausgegeben
von der Deutschen Gesellschaft
für Festungsforschung e.V.

Festungsforschung Band 15

SCHNELL + STEINER

Deutsche Gesellschaft für Festungsforschung e.V.
Festungsforschung Band 15
Redaktion: Guido von Büren und Andrea Tonert

Umschlagabbildungen:
Oben: Wilhelm Anton Witthoff, Festung Ehrenbreitstein, 1820,
Öl auf Holz, Mittelrhein-Museum Koblenz, Inv.-Nr.: M1981_20
Unten: Festungsplan von Wesel, 1809, Stadtarchiv Wesel

Bibliografische Information der Deutschen Nationalbibliothek:
Die Deutsche Nationalbibliothek verzeichnet diese Publikation
in der Deutschen Nationalbibliografie; detaillierte bibliografische
Daten sind im Internet über https://dnb.de abrufbar.

1. Auflage 2025
© 2025 Verlag Schnell & Steiner GmbH, Leibnizstr. 13, D-93055 Regensburg
Umschlaggestaltung: Anna Braungart, Tübingen
Satz: typegerecht berlin
Finanziert/fördert Klimaschutzmaßnahmen
Printed in EU

ISBN 978-3-7954-3933-0

Weitere Informationen zum Verlagsprogramm erhalten Sie unter:
www.schnell-und-steiner.de

Inhalt

Die Teilnehmenden an der Jahrestagung der Deutschen Gesellschaft für Festungsforschung e.V. in Wesel anlässlich des 40-jährigen Jubiläums vor dem Berliner Tor (Foto: Bernhard Dautzenberg)

Vorwort

Liebe Mitglieder, geschätzte Leserinnen und Leser,

im fünfzehnten Band unserer Schriftenreihe Festungsforschung finden Sie die Vorträge unserer internationalen Jahrestagung 2021, die anlässlich des 40-jährigen Bestehens der Deutschen Gesellschaft für Festungsforschung e. V. (DGF) am Ort der Gründung und auf Einladung der Hansestadt Wesel am Rhein vom 24. bis 26. September im LVR-Niederrheinmuseum – noch unter den erschwerten Bedingungen der Corona-Schutzmaßnahmen – stattfand. Umso mehr Dank gebührt den Mitarbeitenden der Stadtverwaltung Wesel und den Akteuren vor Ort für die Möglichkeit, mit einem feierlichen Empfang dieses Jubiläums am „Geburtsort" der DGF gebührend begehen zu können. Nach 1991 und 2006 war es eine besondere Freude zum dritten Mal ein Jubiläum in Wesel feiern zu können, zumal sich neben zahlreichen Mitgliedern auch die ehemalige Präsidentin Andrea Theissen, Ex-Präsident Kurt Buschhausen und Gründungspräsident Volker Schmidtchen sowie Vertreter der internationalen Schwestervereine (Association Vauban, Frënn vun der Festungsgeschicht Lëtzebuerg, Stichting Menno van Coehoorn) zu diesem besonderen Anlass in Wesel eingefunden hatten.

Ein besonderer Dank gilt dem Team des LVR-Niederrheinmuseums und seinem damaligen Leiter Dr. Veit Veltzke, die mit ihren Räumen einen perfekten Tagungsort zur Verfügung stellten und – trotz pandemiebedingter 3G-Regeln – für einen reibungslosen Ablauf der Veranstaltung sorgten. Als zusätzliches „Geburtstagsgeschenk" zum DGF-Jubiläum wurde den Teilnehmenden exklusiv die Ausstellung „Stadt und Festung Wesel in Mittelalter und Neuzeit" des Stadtarchivs Wesel im LVR-Niederrheinmuseum und in der frisch restaurierten städtischen Brisürenkasematte der Zitadelle nebst einer gleichlautenden Publikation präsentiert.

Einem breiten Fragenspektrum zum bislang wenig erforschten Tagungsthema „Spionage in Festungen" als verdeckte Informationsbeschaffung im militärischen Kontext gehen in diesem Band Wissenschaftlerinnen und Wissenschaftler aus dem In- und Ausland in Fachbeiträgen nach.

Festungen hatten, gerade in der Frühen Neuzeit, einen hohen Symbolwert. Sie dienten der Abschreckung potentieller Gegner, weshalb sie durchaus auch öffentlich vorgeführt wurden – manche Informationen blieben aber aus Sicherheitsgründen im Dunkeln. Hier setzte die Tätigkeit der Spione an. Im Fokus der Beiträge stehen dabei – naturgemäß – geheime Spionageberichte europäischer „Agenten" aus dem 17.–19. Jahrhundert.

Auch die lokale Forschung ist mit Beiträgen zur Geschichte der bedeutenden Festung Wesel vertreten. Der Fachbereich 4 der Stadt Wesel wie auch das Stadtarchiv unterstützte nicht nur die Tagung, sondern auch die Produktion dieses Tagungsbandes, wofür ich mich im Namen der Mitglieder und des Vorstandes der DGF nochmals herzlich bedanken möchte.

Gleichfalls gedankt sei an dieser Stelle dem bewährten Redaktionsteam von Büren/Tonert und dem Verlag Schnell und Steiner für die gewissenhafte Betreuung und qualitätsvolle Produktion dieses Bandes sowie den Autorinnen und Autoren, die mit ihren Fachbeiträgen zu weiterführenden Studien über dieses interessante Thema anregen. Ich wünsche allen Leserinnen und Lesern eine interessante und anregende Lektüre unserer Publikation und hoffe, den einen oder anderen aus der Leserschaft auf einer der Jahrestagungen der DGF begrüßen zu dürfen.

Köln, im Dezember 2024   Andreas Kupka, M.A.
                                                                  Präsident der DGF

Martin Klöffler

Wertvolle Nachricht oder schamloser Verrat?

Das Ausspionieren von Festungen in den napoleonischen Kriegen 1792–1815

Einleitung

Spionage – auch das zweitälteste Gewerbe der Welt genannt – war seit je eine geheimnisumwitterte Tätigkeit, von der die Kriegsparteien selbst nach dem Friedensschluss von 1815 nur wenig preisgeben wollten.

Das hing zum einen damit zusammen, dass bei den Siegern natürlich die überlegenen Waffen und die bessere Strategie den glücklichen Ausgang bestimmt hatten, und die schmutzige Spionage in den Hintergrund treten musste, damit keine dunklen Flecken auf der weißen Weste der Sieger zurückblieben. Bei den Verlierern konnte dann um so mehr vom feigen und heimtückischen Verrat die Rede sein, die durch schmierige Spione oder gewissenlose Verräter herbeigeführt worden war.

Zum weiteren hätten die Kriegsparteien ungern offengelegt, mit welchen geheimdienstlichen Mitteln und Personen sie während des Krieges gearbeitet hatten. Graham schreibt dazu in seiner geschichtlichen Betrachtung über die Spionage, dass ein General immer so klug sein müsse, die Quellen seiner Erkenntnisse geheim zu halten.[1]

Zum Dritten stand die zentrale Institutionalisierung der Geheimdienste noch ganz in den Anfängen, da sie noch mehr als individuelle Aufgabe der Beteiligten im Kriege und nicht als systematische Informationsbeschaffung auch in Friedenszeiten gesehen wurde. Dies bedeutete unter anderem, dass Akten noch nicht systematisch archiviert wurden und sich eher zufällig unter anderen Berichten finden, wenn die geheimdienstlichen Erkenntnisse überhaupt verschriftlicht wurden.

Alle Nachrichtendienste dienten einem doppelten Zweck: „Orientierung über die Verhältnisse beim Feind, und die Verschleierung der eigenen Maßnahmen."[2]

Dies schloss das Infiltrieren der gegnerischen Institutionen und das Beeinflussen von Entscheidungen im gewünschten Sinn mit ein.

---

1 James J. Graham, Military End and Moral Means, London 1864, S. 428 ff.
2 Hermann Giehrl, Der Feldherr Napoleon als Organi-sator. Betrachtungen über seine Verkehrs- und Nach-richtenmittel, seine Arbeits- und Befehlsweise, Berlin 1911, S. 40.

Die Bewertung der Spionage war also schlicht eine Frage des Standpunktes und der Nützlichkeit, weniger der Moral.

Im Festungskrieg 1792–1815 gab es tatsächliche einige äußerst spektakuläre Fälle von Verrat, die auch hier vorgestellt werden und welche bisher noch wenig bekannt sind. Doch in der Regel waren die geheimdienstlichen Aktivitäten das Geschäft des grauen Alltags auf der kleinteiligen taktischen Ebene und wurden bisher kaum wahrgenommen, zumal auch die Verschriftlichung dürftig ist. Der napoleonische Festungskrieg war gegenüber den Kabinettskriegen des 18. Jahrhunderts mehr in den Hintergrund getreten, und das Interesse der späteren militärhistorischen Forschungen konzentrierte sich fast ausschließlich auf die Feldzüge.

In den napoleonischen Kriegen ist erstmals eine zunehmende Institutionalisierung der Geheimdienste zu beobachten: Zu Kriegszeiten dominierten die Aktivitäten der Generalstäbe, zu Friedenszeiten lagen die Aktivitäten typischerweise bei den Gesandtschaften und der Polizei sowie dem Sammeln der Erkenntnisse in den Archiven und Plankammern.

In den klassischen Feldzugsberichten der Militärschriftsteller und Relationen der Generalstäbe werden die geheimdienstlichen Aktivitäten kaum erwähnt. Man spricht nur von ,Erkenntnissen‘ oder ,Nachrichten‘, ohne die Quellen zu nennen. Nur wenige systematische Veröffentlichungen liegen bisher zum Thema vor, ausgenommen die über Napoleons Meisterspion Schulmeister und die allgemeine Organisation der französischen Dienste. Schulmeisters Erfolge und Effizienz wurden zu dessen Lebzeiten gar nicht erkannt, sondern konnten erst später gewürdigt werden. Hier scheint es, dass der Erfolg nur einem einzelnen Individuum zu verdanken war, während es in der Regel ein ganzes Netz von verdeckt arbeitenden Kundschaftern und Agenten war.

Allerdings konzentrierten sich die bisherigen Untersuchungen auf die französische Seite, besonders natürlich Napoleon[3] und seiner Minister Fouché und Savary. Eine Ausnahme hiervon machen nur die englischen Untersuchungen Davies über die iberische Halbinsel.[4] Eine allgemeine Übersicht über die Geschichte der Spionage gibt Krieger,[5] geht allerdings nur auf die französischen Geheimdienste Napoleons ein, die ebenfalls bei Arboit behandelt werden. Nach den Recherchen des Autors gibt es zur napoleonischen Festungsspionage noch keine Untersuchungen.

Der Autor ist gleichwohl davon überzeugt, dass sich viele bisher noch unveröffentlichte Dokumente in den Archiven befinden. Hier kann deshalb nur ein erster Überblick über die bereits gedruckten Quellen und bekannte Literatur gegeben werden.

An dieser Stelle kann nur die militärische Spionage mit dem Fokus auf die Belagerungen behandelt werden, politische Propaganda und die Polizeidienste im Inland können hier nur am Rande erwähnt werden.

---

3 Gérald Arboit, Napoléon et le Renseignement, in: Note Historique 27 (2009), Centre français de Recherche sur le Renseignement; URL <https://cf2r.org/his­torique/napoleon-et-le-renseignement/#_ftnref21> [17.06.2021]; Giehrl 1911 (wie Anm. 2), S. 40 ff.

4 Huw J. Davies, Spying for Wellington. British Military Intelligence in the Peninsular War (Campaigns and Commanders 64), Norman 2018.

5 Wolfgang Krieger, Geschichte der Geheimdienste. Von den Pharaonen zur NSA, München 2014; sehr lesenswert sind die einleitenden Kapitel.

Einige zeitgenössische Begriffe

Unter der Bezeichnung Nachrichtenfach, Nachrichtenwesen oder Nachrichtenbüreau (Nachrichtenbüro) werden die Geheimdienste bei den Generalstäben der Armeen oder der Polizei bezeichnet. Auf der französischen Seite entspricht dies dem ‚Bureau de la partie secrète‘ oder kurz ‚partie secrète‘. Krünitz (s. u.) definiert Anfang des 19. Jahrhunderts:

„Spion, Explorator, Fr. Espion, ein Kundschafter, Aushorcher, Ausforscher; überhaupt also derjenige, welcher anderer Heimlichkeiten mit List auszuforschen sucht, um einen ihnen nachtheiligen Gebrauch davon zu machen. Besonders gebraucht man dieses Wort im Kriegeswesen, um dadurch einen Menschen zu bezeichnen, der des Feindes Stärke, Stellung, die Verfassung der Truppen, deren Stimmung etc. etc. zu dessen Schaden mit List auszuforschen sucht; dieses Wort ist uns mit andern Fremdwörtern in der Kriegeskunst aus dem Italienischen oder Französischen überkommen, wie auch schon in der Anmerkung des eben erwähnten Theiles, ist angeführt worden.“

„Nachricht,[6] die glaubwürdige oder doch für glaubwürdig ausgegebene mündliche oder schriftliche Bekanntmachung einer in der Ferne geschehenen Sache.“

Weiter waren die Begriffe Spitzel, Kriegskundschafter, frz. Explorateur oder espion, engl. spy, scout, explorer oder Agent üblich. Der Gewährsmann bezeichnet einen verdeckt arbeitenden Vertrauten, der im Allgemeinen nicht bezahlt wurde (zu den Klassen der Spione siehe unten).

Beteiligte Institutionen

Diese sind einerseits Auftraggeber, Lieferanten, Nutznießer oder auch Ziel der Nachrichtenermittlung. Das folgende, generische Schema soll die typischen beteiligten Institutionen bei den Großmächten, vor allem Preußen, zeigen und muss für den jeweiligen Zeitschnitt und Staat immer modifiziert werden (Abb. 1).

Wir haben die folgenden Ebenen bei der Ausspähung:

– Politische Erkundung des Gegners
– Strategisch-militärische Erkundung über die Armee, das Kriegstheater, die Rüstungen einschließlich der Festungen
– Taktische Erkundung der Festungen bei den Belagerungen

Die folgenden Ausführungen werden sich folglich mehr mit der taktischen Ebene beschäftigen

---

6　Im französischen ‚Renseignement‘, auch Auskunft.

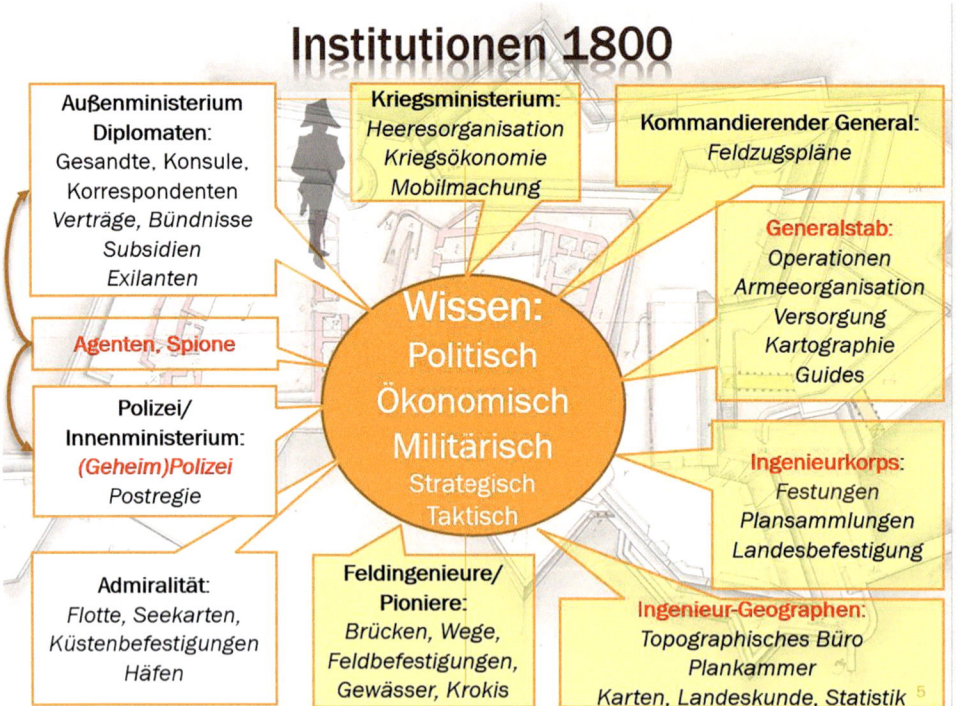

Abb. 1: An der Nachrichtenbeschaffung beteiligte Ministerien und militärische Einrichtungen (gelb hinterlegt) für eine europäische Großmacht oder Mittelmacht am Anfang des 19. Jahrhunderts

Vorbereitende Auswertung und Spionagenetze im Frieden

Der Zeitraum von 1792 bis 1815 war in Mitteleuropa durch eine langandauernde Folge von sechs Koalitionskriegen gegen Frankreich gekennzeichnet, die nur von kurzen Friedensperioden, die eigentlich mehr den Charakter eines vorläufigen Waffenstillstands hatten, unterbrochen wurden.

Die Spionage vor den Feldzügen konzentrierte sich mehr auf das Sammeln von Erkenntnissen, was vor allem Karten und Pläne betraf, sowie auf den Aufbau eines Spionagenetzes im Ausland.

Alle hier beschriebene Institution konnten auch selbst Ziel einer Spionage sein; systematische Spionageabwehr war allerdings noch nicht institutionalisiert. An Hand einiger Beispiele für kleinere deutsche Staaten, dann vor allem Preußen und England, soll dies erläutert werden.

Der Hof

Die Höfe in den Residenzen galten als Zentrum der Gesellschaft und Drehscheibe der Neuigkeiten, wo ein aufmerksamer Beobachter viel erfahren konnte. So berichtet z. B. Müffling, der spätere preußische Generalstabschef, über den Hof des Herzogs Carl-August[7] von Sachsen-Weimar:

„Die vielen literarischen Correspondenzen, welche in Weimar mit allen Teilen von Deutschland unterhalten wurden, die alte Gewohnheit des Herzogs, sich von seinen Chargés d'Affaires oder besoldeten Korrespondenten,[8] Nachrichten aus allen Theilen Europas mittheilen zu lassen, erleichterte das Nachrichtenfach.

Die Gastfreiheit des Weimar'schen Hofes und die vielen Fremden, welche sich immerwährend in Weimar befanden, gab Gelegenheit zur Verbreitung von Ansichten, welche mit dem Zweck in naher Verbindung standen.

Meine Rolle bei diesem Treiben war, alles zu vermeiden, was das fürstliche Ehepaar compromittieren konnte, und wenn ein Opfer gebracht werden musste, mich selbst dazu zu bieten. Indes ich verschmähte keine Vorsicht und begleitete jährlich den Herzog auf seiner Badereise nach Teplitz, wo sich entfernt von der lästigen französischen Beaufsichtigung und entfernt von der französischen Polizey in Erfurt,[9] manches viel freier und sicherer betreiben ließ als in Weimar."

Modern ausgedrückt, war Müffling also als ‚Geheimer Conseil' der Nachrichten- und Sicherheitschef am Weimaraner Hofe in den Jahren 1808–1813.

Diplomatische Dienste

Neben den unten beschriebenen eigentlichen Spionen waren auch Gesandte, Konsuln (Residenten), Geschäftsträger, Korrespondenten und deren Sekretäre an den Gesandtschaften für das Ausspähen von Staatsgeheimnissen zuständig. Da sie auf dem diplomatischen Parkett Zutritt zu den höchsten Kreisen in den Residenzen hatten, erfuhren sie oft unter der Hand wertvolle Nachrichten, besonders Personalia und politische Stimmungen beim Geplauder am Hofe, bei Diners oder auf Empfängen. Die Gesandten unterhielten meist ein Netz von Agenten in den wichtigen Städten und Häfen, was besonders die englischen Vertretungen bis zur Perfektion betrieben.[10] Hierbei stützte man sich gerne auf französische Emigranten. Die sogenannten Militärattachés oder Militärbevollmächtigten, also bei den Botschaften

---

7 Künftiger Général en Chef des III. Deutschen Armeekorps in Belgien 1814.

8 „Correspondant, heißt überhaupt derjenige, der mit einem andern Briefe wechselt. Imgleichen einer, der uns, an gewissen verabredeten Tagen, Briefe oder Neuigkeiten zusendet."; Johann-Georg Krünitz, Oekono-mische Encyclopädie oder allgemeines System der Staats-, Stadt-, Haus- und Landwirthschaft; 242 Bde., Berlin 1773–1858.

9 Französische Exklave, früher zu Kurmainz gehörend.

10 Davies 2018 (wie Anm. 4), Kapitel „Diplomats as Spymasters", S. 71 ff.

akkreditierte Militärs, wurden allerdings erst nach den napoleonischen Kriegen üblich.[11] Mit der Kriegserklärung endeten die offiziellen Aktivitäten der Botschaften, hingegen wurden die Agentennetze im Untergrund weiter betrieben. In England leistete man sich den Luxus verschiedener Agentennetze im Ausland für das Foreign Office (Außenministerium), die Admiralty (Marine) und das War Department (Armee).

Die geheimen Dienste arbeiteten nicht nur defensiv (im Sinne von Nachrichtenbeschaffung), sondern auch offensiv, in dem sie zum Beispiel die französischen, royalistisch gesinnten Emigranten,[12] die aufständischen Niederländer oder die spanische Guerilla mit Geld und Waffen unterstützten.

Preußisches Ministerium des Inneren

Der Begriff Polizei wurde um 1800 in einem sehr weiten Sinne aufgefasst, also in etwa die gesamte innere Ordnung eines Staates.[13] Die Aufgaben der Polizei entsprachen in etwa dem heutigen Inlandsgeheimdienst oder hohen politischen Polizei. Die Hauptaufgabe war also die Bespitzelung politisch verdächtiger Individuen und Organisationen, wie in Berlin etwa der Tugendbund, oder das Aushorchen politischer Stimmungen, z. B. in den Salons der Gesellschaft. Dazu traten die Überwachung der Ausländer, der Reisenden und der Gesandtschaften. In allen Städten und Festungen bestand eine Meldepflicht beim Ein- und Auspassieren durch die Tore. Die hohe Polizei unterhielt auch ihre Agentennetze im benachbarten Ausland und nahm damit teilweise die Aufgaben des späteren Auslandsgeheimdienstes wahr.

Erst im Kriege wurden die polizeilichen Dienste in den Geschäftsgang des preußischen Generalstabes[14] als ‚Bureau der Nachrichten‘ eingegliedert (s. u.), und nach den napoleonischen Kriegen wieder in das Ministerium des Inneren eingegliedert. Nach 1815 wurden die Agentennetzwerke der polizeilichen Dienste abgebaut, sodass allein die Gesandtschaften noch ein Agentennetzwerk unterhielten.

Preußisches Kriegsministerium[15]

Erstaunlicherweise wurde die Ausspähung des Gegners nicht direkt im Ministerium betrieben, man begnügte sich mit dem Sammeln von Plänen, Karten, Rang- und Quartierlisten sowie militärischer Literatur. Das eigene und benachbarte Territorium wurde in Kriegstheater, d. h. mögliche Kriegsschauplätze, unterteilt, und statistisches Dossiers wurden über die potentiellen Kriegsgegner angelegt.

---

11 Krieger 2014 (wie Anm. 5), S. 129 ff.

12 Zum Beispiel 1792 die französischen Emigranten in Kurmainz.

13 Krünitz 1773–1858 (wie Anm. 8).

14 Martin Klöffler, Der preußische Generalstab 1813–

1815, Teil 2: Geschäftsgang des preußischen Generalstabes, in: Zeitschrift für Heereskunde 457 (2015), S. 106 ff.

15 Erst ab 1814 übliche Bezeichnung, vormals Oberkriegskollegium oder Allgemeines Kriegsdepartement.

Für die Ausspähung interessant waren die Kriegsgliederung bei der Mobilmachung einschließlich der Reserven, die Rang- und Quartierliste, die Kriegsökonomie, die Feldzugspläne, die Dotierung der festen Plätze, geplante Reformen, die Waffenfabrikation, die Pulverfabriken, das Transportwesen, das Remontewesen etc., kurzum alles, was die innere Organisation und Personalia der gegnerischen Armee betraf.

Königliche Plankammer

Die Plankammer im königlichen Schloss zu Berlin wurde von Friedrich Wilhelm I. gegründet und enthielt die Karten-Sammlung, geordnet nach Kriegstheatern, die den Generalstäben im Felde zur Verfügung gestellt werden sollten. Als Maßstab für die Aktivitäten könnten Menge, Herkunft und Art des gesammelten Materials und das Budget für die Ankäufe dienen, die für die ehemalige Plankammer noch ermittelt werden müssten. Besonders Manuskriptpläne ausländischer Festungen können als Indiz für Spionagetätigkeiten angenommen werden, wie die umfangreichen Bestände französischer Festungspläne ab 1815 in der Staatsbibliothek zu Berlin belegen.

Zum Vergleich mag weiter die Sammlung des Krigsarkivet Stockholm dienen, in welcher für (fast) jede europäische Festung mindestens ein Plan des Tracés aus dem 18. Jahrhundert vorhanden war, selbst wenn der Platz weit außerhalb der schwedischen Macht- und Interessenssphäre lag. Bei der Mehrzahl der Pläne der ausländischen Plätze handelte es sich um Kupferstiche, die öffentlich im Buchhandel zu erwerben waren. Die eher seltenen Manuskriptpläne waren wohl Kopien und keine Originale. Von einer wirklichen Geheimhaltung konnte also bei den gedruckten Tracés nicht die Rede sein; außerdem konnten die Pläne um Jahrzehnte veraltet sein und waren oft stark verzerrt, da Vorzeichnungen ihrerseits oft Kopien von älteren Plänen waren und die Zeichner oft keinerlei Ortskenntnisse besaßen. In topographischer Hinsicht waren sie daher meist völlig unzuverlässig. Der Ankauf und die Archivierung der Pläne waren also nicht das Problem, sondern ihre Verfügbarkeit im Kriegstheater.

Die preußische Plankammer war nämlich von dem Direktor der Plankammer, Hauptmann Reymann, infolge des Krieges von 1806/7 bis 1815 nach Königsberg ausgelagert.[16] Im Frühjahrs- und Herbstfeldzug in Sachsen und im Frankreichfeldzug konnte also vom Bestand kein Gebrauch gemacht werden, sodass anfangs noch nicht einmal die Petri-Karte von Sachsen für den Gebrauch der Schlesischen Armee vorlag. Inwieweit ausländische, insbesondere französische Kartenwerke und Planmaterialien der Festungen verfügbar waren, wäre noch zu klären. Heute ist die Plankammer in der allgemeinen Kartensammlung der Staatsbibliothek zu Berlin aufgegangen.

---

16 Neuer Nekrolog der Deutschen, Teil 2, Weimar 1889, Nr. 326, S. 926: Daniel Gottlob Reymann (1759– 1837).

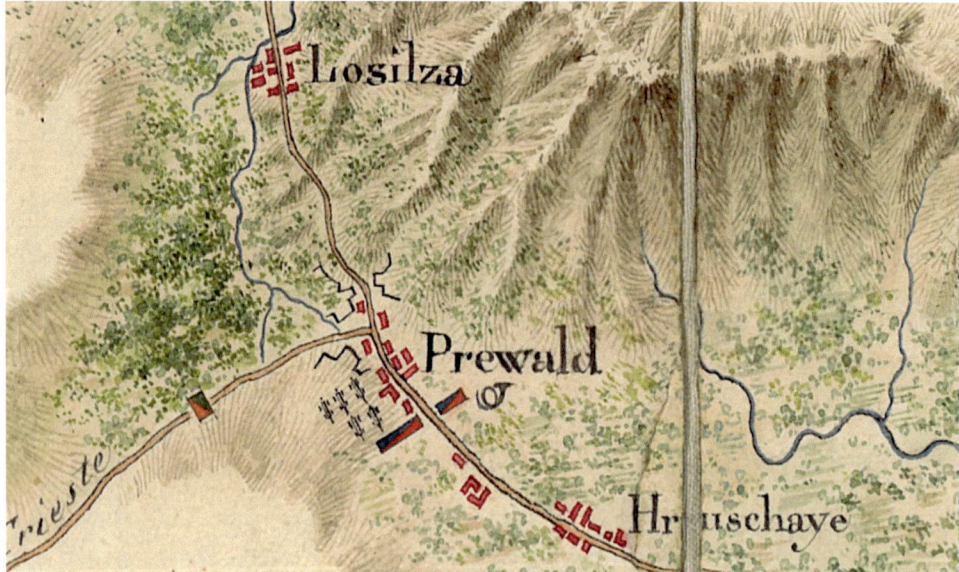

Abb. 2: Zeitgenössisches französisches Spionage-Krokis von der Relaisstation Präwald mit den sehr grob eingezeichneten Wagenpark und Positionen an der Vereinigung der beiden Chausseen von Görz und Triest nach Laibach, wahrscheinlich von einem Ingenieurgeographen vor April 1809 aufgenommen. Vermutlich nachträglich eingezeichnet sind die Schanzen, die der Zeichner wohl nicht aus eigener Anschauung kannte, so dass die wirkliche Lage und die Bauweise völlig falsch dargestellt sind. In der Legende heißt es nur lapidar: „L'ennemie a fait des ouvrages considérables […] pendant 3 trois semaines." (Ausschnitt „Reconnaissance militaire de la route qui va de Gorizia [Görz] à Laibach", 1809, auf Leinen gezogen)

Archiv des Ingenieurdepartements und der Ingenieure vom Platz

Es ist zwar sehr plausibel, anzunehmen, dass Kopien der Pläne und topographische Umgebungskarten der anzugreifenden Festungen aus den Archiven des Ingenieurdepartements an die Generalstäbe der Armeekorps oder die Ingenieure im Feld abgegeben wurden, doch haben sich bisher dafür keine Belege gefunden, sodass sich die Ingenieure der Belagerungskorps vor Ort eher selbst behelfen mussten, oder von den Verbündeten vor Ort mit Planmaterial versorgt wurden. In den preußischen oder besetzten Festungen war der Ingenieur de Place für die Pläne seines Platzes zuständig. Vermutlich wurden die Kopien der Pläne noch nicht an das Berliner Ingenieurdepartement abgegeben.

Erkundung vor dem Ausbruch der Feindseligkeiten

War der Ausbruch eines Krieges absehbar, suchten beide Parteien das Terrain, die Verkehrswege und Befestigungen des künftigen Kriegstheaters zu erkunden. Wenn die Rüstungen und der Aufmarsch bereits begonnen hatten, wurden Befestigungen, Besatzungen, Depots,

Sammlungspunkte, Stärke und Zusammensetzung der Truppen unter dem Deckmantel von Reisenden erkundet, wozu bevorzugt Offiziere vom Geniekorps oder Ingenieurgeographen verwendet wurden, wie unten an Hand von Beispielen erläutert wird. Die Erkundungen mussten vor Beginn der Feindseligkeiten abgeschlossen sein.

Feldzug 1797 in Oberitalien: Napoleon sandte Spione nach Görz, Triest und Laibach, und instruierte:

„Beauftragen Sie auch ihre Agenten, Obacht zu geben, ob an der Zitadelle von Görz gearbeitet und Geschütz aufgestellt wird."[17]

Feldzug 1809 in Oberitalien: Der französischen Aufklärung war der Bau der neuen Forts im Kärntner Kanaltal (Malborgeth und Predil) und in der Krain (Laibach und Präwald, siehe Abb. 2) nicht entgangen,[18] da die Baustellen vom Sommer 1808 bis zum März 1809 nicht geheim gehalten werden konnten: Der Vizekönig Eugène Beauharnais berichtete an Napoleon bereits am 7. Januar 1809 über den Fortgang der Arbeiten. Er erwähnte nur kurz eine Rekognoszierung unter dem Ingenieurgeographen Brossier, der später auch das Kriegstagebuch für den Stab des Vizekönigs führte. Der franz. General Gareau hatte im März, als Bauer verkleidet, ganz Kärnten und der Ingenieurleutnant Poussin als Weinhändler Krain bereist.

Krokis oder Wissen nach Augenmaß

Die einfachste Erkundung der Festungen von außen war die Aufnahmen nach Augenmaß (Coup d'œil oder à la vue), bei der die Entfernungen nur abgeschritten wurden und die Ergebnisse in einem Kroki (Skizze) auf einem Zeichenbrett festgehalten wurden. Wenn irgendwie möglich, verwendete der Ingenieur einen existierender Plan als Vorlage, da das Krokis ohne jede Vorkenntnisse des Tracés sehr ungenau ausfallen musste.

Wenn kein Plan vorlag, halfen selbst einfachste Kenntnisse des Tracés, wie z. B. der auszukundschaftende Brückenkopf als Kronwerk. Wenn das Tracé einigermaßen regulär war und den üblichen Regeln der bastionären Befestigungsmanieren in der Ebene folgte, war die Abbildung des Polygonzuges eine vergleichsweise einfache Aufgabe. Eine Höhenfestung mit einem irregulären Tracé machte genauere Begehungen erforderlich. Verzerrungen und ungenauer Maßstab wurden bewusst in Kauf genommen. Große Genauigkeit der Strichzeichnung war nicht erforderlich, da nur das umgebende Terrain sowie die Lage der Bollwerkspunkte, Feuerlinien, Geschützaufstellungen, Brücken, Tore und Gräben einigermaßen richtig wiedergegeben werden mussten. Die hinter den Wällen verdeckten Militärbauten, wie Kasernen, Magazine, Depots und Pulvermagazine, wurden ebenfalls mit ihrer geschätzten

---

17 Giehrl 1911 (wie Anm. 2), S. 45.

18 Henri-Marie-Auguste Berthaut, Les ingénieurs géographes militaires 1624–1831. Étude historique, Bd. 2: L'empire, La Restauration, Paris 1902, S. 154; Eugène de Beauharnais u. Albert Du Casse, (Hrsg.), Mémoires et correspondance politique et militaire du prince Eugène, 5 Bde., Paris 1858–1860, Bd. 4, S. 274–275; Maximilian Ritter von Hoen u. Alois Veltzé, Kriege unter der Regierung des Kaisers Franz. Krieg 1809, Bd. 2: Italien, Wien 1908, S. 43.

Lage eingetragen. Auf gleiche Weise konnte das Innere einer Festung von den Wällen erkundet werden.

Passagere Feldbefestigungen (siehe Abb. 2) mussten immer krokiert werden, da naturgemäß keine Karten und Pläne vorliegen konnten. Die Fertigkeiten zum Krokieren des Terrains waren Bestandteil der Offiziersausbildung.[19] Der Offizier im Allgemeinen, also nicht nur der Generalstabsoffizier, Ingenieur und Ingenieurgeograph, „muss jede Gelegenheit zur praktischen Übung ergreifen. Diese biethet sich auf Reisen und Spaziergängen in allen Lagen und Umständen dem Offizier dar."[20]

Wenn selbst das Krokieren zu auffällig war, konnte das Erspähte aus dem Gedächtnis nachgezeichnet werden. Dazu gehörte auf jeden Fall ein Rapport mit Erläuterungen und über den Zustand der Befestigungen.

Es versteht sich von selbst, dass das Ausspionieren in Friedenszeiten oder kurz vor dem Ausbruch der Feindseligkeiten so unauffällig wie möglich in Zivil, z. B. als Flaneur getarnt, erfolgen sollte. Die instrumentellen Aufnahme einer Festung mit dem Messtisch oder dergleichen wurde zwar in der Literatur[21] beschrieben, wurde jedoch ganz sicher nicht bei dem Ausspionieren in Friedenszeiten angewendet, da sie viel zu auffällig und schwerfällig war. Hier waren also Geschwindigkeit und Verschleierung wichtiger als Genauigkeit.

Feldzüge und Belagerungen

Im Kriege wuchsen die Anforderungen an das Nachrichtenwesen, und die überwiegend taktischen Erkundungen (Naherkundungen) wurden von den Generalstäben im Kriegstheater übernommen. Für die allgemeine Rekognoszierung des Terrains und der Festungen wurden militärische Kundschafter, bevorzugt Ingenieurgeographen, Generalstabsoffiziere oder Offiziere der leichten Kavallerie verwendet. Die leichte Kavallerie schirmte die Bewegung der Avantgarde ab und erkundete das Terrain etwa einen Tagesmarsch im Voraus. Sie wurde deswegen als die ‚Augen der Armee‘ bezeichnet.

---

19 Carl von Decker, Das militairische Aufnehmen oder vollständige Unterricht in der Kunst Gegenden aufzunehmen, Berlin 1816; Franz Heinrich Backenberg, Anleitung zum militärischen Aufnehmen zur Terrainlehre, zum Rekognoszieren und Zeichnen der Gegenden. Lehrbuch der Kriegswissenschaften für die königlich-sächsische Ritterakademie, Leipzig 1810, S. 98; Moritz von Gomez, Terrainlehre zum Unter-

richt für die Officiere der Oesterreichischen Armee, Wien 1808, S. 144–148, Pl. XVI.

20 Gomez 1808 (wie Anm. 19), S. 80.

21 Johann Ludewig Hogrewe, Theoretische und praktische Anweisung zur militärischen Aufnahme oder Vermessung im Felde. Zum Gebrauch für Officiers und angehende Ingenieurs, Hannover 1785, S. 234 ff.: 7. Abschnitt, Belagerte Festung.

Preußischer Generalstab und Ingenieure im Felde

Die Kundschafterdienste oder Spionage wurden mit der Heeresreform ab 1808 als ein Führungsinstrument begriffen und wurden daher während der Feldzüge beim Generalstab eingegliedert.

Die Anleitungen für den Hausgebrauch des Generalstabs

Am bekanntesten aus der Epoche 1800–1830 sind die Werke von Grimoard und Thiébault in Frankreich, sowie die späteren Veröffentlichungen von Decker und Werklein im deutschen Sprachraum. Diese Schriften waren der allgemeinen militärwissenschaftlichen Öffentlichkeit zugänglich. Gerade Decker beruft sich beim Nachrichtenwesen auf die französischen Vorbilder wie Grimoard,[22] welcher seinerseits die geheimen Instruktionen Friedrichs II. für seine Generäle als vorbildlich herausstellt.

Instruktionen und AKO

Geheime Dienstvorschriften oder Instruktionen (s. u.) sollten den Geschäftsgang des Generalstabs im Detail regeln, insbesondere den Umgang mit Spionen. Friedrich II. formulierte in seiner „Geheimen Instruktion für die Generale" die ersten Grundsätze zum Gebrauch der Spione.

Die zahlreichen AKO (Allerhöchste Kabinetts-Ordre) für den Generalstab, von denen hier die Wichtigsten aufgeführt werden, waren:

„Instruktion für den General-Quartiermeisterstab", 1803[23]

„AKO betreffend die Departements-Einteilung des Kriegs-Ministerii" vom 28. August 1814.

Der Geschäftsgang für den Generalstab[24] sah zwar eine detaillierte Dokumentation der Journale (Kriegstagebücher), der Schlachtordnung, des Postverkehrs, der Relationen (Berichte), der Befehle und des Kassenwesens etc. vor, aber eben keine Sammlung der Personalakten für die Spione, deren Berichte und deren Bezahlungen, die nur unter einem ganz allgemeinen Vermerk geführt wurden, sodass sich die Aufträge nicht mehr zuordnen lassen. Erschwerend kam hinzu, dass die Kundschafter auf der taktischen Ebene in der Regel nur mündlich berichteten, und diese Erkenntnisse ebenfalls nur mündlich weitergegeben wurden.

---

22 Carl von Decker, Praktische Generalstabswissenschaft. Niederer Theil oder Dienst des Generalstabs für die bei einer Division im Kriege angestellten Offiziere, Berlin 1830, S. 116. Vgl. Paul-Charles-François Thiébault, Manuel Général du Service des États-Majors Généraux et Divisionnaires dans les Armées, Paris 1813 u. Friedrich II., Instruction militaire du Roi de Prusse pour ses Généraux, Leipzig 1762.

23 R. von Scherbening, Das Jahr 1808, in: Die Reorganisation der preußischen Armee nach dem Tilsiter Frieden. Beilagen zum Beiheft des Militär-Wochenblattes für Mai bis Dezember 1856, 2. Heft, 3. Abschnitt, Kapitel I u. II (1857), S. 265–279.

24 Decker 1830 (wie Anm. 22), S. 99 ff.: Büreau-Geschäfte.

So sind wir derzeit auf die Memoiren der Augenzeugen, d. h. im Wesentlichen auf die der zuständigen Generalstabsoffiziere angewiesen, von denen dem Verfasser nur die von Boyen, Müffling, Reiche und Reyher[25] bekannt sind. Nur in sehr wenigen Fällen sind die Quellen auch gedruckt worden.

Preußisches Hauptquartier eines mobilen Armeekorps[26]

Die Reorganisation des ‚Generalstabs‘ begann mit dem Entwurf Gneisenaus von 1807. Die Geschäftsbereiche im Departement des Kriegsministeriums, im Hauptquartier, in den Armeekorps und den Brigaden (später Division genannt) waren stets die Gleichen, wenn auch personell kleiner ausgestattet.

In der ersten Sektion (Abteilung) für ‚Taktische Angelegenheiten‘ oder dem ‚eigentlichen Generalstab‘ war auch das ‚Nachrichtenfach‘ (‚militärisches Nachrichtenwesen‘) neben weiteren Geschäften untergebracht. Üblicherweise examinierten Offiziere vom Generalstab im Beisein des Polizeidirektors (s. u.) die Kriegsgefangenen von allen Graden, Deserteure und die von den Vorposten eingebrachten Personen. Der Generalstabsoffizier sollte die eingehenden Nachrichten analysieren und bewerten, um daraus einen Lagebericht über Stärke, Standort und Absichten des Gegners abzuleiten, einen Entwurf erstellen und dem kommandierenden General zur Entscheidung vortragen. Meist waren die gesammelten Erkenntnisse unvollständig und die Entscheidungen mussten unter großem Zeitdruck gefällt werden.

Das ‚Nachrichtenfach‘ stand unter dem Direktor für das Nachrichtenbureau, der die eigentliche Spionage leitete. Die Direktoren des Nachrichtenbureaus, wurden von den Chefs der Hohen und Sicherheits-Polizei des Innenministeriums gestellt und unterstanden dem Polizeidirektor des Hauptquartiers. Mit anderen Worten, der eigentliche Generalstab unterhielt kein eigenes Spionagenetzwerk.

Diese Polizeidirektoren unterstanden direkt dem Generalstabschef des Armeekorps. Der Polizeidirektor war damit Teil der sogenannten Kollateralbehörden im Hauptquartier, parallel zum eigentlichen Generalstab unter dem Generalstabschef. Die Polizeidirektoren hatten den Befehlen des Generalstabchefs nachzukommen und ihm unverzüglich alle wichtigen Nachrichten zukommen zu lassen. In den ‚Allgemeinen Instruktionen für Direktoren der Büreaux der Nachrichten‘ vom 14. April 1813 wurden die Befugnisse bestimmt.

---

25 Friedrich Nippold (Hrsg.), Erinnerungen aus dem Leben des General-Feldmarschalls Herrmann von Boyen, 3. Teil, Leipzig 1890; Louis von Weltzien, Memoiren des königlich preußischen Generals der Infanterie Ludwig von Reiche, 2 Bde., Leipzig 1857; Karl Rudolf von Ollech, Carl Friedrich Wilhelm von Reyher. Ein Beitrag zur Geschichte der Armee mit Bezug auf die Befreiungskriege von 1813, 1814 und 1815 (Beiheft Militärwochenblatt), 2. Teil, Berlin 1869; Karl von Müffling (gen. Weiß), Aus meinem Leben, Berlin 1855.

26 K. v. Damitz, Das Nachrichtenfach im Jahre 1813 – Fortsetzung, in: Militair-Wochenblatt 28 (1844), Nr. 4, S. 14–16; Nr. 7, S. 25–28; Nr. 8, S. 31–32, [darin abgedruckt: Allgemeine Instruktion für die Direktoren der Bureaux der Nachrichten, Instruktion für die Kommandantur des Hauptquartiers]; Martin Klöffler, Der preußische Generalstab 1813–1815, Teil 1: Organisation und Aufgaben, in: Zeitschrift für Heereskunde 456 (2015), S. 59–74; Decker 1830 (wie Anm. 22).

Alle Vorgänge im Hauptquartier mussten für den Gegner von größtem Interesse sein, der deswegen alles daransetzte, das Hauptquartier auszuspionieren. Der ‚Kommandant des Hauptquartiers' war für den inneren Dienst und die Sicherheit des Hauptquartiers verantwortlich. Er hatte u. a. die Aufgabe, den Ein- und Ausgang von Nachrichten sowie den Zutritt zum Hauptquartier zu überwachen. Modern ausgedrückt, war er auch für die Spionageabwehr im Hauptquartier zuständig.

Polizeidirektor und Kommandant des Hauptquartiers zählten zu den Kollateralbehörden des Stabes und wurden daher leider nicht in den Rang- und Quartierlisten der preußischen Armeen geführt, sodass die personelle Ausstattung in der Regel nicht ermittelt werden konnte. Allerdings waren Polizeidirektoren nur bei den Hauptquartieren der Armeekorps vorgesehen.

Das Nachrichtenbureau unterschied also noch nicht zwischen den späteren Inlands-, Auslands- und Militär-Geheimdiensten. Seiner Herkunft gemäß entsprach es mehr dem Inlandsgeheimdienst, unterhielt aber auch Spionagenetzwerke in den benachbarten deutschen Staaten. Diese Einrichtung galt nur für die Dauer des Krieges und die Polizei kehrte nach dem Friedensschluss in die Zuständigkeit des Innenministeriums zurück. Es wurde also noch nicht die Notwendigkeit erkannt, auch in Friedenszeiten einen militärischen Geheimdienst mit einem Spionagenetzwerk im Ausland zu unterhalten. Der personelle Kern und die Aufzeichnungen wurden aufgegeben, nur die Karten- und Plansammlungen wurden beibehalten. Erst ab 1889 wurde die Abteilung IIIb im Großen Generalstab des Berliner Kriegsministeriums eingerichtet.

Preußische Brigadestäbe

Auf diese Ebene waren die Generalstäbe für alle Geschäftsbereiche mit wesentlich weniger Personal ausgestattet, denn z. B. war kein etatmäßiger Polizeidirektor vorgesehen. In dem Brigadestab gab es in der Regel nur einen einzigen Generalstabsoffizier, der für alle Geschäfte zuständig war. Gab es auch diesen nicht, so fiel das Nachrichtenfach dem dienstältesten Offizier im Stabe zu.[27]

Stab des Belagerungskorps

Hier gilt das gleiche wie bei den Brigadestäben, d. h. in der Regel wurde ein Offizier für das Nachrichtenfach bestimmt, möglicherweise der anwesende Ingenieuroffizier.

Der Ingenieur sollte das Belagerungsjournal führen. Bei den kleineren Blockaden ohne Einsatz von Ingenieuren oder schwerer Belagerungsartillerie waren hingegen keine Journale[28] üblich; nach dem Waffenstillstand wurde Relationen (Amtliche Berichte) des Kommandanten über die Belagerungen für die vorgesetzten Stellen, z. B. für den kommandierenden General des Armeekorps, erstellt.

Bei der Rekognoszierung einer feindlichen Festung waren in Erfahrung zu bringen:[29]

---

27 Decker 1830 (wie Anm. 22), S. 116.

28 Außer den privat geführten Tagebüchern, siehe z. B. W. Mente, Von der Pike auf. Erinnerungen an eine neun und vierzigjährige Dienstzeit in der königlich-preußischen Artillerie, Berlin 1861.

29 J. C. Freiherr von Werklein, Untersuchungen über den Dienst des Generalstabs oder über das Detail bei der Führung der Kriegsheere. Nebst einem Entwurfe zur Dienstvorschrift für dieses Korps, Wien 1823, S. 38–39.

Erstens der innere Zustand in Hinblick auf die Besatzung, die Streitmittel, die Approvisionnierung für Garnison und Bürger, die Stimmung der Truppen, des Kommandanten und der Bürgerschaft. Diese Nachrichten beschaffte man sich am besten durch Kundschafter vor einer Belagerung.

Zweitens das Terrain um die Festung in Kanonenschussweite bis zu einem Tagesmarsch entfernt, also insbesondere die Straßen und Wege, die Überschwemmungen, die Einrichtungen zur Aufstauung, Lage und Zustand der Festungswerke, besonders neuerer Werke, die in älteren Plänen noch nicht verzeichnet waren. Für den förmlichen Angriff bedeutend waren die Kapital- und Streichlinien, nach denen die Laufgräben und Batterien angelegt werden mussten. Hierfür war es notwendig, die Festung zu berennen, d. h. die feindlichen Vorposten mussten bis zum Glacis zurückgetrieben werden. Der Generalstabs- und Ingenieuroffizier erkundete meist im Schutz einer Truppenabteilung, gelegentlich auch allein, um weniger auszufallen.

Instruktionen oder Dienstvorschriften für das Nachrichtenfach[30]

Für das Nachrichtenwesen galten 1813 im Speziellen:

„Verzeichnis von Gegenständen, welche bei Einziehung der Nachrichten vom Feinde vorzüglich in Erwägung kommen."[31]

In dieser Instruktion werden nur die zu sammelnden Erkenntnisse über Feldbefestigungen, nicht aber über Festungen (s. u. Belagerungen) spezifiziert, was wohl dem anstehenden Frühjahrsfeldzug von 1813 geschuldet war, als nur wenige Belagerungen,[32] anders als ab Oktober 1813, anstanden (Abb. 3).[33]

„Allgemeine Instruction für die Direktoren der Büreaux der Nachrichten", Breslau 14. April 1813, v. Wittgenstein, Chef des Departements der höheren und Sicherheitspolizey im Königl. Ministerium des Innnern.[34]

„Instruction für die Kommandantur des Hauptquartiers", 1813[35]

Die Verantwortung wurde eingeteilt für den Militärkommandanten und den Chef der Armee-Nachrichten-Bureaus als Zivilkommandanten. Die Kommandantur war somit auch für die Polizei (im Sinne von Ordnung) des Ortes, wo sich das Hauptquartier befand, verantwortlich. Dies waren im Allgemeinen die Visitationen der Fremden, Ausstellung von Pässen, Überwachung des Logierbetriebes, Bestimmung von Bürgen für die Fremden, Abwicklung des Postdienstes.

Zu den Aufgaben der militärischen Polizei gehörten: Beaufsichtigung aller Zivilpersonen im Hauptquartier, Ausstellung von Sicherheitskarten, Examinierung der Deserteure,

---

30 Damitz 1844 (wie Anm. 26), Abdruck im Wortlaut.

31 Damitz 1844 (wie Anm. 26), Nr. 7, S. 26 ff.

32 Siehe Danzig, Spandau und Wittenberg

33 Decker 1830 (wie Anm. 22), S. 129–130, Befragung der Spione; Damitz 1844 (wie Anm. 26), Nr. 7, S. 26: „Verzeichnis von Gegenständen, welche bei Einziehung der Nachrichten vom Feinde vorzüglich in Erwägung kommen, § 4".

34 Damitz 1844 (wie Anm. 26), Nr. 7, S. 15.

35 Damitz 1844 (wie Anm. 26), Nr. 7, S. 23.

36 Udo von Bonin, Geschichte des Ingenieurkorps und der Pioniere in Preußen, Bd. 1, Berlin 1877, Beilage 18: Eidesformel.

37 Anonym, Reglement für das Königlich-Preußische Ingenieur-Corps, Berlin 1790, S. 39–40.

38 Anonym 1790 (wie Anm. 37), S. 137 ff.

Überläufer, Gefangenen, Kundschafter, Spione.

Geheimhaltung der Fortifikations- und Belagerungsarbeiten

Die Eleven des preußischen Ingenieurkorps wurden per Eid ab dem 1. Oktober 1789 zur strikten Geheimhaltung verpflichtet.[36]

Das erste Ingenieur-Reglement von 1790,[37] welches bis zur Mitte des 19. Jahrhunderts gültig war, legte für den preußischen Ingenieuroffizier die Verschwiegenheit in Dienstsachen zu Friedenszeiten fest. Die Geheimhaltung beim Angriff auf Festungen[38] wurde nicht explizit geregelt, sodass

§. 4.

Von den Verschanzungen muß bemerkt werden, welche Gestalt sie haben? — ob sie hinten offen oder geschlossen sind? — ob sie tiefe und breite Gräben, Pallisaden, Verhaue, Wolfsgruben oder andere Hindernisse haben? — wie groß sie sind? — wie viel Mann zu ihrer Besatzung bestimmt sind? — wie viel Geschütze und von welcher Gattung und von welchem Kaliber darin stehen? — welcher Zweck mit ihrer Anlage verbunden ist? — ob sie einen Berg, einen Posten oder Zugang vertheidigen sollen? — ob sich Gegenstände da befinden, die ihren Zugang erschweren, als Bäche, Flüsse, Moräste, nasse Wiesen und Gräben, Teiche ꝛc.? — wie weit diese Gegenstände davon entfernt sind? —

Abb. 3: Befragung der Kundschafter zu Feldbefestigungen (Verzeichnis von Gegenständen, welche bei Einziehung der Nachrichten vom Feinde vorzüglich in Erwägung kommen, § 4)

anzunehmen ist, dass die oben getroffenen Bestimmungen sinngemäß galten. Ein Verstoß gegen die Geheimhaltung wurde als Hochverrat geahndet (siehe nächsten Abschnitt).

Scharnhorsts Instruktion für Festungskommandanten[39] vom 30. September 1809 enthielt keine besonderen Bestimmungen für die Geheimhaltung, außer der, dass die Instruktion selbst bis zu der Erklärung des Belagerungszustandes geheim zu halten sei und erst dann vom Kommandanten geöffnet werden dürfe.

Spionage als Landesverrat und Dienstverbrechen

Das Allgemeine Landrecht für die Preußischen Staaten von 1794[40] unterschied für Täter und Teilnehmer bei Landes- und Hochverrat drei Klassen, deren Bestrafung nach der Bosheit und dem Grade des Schadens zu bemessen war: Die Täter wurden auf das Rad geflochten, mit dem Schwerte hingerichtet oder am Galgen aufgehängt. Teilnehmer erhielten mehrjährige Zuchthausstrafen.

Sinngemäß galt dies auch für Offiziere und bedeutete bei nachgewiesenem Hochverrat die entehrende Todesstrafe durch den Strang. In dem betrachteten Zeitraum sind dem Autor allerdings keine Verurteilungen in Preußen bekannt. Militärpersonen unterstanden der eigenen Militärgerichtsbarkeit. Die Kriegsartikel für die Unteroffiziere und gemeine Soldaten von 1808[41] legten die Strafen fest.

---

39 Frank Bauer, Geheime Instruktion für Festungskommandanten 1809 aus dem Archiv des preußischen Kriegsministeriums (Teil 1 u. 2), in: Zeitschrift für Heereskunde 60 (1996), H. 381, S. 81–87, H. 382, S. 121–128.

40 Anonym, Allgemeines Landrecht für die Preußischen Staaten [PrALR], Berlin 1794, Zweither Theil, 20. Titel, 2. und 3. Abschnitt.

41 Sammlung der für die Königlichen Preußischen Staaten erschienenen Gesetze und Verordnungen von 1806 bis zum 27sten Oktober 1810, Berlin 1822, S. 254.

Die Spione

Hier geben wieder die Handbücher über den Generalstab Auskunft. Decker[42] definierte nach Grimoard die folgenden Typen von Personen:

Überläufer gelten als unzuverlässig, weil sie gewöhnlich nur das berichten, was ihnen Vorteile bringt. Gibt es in einem Lande zwei Parteien, wie 1815 die Bonapartisten und Royalisten in Frankreich, so ist ihnen besondere Beachtung zu zollen.

Nachrichten von *Gefangenen* geben eigentlich überhaupt keine Sicherheit, denn entweder wollen sie nicht aussagen, sie wissen nichts oder sie wollen täuschen, um die Bedingungen für sie erträglicher zu machen. Man kann von ihnen höchstens die Generale oder Regimenter erfahren.

Reisende, wie Kaufleute, Geistliche oder Beamte, stehen nicht in bezahlten Diensten und sagen all das, was man hören will, um schnell wieder loszukommen. Da sie keine Militärs sind, sind ihre Nachrichten oft unzuverlässig. Wenn sie aus dem Landesinneren kommen und vom besseren Stande sind, kennen sie die öffentliche Stimmung und haben Verbindungen zu hohen Militärs und Beamten.

Die eigentlichen *Spione,* also Kundschaftern, die keine Militärpersonen sind, überbringen die besten Nachrichten, sind aber häufig Doppelagenten. Wenn man genug Mühe und Geld aufwendet, sind sie immer zu haben. Decker teilt sie in fünf Klassen ein:

In die *erste Klasse der Spione* gehören alle Leute, die mit der feindlichen Regierung unzufrieden sind. Diese sind unter den gebildeten Ständen die häufigsten, und Werber sollte keine Mühe scheuen, diese auf die eigene Seite zu ziehen, am besten schon vor dem Kriege. Die Nachrichten dieser Spione betreffen meistens das Innere ihres Staates und die höheren Persönlichkeiten. Mit den allgemeinen administrativen Notizen sind sie am nützlichsten.

Die *zweite Klasse* sind alle Personen, die aus Überzeugung für die Sache dienen. Diese Personen stammen aber meist nicht aus den höheren und gebildeten Ständen und werden oft als schlichte Charaktere geschildert. Die geschaffenen Verbindlichkeiten sind später schwierig einzulösen, da diese Personen in der Regel nicht bezahlt werden wollen. Häufig haben sie einen Hass gegen den Feind und dienen daher umso zuverlässiger. Beim Umgang mit diesen Spionen ist große Vorsicht nötig, damit sie nicht durch ihren guten Willen kompromittiert werden.

In die *dritte Klasse* gehören alle Personen, die von gekränkter Ehre, Ehrgeiz, Eigennutz und Eitelkeit beseelt sind, aber nicht gerade geldgierig sind, sondern nach Anerkennung streben. Dazu gehören auch Leute, die eine Gnadenbezeigung erwarten oder deren Güter in der von der eigenen Armee besetzten Territorien liegen. Ferner zählen dazu Mönche, Priester sowie intrigante, galante und leidenschaftliche Frauen, auch Leute, denen keine Subsistenzmittel mehr zur Verfügung stehen. Ganz besonders betrifft dies Beamte, die verschuldet oder dem Spiel verfallen sind, ein luxuriöses Leben lieben und keine Mittel besitzen. Wenn man keine Mittel zu sparen braucht, kann man durch sie alles erfahren.

Die *vierte Klasse* sind die professionellen Spione. Sie sind immer zu haben, aber schwierig zu führen und dienen meist auch dem Feind, d. h. sie sind *Doppelspione*. Man sollte ihnen

---

42 Decker 1830 (wie Anm. 22), S. 117 ff., hier gekürzt zitiert.

niemals vorbehaltlos trauen: Ihre Zeit im Hauptquartier ist auf das Nötigste zu beschränken, damit sie dort nicht noch mehr erfahren, und sie sind immer auf das Strengste zu kontrollieren. Im schlimmsten Falle können sie aufgeopfert werden, was aber nur äußerste Mittel sein darf, wenn man sich verraten oder durchschaut sieht. Decker zählt auch die jüdischen Händler zu dieser Klasse.

Die *fünfte Klasse* sind Spione aus Furcht. Man kann sie beliebig vermehren und entnimmt sie immer den niederen Ständen. Sie sind nur für einfachste Nachrichten zu gebrauchen. Decker hält es aber für unedel, solche Menschen durch Erpressung gefügig zu machen, solange Spione für Geld zu haben sind.

Decker beendet das Kapitel mit Ratschlägen für den Umgang mit Spionen:

„Ein Mann, der für seine Dienste den Strick riskiert, verdient es, gut bezahlt zu werden."[43]

„Der Spion muß den Galgen aus Überzeugung fürchten, aber drohen muß man ihm damit nicht."[44]

Die Hilfsmittel des Spionierens

Quellen

Die aktuellen Nachrichten über den Gegner können auf folgendem Wege gewonnen werden:[45]
„Aus öffentlichen Blättern (Gazetten, Journalen)
Von Correspondenten (diplomatische Agenten) im feindlichen Land
Von Reisenden, die aus dem Feindesland kommen
Von Deserteuren, Überläufern und Gefangenen
Aus abgefangenen Briefen oder anderen Schriftstücken"

Die deutschen und englischen Zeitungen, Proklamationen und Flugblätter, die nicht so einer strengen Zensur wie die französischen unterworfen waren, waren eine ergiebige Nachrichtenquelle für die französischen Dienste. Das Ausstreuen falscher Angaben zur Täuschung des Gegners war genauso üblich. Napoleon war dafür bekannt, dass er über den Moniteur oder die Bulletins maßlos übertriebene Stärken verbreiten ließ. Allerdings zielten diese mehr auf die Stimmung in Paris und des französischen Volkes.[46]

Weitere Quellen waren topographische Karten und die gedruckten Pläne von Festungen. Eine allgemeine Klassifikation der gewonnenen militärischen Erkenntnisse und Dokumente gab es noch nicht, sie wurde einfach als ‚geheim' oder als ‚Staatsgeheimnis' behandelt.

43 Philippe-Henri de Grimoard, Traité sur le service de l‹état-major général des armées. Contenant son objet, son organisation et ses fonctions, sous les rapports administratifs et militaires, Paris 1809, S. 198.
44 Decker 1830 (wie Anm. 22), S. 125, § 134.
45 Julius Friedrich Moritz Karl von Hardegg, Skizze eines Vortrages über Generalstabswissenschaft, Stuttgart 1854, S. 108; Giehrl 1911 (wie Anm. 2), S. 41.
46 Giehrl 1911 (wie Anm. 2), S. 56 ff.: „Das moralische Element".

Mündliche Nachrichten

Diese kamen vor allem bei den Belagerungen vor, wenn kurze, einfache Nachrichten von Gewährsmännern aus der oder für die Festung übermittelt werden sollten. Der Nachteil war, dass diese Nachrichten von den aufgegriffenen Boten durch Drohungen leicht preisgegeben werden konnten.

Nachrichten im Klartext

Schriftliche Nachrichten wurden in der Regel im Klartext verfasst und konnten somit, wenn sie dem Gegner in die Hände fielen, mitgelesen werden. Ein Ausweg war, dem Boten zwei Nachrichten mitzugeben, eine offizielle, gefälschte Nachricht, die der Gegner lesen sollte, und die wahre Nachricht, die der Bote bei Gefangennahme verschlucken sollte.

Verschlüsseln von Nachrichten

Wichtige Briefe wurden dagegen chiffriert: Es galt also, seitens des Senders die Nachricht so zu verschlüsseln, dass nur der Empfänger sie lesen konnte. Auch der Bote kannte den Inhalt nicht. Fiel die Nachricht dem Gegner in die Hände, konnte sie nicht entschlüsselt werden. Auf der iberischen Halbinsel gelang es aber den Briten mehrfach, abgefangene Briefe zu dechiffrieren, nachdem sie den Schlüssel erbeutet hatten.

Bei den Franzosen war das sogenannte ‚Chiffre System‘ üblich, bei welchem ein bestimmter zwei- bis vierstelliger Zahlencode einen bestimmten Begriff oder Formulierung repräsentierte.[47]

Es ist bekannt, dass Napoleon mit Kaiserin Marie-Louise, seinen Ministern und Marschällen unter verschiedenen Chiffren korrespondierte, und dass auch die französischen Marschälle in Spanien die Befehle an die Festungskommandanten nur verschlüsselt übermitteln ließen, da eine hohe Wahrscheinlichkeit bestand, dass die Nachrichten den Guerilla in die Hände fielen. Auch diplomatische Post, wie z. B. die für den Staatskanzler Metternich, wurde verschlüsselt.

Die sogenannte ‚Grand Chiffre‘ hatte den Nachteil, dass von Zeit zu Zeit die Schlüsseltabelle gewechselt werden mussten, um weiter sicherzustellen, dass abgefangene chiffrierte Briefe auch wirklich nicht entschlüsselt werden konnten (Abb. 4). Es ist unklar, wie dies geschah: So ist denkbar, dass ab einem verabredeten Stichdatum eine neue Schlüsseltabelle verwendet wurde, oder dass diese durch Boten überbracht wurde.

---

47 Great Ciphers of Napoleon's Grande Armée <http://cryptiana.web.fc2.com/code/napoleon2.htm#SEC8#> [29.1.2021]

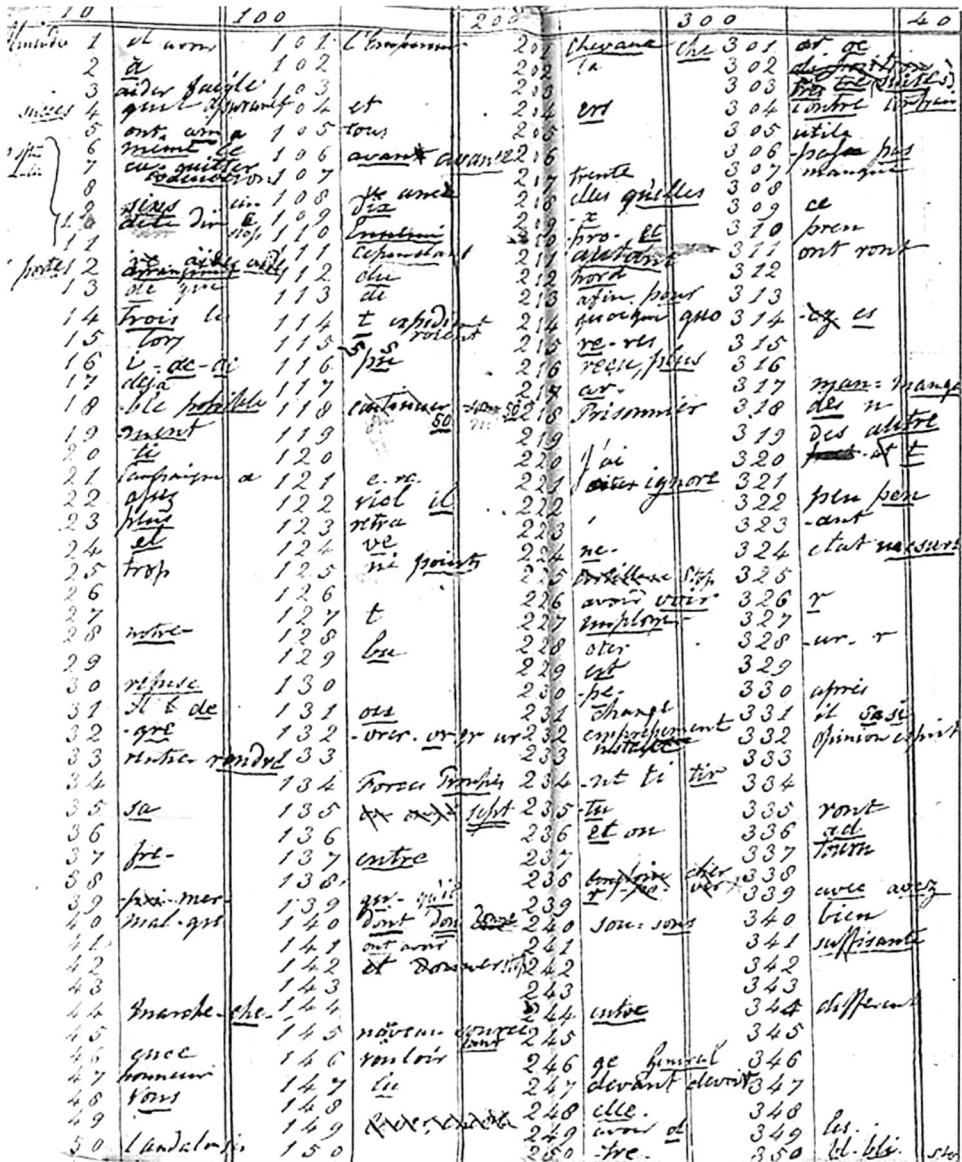

Abb. 4: Dreistellige Französische ‚Grand Chiffre‘, erbeutet bei der Schlacht von Vittoria im Juli 1813

Verifikation von Nachrichten

Zur Verifikation waren Unterschriften und Siegel üblich, die jedoch gefälscht werden konnten. Daher wurden der Nachricht zusätzlich ein heimliches Erkennungszeichen für den
Empfänger beigegeben.

Weiter unten wird der spektakuläre Fall des Don Juan van Halen vorgestellt, dessen Erfolg auf eine Dechiffrierung der Korrespondenz des Marschalls Suchet zurückgeht. Der Empfänger eines chiffrierten Briefes von Marschall Suchet erhielt nämlich zur Verifikation ein kleines Stück helles Haar, welches in einen Federkiel versiegelt wurde. Der Empfänger öffnete das kleine Paket auf einem Stück weißen Papier, und wenn er das Haar fand, war der Inhalt echt, wenn nicht, musste Verrat im Spiel sein. Aber besagter van Halen kannte auch dieses Geheimnis.[48]

Bei den französischen Übergaben im 1813/14 war es üblich, dass alle Festungskommandanten auf einer Verifikation von Napoleons Abdankung und der Instruktionen der neuen provisorischen Regierung bestanden, um jede feindliche Täuschung auszuschließen, wie dies die Anweisung der Kommandanten vorsah. Üblicherweise wurde ein Offizier der Garnison nach Paris gesandt, um die Bestätigung und die Instruktionen zur Übergabe von der neuen französischen Regierung einzuholen (s. u. Fallbeispiel, Davout in Hamburg).

Kopieren und Vervielfältigen

Pläne und Karten konnten nicht chiffriert werden. Da das Entwenden von Planmaterial sofort auffallen musste, blieb nur das heimliche Kopieren mit dem Pantographen oder Abzeichnen nach Augenmaß bzw. der Methode der Quadrate. Das erste Durchstechen mit der Nadel verriet sofort, dass ein Plan kopiert worden war.

Briefe und Berichte mussten abgeschrieben werden, d. h. man musste sich heimlich den Zugang verschaffen oder die Kopien durch Bestechung erwerben. Bei Stäben wurde der Ein- und Ausgang aller Schreiben registriert und von jedem ausgehenden Schreiben sollte eine Kopie abgelegt werden.

Nachrichtenübermittlung

Im Hinterland wurden Kuriere[49] auf den Postrouten in Stafetten[50] eingesetzt, um schriftliche Nachrichten schnell und exklusiv an den Empfänger zu übermitteln.[51] Diese uniformierten Boten waren jedoch leicht zu erkennen und daher im Kriegstheater, besonders beim Krieg der Parteigänger, leicht abzufangen. Eine Lösung war, den Kurieren eine berittene Bedeckung beizugeben oder die Nachrichten zuverlässigen einheimischen Zivilpersonen anzuvertrauen, die sich viel unauffälliger bewegen konnten. In der iberischen Halbinsel nutzten die Franzosen ab 1809 spanische Boten, die sogenannten ‚afrancesados‘, welche der napoleonischen Sache ergeben waren.

48 Graham, 1864 (wie Anm. 1), S. 443–444.
49 Mente 1861 (wie Anm. 28), S. 302 ff. Kurierritt des Leutnants Mente im Auftrag von Oberst Braun in La Fère an Gen. v. Zieten in Amiens. Er legte 27 deutsche Meilen, also etwa 200 km, in 18 Stunden zurück.
50 Regelmäßiger Wechsel der Pferde an den Relaisstationen für ein und denselben Kurier.
51 Giehrl 1911 (wie Anm. 2), S. 61.

Ordonnanzreiter (in Preußen: Berittene Feldjäger) des Stabes dienten der Übermittlung von Befehlen auf kürzere Distanzen, zum Beispiel vom kommandierenden General an die Untergebenen im Gefecht oder in der Etappe.

Es war unzweckmäßig, sich der Privatpost zur Übermittlung geheimer Nachrichten zu bedienen, da man mit Sicherheit davon ausgehen konnte, dass die Briefe geöffnet und gelesen wurden. In Frankreich war das ‚Bureau de l'Empereur', ehemals das schwarze Kabinett unter den Bourbonen, für die Kontrolle der Korrespondenz zuständig, wozu eine Überwachungsliste der verdächtigen Personen geführt wurde.[52]

Innerhalb des französischen Reiches verbanden ab etwa 1795 die optischen Telegraphen,[53] die Semaphoren nach Chappe, die Hauptorte wie ‚Chef lieue' der Departements, große Festungen und wichtige Häfen mit Paris. Die bis ca. 12 km entfernten Stationen konnten nur tagsüber bei guter Sicht operieren und übermittelten kurze codierte Nachrichten in weniger als einer Stunde. Allerdings waren die Telegraphenlinien durch das Ausheben einer einzigen Station leicht zu unterbrechen, wie es bei der Invasion Frankreichs 1813/14 geschah. So wurden einige Signalstationen der Strecken Mainz–Metz–Paris und Amsterdam–Brüssel–Paris sofort von der leichten Kavallerie zerstört. Von der Blockade Hamburgs 1813/14 ist bekannt, dass zur Kommunikation zwischen dem Schloss von Harburg und dem ca. 8,5 km entfernten Hamburger Michel zwei Semaphoren eingesetzt wurden.

Identität des Spions

Wie kann die Identität eines Spions oder Boten beim Empfänger geprüft werden? Wenn die Identität eines Spions nicht bestätigt werden konnte, so war auch der überbrachten Nachricht kaum zu trauen. Der Spion, wenn er nicht persönlich bekannt war, musste sich durch einen weiteren Zeugen, ein verabredetes Erkennungszeichen oder eine Losung identifizieren.

War die Nachricht überbracht, stellten sich die Fragen nach der weiteren Verwendung des Spions: Wurde der Spion weiter benötigt, konnte er entlassen werden, musste er die Identität wechseln, musste er eine Zeitlang festgehalten werden oder war er endgültig aus dem Verkehr zu ziehen? Musste der Gewährsmann geschützt oder konnte er preisgegeben werden?

Tarnung des Spions

Der Kundschafter wurde mit einer falschen Identität, z. B. als Handwerksgeselle, versehen und entsprechend mit Kleidung, mit gefälschten Dokumenten (Pässe, Empfehlungsschreiben, Gesellenbrief etc.) ausgestattet.

---

52 Ebd., S. 52.　　　　　　　53 Ebd., S. 67.

Abb. 5: Idealisiertes Schema für die Beauftragung zur Spionage im Armeekorps

Auswertung der Nachrichten

Die einlaufenden Rapporte (z. B. Bewegung mehrerer Verbände) sprachen oft nicht für sich selbst. Folglich mussten sie im Generalstab bewertet und mit den eigenen Rekognoszierungen zu einem Gesamtbild der Lage zusammengesetzt werden. Daraus konnten die möglichen Absichten des Feindes abgeleitet werden. Im nächsten Schritt waren die Gegenmaßnahmen zu erstellen und daraus die notwendigen Befehle herzuleiten, die dem kommandierenden General vorgetragen wurden (Abb. 5).[54]

---

54 Der Graf Moltke d.J. formulierte ein Jahrhundert später die Anforderungen so, dass die Erkenntnisse „an einer Stelle gesammelt, gesichtet, bewertet und zu einem Gesamtbild der Lage verarbeitet werden. Es ist dies nur möglich an der Hand einer genauen Kenntnis der Heeresorganisation, Dislokation und Mobilmachung des Gegners. Die dazu berufene Stelle ist der große Generalstab." 9.1911, BayHStA, GenSt 164.

55 Johann Gottfried von Hoyer, Lehrbuch der Kriegsbaukunst, den Angriff und die Vertheidigung der Festungen enthaltend, zum Behuf der Vorlesungen in Kriegs- und Ingenieurschulen, zweiter Theil, Berlin 1818, gibt eine gute Übersicht über die Maßnahmen zum Angriff und zur Verteidigung der Festungen.

Nachrichten vor und während einer Belagerung[55]

Vor einer Belagerung sammelten die Angreifer alle Erkenntnisse über die Festung, Besatzung und Umgebung, wie beispielsweise:

- Permanente Bauten und Einrichtungen der Festung, wie z. B. der Zustand der Wallanlagen und Gräben, Tracé, Tore, Brücken, Konterminen, Schleusenwerke, bombensichere Kasematten, Kasernen, Pulvermagazine, Laboratorien, Wagenhaus, Depots, Magazine, Zeughaus, Arsenale, Werkstätten, Kommandantur, Kriegsbäckereien, Mühlen, Hospitäler
- Verstärkungsarbeiten wie Annäherungshindernisse, Traversen, neue Schanzen, Blockhäuser, bombensichere Abdeckungen, Anstauungen, Sicherung gegen Überfall, schwimmendes Material
- Schwachpunkte bei der Sturmfreiheit
- Terrain um die Festung, wie Zugänge, dominierende Höhen für die Angriffsarbeiten, Straßen, Brücken, Häfen, Flüsse, Gebirge, Passagen
- Dörfer der Umgebung für Fouragierungen
- Garnison mit ihrer Stärke, Kriegsgliederung (Zusammensetzung), Nationalität, Moral, Kriegserfahrung, Gesundheit, Quartiere
- Technische Truppen, wie Sappeure und Mineure
- Laden der Konter- und Flatterminen
- Dotierung mit Artillerie, Artilleristen, Ausfallbatterie
- Kavallerie für Ausfälle und Rekognoszierung, Remonte
- Streitmittel wie Blankwaffen, Stangenwaffen, Musketen, Pistolen, Wallbüchsen
- Finanzmittel, Bestreiten von Ausgaben und Sold, Kontributionen, Notgeld, Inflation
- Charakter des Kommandanten, Artillerieoffiziers, Ingenieurs und Kommandeurs der Infanterie
- Innere Sicherheit durch die Gendarmerie und Bürgerwachen, Ausgangssperren
- Vorbereitung zur Belagerung, wie Armierungsplan, verstärkte Besatzung und Versorgung
- Vorräte an Nahrung, Munition, Pulver, Ersatzteilen, Brennstoffe, Medikamente, Stoffe, Verbandmaterial etc.
- Versorgung mit Wasser und Getränken; Röhrenwasser, Brunnenwasser, Oberflächenwasser
- Versorgung der Besatzung über Flüsse oder die See
- Einwohnerschaft mit ihrer Gesinnung, Stellung des Bürgermeisters und des Magistrats, Verwendung von Bürgerwachen, Löschdienste, Frondienste, Ärzte und Pfleger für die Hospitäler.
- Weitere anwesende hohe Beamte, wie Gouverneur, Präfekt, Unterpräfekt
- Organisation des Hospitalwesens, Kapazitäten
- Werbung von Gewährsmännern in der Festung

Es lassen sich hier keine festen Regeln angeben, außer der, dass Schwächen der Verteidigung konsequent genutzt werden sollten. Es galt von jeher der Grundsatz, dass die Belagerten ihre

Ressourcen aufzehrten, weil diese in der Regel nicht mehr ergänzt werden konnten. Während einer Belagerung waren wichtig zu erfahren:

• Schäden der Festungswerke erkennen und einschätzen
• Wirkung des letzten Bombardements auf Gebäude und die Moral
• Provisorische Verstärkungen, wie Konterapprochen etc.
• Grad und Wirksamkeit der Anstauungen
• Ausfälle
• Dienstplan der Garnison, besonders Torwachen, Schildwachten, Vorposten
• Losung, Parole, Feldgeschrei
• Einsatzbereitschaft der Artillerie
• Verluste der Garnison durch Verwundete
• Verbrauch von Vorräten
• Moral der Verteidiger
• Krankheiten und Seuchen unter der Garnison und Bürgerschaft, wie Skorbut, Typhus, Ruhr, Fleckfieber
• Bestechliche Offiziere und Beamte
• Verbindung zu Patrioten in der Stadt
• Wirkung der Propaganda mit Flugzetteln, wie z. B. Siege auf dem Schlachtfeld: Aufforderung zur Desertion etc.
• Möglicher Entsatz der Garnison je nach Kriegslage

Umgekehrt verschafften sich die Belagerten mit Hilfe von Rekognoszierungen, Gewährsmännern und Spionen Kenntnisse, wie sie sich möglichst lange und erfolgreich verteidigen konnten. Zu den wichtigsten Nachrichten zählten folgende:

• Belagerungskorps mit Stärke, Moral, Kriegsgliederung und dessen Verteilung in Kantonierungen hinter der Einschließungslinie
• Absicht und Hauptangriffspunkt der Belagerer: Beobachtung, Blockade, Überfall, Bombardement oder förmlicher Angriff
• Nachrichten über geplante Operationen des Belagerers, wie Überfall auf ein Werk, Bombardierung, Bau von neuen Batterien etc.
• Dotierung mit Belagerungs-Artillerie (12- und 24-Pfünder, Mortieren), Lage und Ausstattung der Belagerungsbatterien, mobile Batterien für Überfälle.
• Pioniertruppen und Schanzarbeiter, verfügbares Schanzmaterial
• Versorgung mit Streitmitteln und Nahrungsmitteln, Fouragierung
• Charakter des Kommandanten des Belagerungskorps und seines Stabes
• Erwartete Verstärkungen an Mannschaften und Material
• Stand der Belagerungsarbeiten: Batterien, Angriffsgräben, ggf. Kontervallation
• Grabenbesatzung, Vorposten, Wachwechsel
• Stellung der Vorposten und deren Alarmierungspläne
• Belagerungspark, Lage und Vorräte des Artillerie- und Ingenieurdepots

- Bau von Kriegsbrücken
- Alarmierungsplan der Belagerer bei Ausfällen der Verteidiger

Historische Fallbeispiele

Als Pars pro Toto stehen hier Fallbeispiele aus den Feldzügen und Belagerungen 1792–1814.

Mainz 1793: Fehlende Rekognoszierung

Gerade in den ersten Jahren der Französischen Republik, als das Dépôt de la Guerre noch darniederlag, konnten die Armeestäbe im Feld noch nicht mit Plänen versorgt werden, sodass sich diese vor Ort selbst behelfen mussten. Der ehemals kurmainzische Ingenieuroberst Eickemeyer berichtet in einer Anekdote über den Gen. Custine im Oktober 1792:

„Er [Custine] ließ die beiden Ingenieuroffiziere Clement und Cabert rufen und zog einen illuminierten Kupferstich von Mainz hervor, der gegen die Mitte des 18. Jahrhunderts in Nürnberg herausgekommen war, ein elendes Machwerk, welchem bei vielen Unrichtigkeiten selbst die hauptsächlichsten Außenwerke fehlten. Ich fragte den General, ob das der Plan sei, der ihm beim Angriffe zum Leitfaden habe dienen sollen? Er versetzte, alle Bemühungen seien vergeblich gewesen, sich einen besseren zu verschaffen. Späterhin gestand mir Custine, er habe bei seinem Marsche nach Speier weder eine Absicht auf Mainz gehabt, noch sei er von dessen Verteidigungsstand unterrichtet gewesen.“[56]

Mainz Mai/Juni 1793: Überfall auf das Hauptquartier

Im Sommer 1793 wurde die jetzt französische Festung Mainz gegen ein alliiertes Belagerungskorps verteidigt. Die sehr starke Garnison von ca. 20.000 Mann unternahm sehr viele Ausfälle, die Festung musste dennoch am 23. Juli übergeben werden.

Der mit Mühe abgeschlagene Überfall auf das alliierte Hauptquartier in Marienborn in der Nacht vom 30. zum 31. Mai wurde von Goethe im Gefolge des Herzogs von Weimar ausführlich geschildert. Hier wurde ein vermutlich bezahlter Wegweiser aufgegriffen, der nach dem Kriegsrecht als Verräter aufgeknüpft wurde:

„Den 2. Juni ward ein Bauer aus Oberolm gehenkt, der beim Überfall die Franzosen angeführt hatte; denn ohne die genaueste Kenntnis des Terrains wäre das schlängelnde Heranziehen [von ca. 3.000 Mann Ausfalltruppen] nicht denkbar gewesen; zum Unglück für

---

56 Heinrich Koenig, Denkwürdigkeiten des Generals Eickemeyer, Frankfurt a. M. 1845, S. 143.

ihn wusste er nicht ebenso mit den Rückkehrenden die Stadt zu erreichen und wurde von den ausgesandten Patrouillen, die Alles auf das Sorgfältigste untersuchten, eingefangen."[57]

Anwerbung von preußischen Kundschaftern im Dezember 1813[58]

Damitz beschreibt den schleppenden Fortgang der Anwerbung von Kundschaftern im Rheinland im November-Dezember 1813. Unter Leitung des Polizeidirektors Major v. Vegesack im großen alliierten Hauptquartier in Frankfurt am Main wurden mehrere Kommissarien (wie z. B. Major Boltenstern bei Köln) auf dem rechten Rheinufer eingerichtet, deren Auftrag es war, das linke, noch französische Rheinufer bis hin nach Metz und Luxemburg, besonders mit den Grenzfestungen, zu erkunden (Abb. 6).

Winterfeldzug 1813/14: Niederlande, Belgien und Nordfrankreich

Der alliierte Winterfeldzug von 1813/14 soll die Herausforderungen bei der Nachrichtenbeschaffung illustrieren, als ca. 20 Festungen von den Armeekorps Bülow. Herzog v. Weimar und Wintzingerode belagert wurden.

Bevor eine Festung von einem Belagerungskorps angegriffen werden konnte, war es erforderlich, sich in Kenntnis des Terrains, der Befestigungsanlagen, der Armierung, der Stärke und Zusammensetzung der Garnison, des Kommandanten sowie der Gesinnung von Garnison und Bürgerschaft zu setzen. Für die Beschaffung der Erkenntnisse wären die Nachrichtenbüros der Polizeidirektoren, für die Auswertung der Erkenntnisse die Generalstäbe des Armeekorps zuständig gewesen, die jedoch nur im Hauptquartier des Gen. v. Bülow verfügbar waren. Diese Organisationsform war nützlich für die zentrale Nachrichtenbeschaffung, wenn sich das Armeekorps als geschlossener Verband bewegte, nicht aber, wenn Brigaden oder noch kleinere Verbände vor die Festungen detaschiert und weithin disloziert werden mussten.

Die Nachrichtenbeschaffung musste folglich jedes kleinere Blockadekorps, typischerweise eine Brigade, für sich lösen. Bei noch kleineren Verbänden, wie z. B. den Streifkorps Colomb, Benckendorf und Geismar, war dies Aufgabe der Kommandeure bzw. der dazu beauftragten geeigneten Offiziere, die die Nachrichten ihrer Kavalleriestreifen, Kundschafter und Gewährsmänner auszuwerten hatten.

Wenn eine Festung dann wirklich beobachtet, blockiert, bombardiert oder förmlich angegriffen werden sollte, wurden Umgebung und Festungswerke sorgfältig von

---

57 Johann Wolfgang von Goethe, Campagne in Frankreich 1792 – Belagerung von Mainz (Goethes Werke 25), Berlin 1879, S. 243.

58 Damitz 1844 (wie Anm. 26), Nr. 8, S. 31.

59 Siehe unten Fallbeispiel Gorinchem.

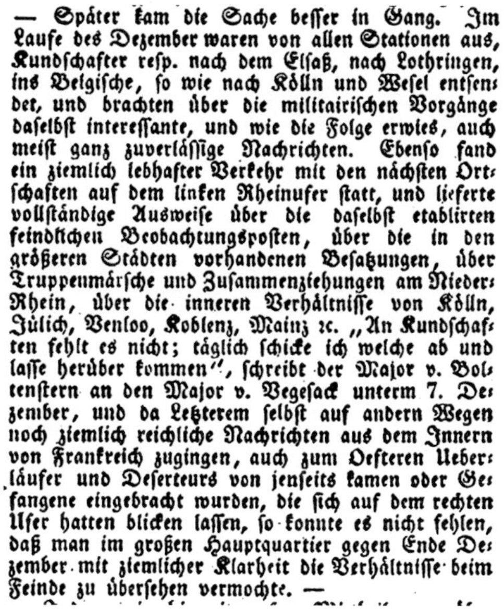

Abb. 6: Verhältnisse in den Festungen
Jülich, Venlo, Mainz etc. Ende 1813

— Später kam die Sache besser in Gang. Im Laufe des Dezember waren von allen Stationen aus, Kundschafter resp. nach dem Elsaß, nach Lothringen, ins Belgische, so wie nach Kölln und Wesel entsendet, und brachten über die militairischen Vorgänge daselbst interessante, und wie die Folge erwies, auch meist ganz zuverlässige Nachrichten. Ebenso fand ein ziemlich lebhafter Verkehr mit den nächsten Ortschaften auf dem linken Rheinufer statt, und lieferte vollständige Ausweise über die daselbst etablirten feindlichen Beobachtungsposten, über die in den größeren Städten vorhandenen Besatzungen, über Truppenmärsche und Zusammenziehungen am Nieder-Rhein, über die inneren Verhältnisse von Kölln, Jülich, Venloo, Koblenz, Mainz ꝛc. „An Kundschaften fehlt es nicht; täglich schicke ich welche ab und lasse herüber kommen", schreibt der Major v. Boltenstern an den Major v. Begesack unterm 7. Dezember, und da Letzterem selbst auf andern Wegen noch ziemlich reichliche Nachrichten aus dem Innern von Frankreich zugingen, auch zum Oefteren Ueberläufer und Deserteurs von jenseits kamen oder Gefangene eingebracht wurden, die sich auf dem rechten Ufer hatten blicken lassen, so konnte es nicht fehlen, daß man im großen Hauptquartier gegen Ende Dezember mit ziemlicher Klarheit die Verhältnisse beim Feinde zu übersehen vermochte. —

Generalstabsoffizieren oder Ingenieuroffizieren erkundet. Hierzu wurde alles verfügbare Karten- und Planmaterial benutzt und gegebenenfalls vor Ort nach Augenmaß ergänzt. Dies war eine leichte Übung in den aufständischen Niederlanden, wo den Belagerern das vorhandene Karten- und Planmaterial zur Verfügung gestellt werden konnte. Auch konnten in den belagerten Plätzen leicht orangistisch gesinnte Gewährsmänner gefunden werden, die bereitwillig ihr Wissen über die Garnison, Kommandanten, Versorgungslage, Stimmung und die Befestigungsanlagen an die Belagerer weitergaben.[59] Man handelte also in geheimer Übereinstimmung mit der Bürgerschaft der belagerten Festungen: In ‚s-Hertogenbosch unterstützte die Schiffergilde sogar die Erstürmung mit einem Aufstand. Umgekehrt waren die französischen Verteidiger in den aufständischen Niederlanden von aller Kommunikation mit dem Mutterland abgeschnitten und mussten sich bei der lokalen Informationsbeschaffung allein auf einige Zuträger der ‚Franzosenfreunde' und der Polizei verlassen.

Bei der Invasion Nordfrankreichs ab Januar 1814 kehrte sich die Verhältnisse zugunsten der Verteidiger um: So waren bestenfalls die Karten von Cassini zu beschaffen; Pläne der anzugreifenden Plätze lagen in der Regel nicht vor, sodass behelfsmäßige Krokis des Terrains und der Festung nach Augenmaß reichen mussten. Bei der Erkundung waren die Stäbe allein auf die Streifkorps und die ad-hoc Rekognoszierungen der Stabsoffiziere mit Bedeckung angewiesen. Schwerwiegend war das Fehlen eines Spionagenetzes von Gewährsmännern auf dem Lande, in den Festungen und in den Departements-Verwaltungen, die in den aufständischen Niederlanden so hilfreich gewesen waren. Anders als im nachfolgenden Jahr 1815 fanden sich noch keine Royalisten, welche die Verbündeten heimlich oder offen unterstützen konnten. Mit Napoleons Aufruf zur ‚levée-en-masse' Anfang März 1814 steigerten sich die Schwierigkeiten der Operationen: Patrouillen und Kuriere wurden überfallen, die Fouragierung wurde behindert und die Rekognoszierung wurde im Fall von Compiègne unmöglich gemacht. Das Streifkorps v. Geismar und die Linientruppen beantworteten diesen Widerstand mit Niederbrennen von Dörfern, Niederschlagung von lokalen Aufständen, Kontributionen und gewaltsamen Fouragierungen, da die lokalen Behörden (Maires) oft eine Zusammenarbeit verweigerten oder die Dörfer verlassen waren.

Die französischen Verteidiger der Festungen konnten hingegen im eigenen Land leicht Erkenntnisse beschaffen, weil selbst der einfachste Landmann völlig unerkannt als Gewährsmann herhalten konnte. Hinter einem unscheinbaren Satz wie zum Beispiel:

„Es gelangte die Nachricht nach Compiègne, dass Geismar Noyon am Morgen des 28. mit 800 Reitern besetzt hatte."

steckten immer Gewährsmänner, die mündliche Nachrichten an den Kommandanten von Compiègne bzw. an Mittelsmänner überbrachten. Wir haben also in diesen Fällen nur eine nachweisbare Verschriftlichung beim Empfänger der Nachricht.

Es war keine Blockade so wirksam, als dass nicht einzelne Personen durch eine Postenkette schlüpfen konnten. Die französischen Festungskommandanten hatten also immer aktuelle Erkenntnisse über die Stärke, Versorgungslage und Bewegungen der Verbündeten. In den belagerten Festungen fiel der Polizei das Beschaffen der Erkenntnisse, z. B. über die Gesinnung der Bürgerschaft und verdächtige Aktivitäten zu. Eine allgemeine weitere Zuständigkeit im Festungsstab wie z. B. die ‚Partie secrète' (s. u.) bei den mobilen Armeen, lässt sich nicht nachweisen.

Streifkorps 1814: Flandern und Nordfrankreich[60]

Auch selbständig operierende, kleine Formationen, wie die sogenannten Streifkorps oder Parteigänger, konnten die Rekognoszierung der Festungen übernehmen. Die Hauptaufgabe der Streifkorps war indes, den kleinen Krieg hinter die feindlichen Linien zu tragen, d. h. Positionen und Verkehrswege zu erkunden, Kuriere und Postwagen abzufangen, kleinere Posten auszuheben, Transporte zu erbeuten, Depots zu zerstören, die zivile Administration zu behindern, Propaganda zu verbreiten und Aufstände anzustacheln – kurzum größtmöglichen Schaden anzurichten und dadurch die Festungen und das feindliche Armeekorps des Gen. Maison vom Hinterland abzuschneiden bzw. dessen Bewegung zu behindern. Es war dagegen nicht ihr Auftrag, wohlversorgte feste Plätze oder größere Verbände anzugreifen. Die Streifkorps waren in der Regel reine Kavalleriekorps ohne Infanterie, Train und

---

60 Siehe auch Abschnitt „Alliierter Winterfeldzug 1813/14".

Fußartillerie, welche ihre rasche Bewegung behindert hätten. Reitende Artillerie konnte dazugehören.

Das Streifkorps v. Geismar überrumpelte die kleinen Plätze Doullens und Saint Quentin, ohne diese vorher rekognosziert zu haben.

Nordfrankreich 1814: Cassini-Karten als geheime Verschlusssache

Napoleon ließ als erster Konsul den öffentlichen Verkauf der Cassini-Karten einstellen, sie sollten nur noch an das Militär und die Beamten zum dienstlichen Gebrauch abgegeben werden. Folglich waren während des Winterfeldzuges 1814 nur wenige Cassini-Karten[61] für die Stäbe der alliierten Armeekorps verfügbar, infolgedessen wurden zuverlässige Wegweiser von den Landleuten aufgebracht, frei nach der Devise:

„Ein Bote am Strick ist im Gefecht besser als 10 Karten von Cassini."[62]

Bei den Brigadestäben waren Karten nicht üblich, so mussten die relative groben Postroutenkarten in Eigeninitiative beschafft werden.

Der bei Bülow angestellte Generalstabsoffizier v. Reiche berichtete, wie er sich vor der Schlacht von Laon einen Wegweiser beschaffte:

„Auf dem Weg dahin traf ich mit einem Manne zusammen, der schon ziemlich bejahrt war, und dem Äußeren nach zur vornehmen Classe der Gesellschaft gehören musste. Da ich der Gegend gänzlich unkundig war, so mußte es sich dieser Herr schon gefallen lassen, mir zum Wegweiser zu dienen, trotz seiner grauen Haare und ungeachtet er zu Fuß war. Als ich seiner nicht mehr bedurfte und ihn entließ, erfuhr ich, dass er früher Officier supérieur gewesen war."[63] Der Generalstabsoffizier v. Müffling vom Hauptquartier der Schlesischen Armee erinnerte sich in seinen Memoiren[64] über den sehr empfindlichen Verlust der Cassini-Karte bei der Schlacht von Laon:

„Trauriger war, dass in diesem Bivouac der Kosak, der die lederne Tasche mit den Karten von Cassini zu tragen hatte, zitternd vor dem Obristen mit der Botschaft trat, dass er dieselbe im Stalle zu Crecy habe hängen lassen. Ich ritt eiligst mit einigen Kosaken zu der Stelle zurück. […] Ich musste unverrichteter Sache zurückkehren. Es war ein sehr empfindlicher Verlust, weshalb ich mir auch die Namen der kleinen Dörfer, wo wir durchkamen oder Rast hielten, nicht immer mehr notiren konnte."

Die Cassini-Karten gaben trotz ihres Maßstabes von 1:86.400 einen ersten Eindruck des Festungs-Tracé, welches bei kleineren Festungen selbst Jahrzehnte[65] nach der Aufnahme

61 Cassini Karte, ‚Carte de France', 1747–1818 im Maßstab 1:86.400, benannt nach der ‚Dynastie' der königlichen Astronomen Cassini, welche die erste Karte Frankreichs auf trigonometrischer Basis erstellten. Nicht im öffentlichen Verkauf, vertrieben unter der Kontrolle des Dépôt de Guerre.

62 Decker 1830 (wie Anm. 22), S. 39.

63 Weltzien 1857 (wie Anm. 25), Bd. 2, S. 68.

64 Müffling 1855 (wie Anm. 25), S. 65.

65 Für Nordfrankreich, Pas-de-Calais, Île-de-France etc. 1750–1760.

Abb. 7: Festung Condé an der oberen Schelde, nahe der Grenze nach Flandern (Cassini-Karte, stark vergrößerter Ausschnitt)

unverändert war. Auch ließen sich die Ortschaften identifizieren, die als Quartier für das Belagerungskorps in Frage kamen. Das Terrain der Umgebung, die Gewässer und die Straßenverhältnisse ließen sich ebenfalls in etwa ablesen. Trotz der Geheimhaltung des Dépôt de la Guerre waren Kartensätze bei den alliierten Hauptquartieren[66] im Umlauf; der Verfasser konnte leider nicht klären, ob sie durch Ankauf oder als Beute in die alliierten Hände fielen. Ab 1815 wurde die Cassini-Karte z. B. in Wien nachgedruckt und war damit de facto öffentlich. Da die Karten kostbar waren, wurden wahrscheinlich bei den Blockaden bis zu fünffach vergrößerte Kopien, entsprechend etwa 1:20.000, angefertigt (Abb. 7). In Belgien war die entsprechende Karte von Ferraris[67] vor der Revolution frei im Handel erhältlich gewesen.

---

66 Zum Beispiel im Hauptquartier der Schlesischen Armee; siehe Friedrich Carl Ferdinand von Müffling, Zur Kriegsgeschichte der Jahre 1813 und 1814. Die Feldzüge der schlesischen Armee unter dem Feldmarschall Blücher von der Beendigung des Waffenstillstandes bis zur Eroberung von Paris, Bd. 2, Berlin 1824, S. 163; Modest Ivanovič Bogdanovič, Geschichte des Krieges 1814 in Frankreich und des Sturzes Napoleons I. Nach den zuverlässigsten Quellen, 2 Bde., Leipzig 1866, S. 188.

67 ‚Carte chorographique des Pays-Bas autrichiens‘ als ‚carte marchandise‘ im Gegensatz zur geheimen Manuskriptkarte ‚Carte de Cabinet‘.

Luckenwalde 1813: Ein listiger Bote und ein irregeführter Ingenieur[68]

Der Oberst von Boyen, nachmaliger preußischer Kriegsminister, berichtet über eine amüsante Begebenheit, als er am 20. September vor der Schlacht von Grossbeeren, an der Nuthe-Notte Inundationslinie vor Berlin, eine vorgeschobenen Husaren-Feldwache inspizierte.

Dort hatte man gerade einen älteren französischen Ingenieurkapitän aufgegriffen, der von Marschall Oudinot den Auftrag erhalten hatte, die angefangene Feldbefestigungen bei Luckau zu vollenden, und der jetzt in Leidenschaft umhersprang, weil er von einem Knaben übertölpelt worden war.

Dies hatte sich folgendermaßen zugetragen: Zu seinem Unglück war der Ingenieurkapitän der Gegend unkundig, völlig ohne Bedeckung und obendrein schlecht beritten. In Luckenwalde angekommen, verlangte dieser Offizier vom Bürgermeister einen Boten, der ihn durch den Wald nach Luckau führen sollte. Da nun alle Erwachsenen abwesend waren, erhielt er einen aufgeweckten zwölfjährigen Jungen als Wegweiser. Dieser leitete den Kapitän über die Waldpfade aber nicht nach Luckau, sondern direkt in die Arme der verdeckt aufgestellten Feldwache, der er nicht entkommen konnte. Durch den Gefangenen erfuhr Gen. v. Bülow von den Absichten Oudinots und konnte die Aufstellung seiner Armee für die kommende Schlacht entsprechend disponieren. Der Junge erhielt im Hauptquartier des Gen. v. Bülow eine Belohnung.

Danzig 1813: Das Fehlen der Spione[69]

Die Festung Danzig wurde von Januar bis November 1813 von russischen und preußischen Truppen unter Gen. Herzog von Württemberg belagert. Der französische Gouverneur, Divisionsgeneral Rapp, ein gebürtiger Elsässer, wähnte sich im ersten Monat der Blockade in guter Übereinstimmung mit den Bürgern der Handelsstadt Danzig, die jedoch lieber die Russen in ihrer Stadt gesehen hätten, um endlich wieder Handel zu treiben.

Die Garnison reichte kaum aus, um die Hauptumwallung vollständig zu besetzten. Gen. Rapp entschloss sich dennoch, auch die vor der Enceinte liegende Vorstädte zu verteidigen, um die Belagerer so lange wie möglich vom Angriff auf die Hauptfestung abzuhalten, was eine sehr bewegliche Gefechtsführung und damit eine zuverlässige Aufklärung erforderte. Es fehlten ihm jedoch Kundschafter oder Gewährsleute aus der Stadt, die der Garnison willig dienten und die Nachrichten über den Feind in die Stadt bringen konnten. So musste die Garnison ständig vor einem Überfall oder einer Kriegslist auf der Hut sein, weil Nachrichten über das Vorfeld fehlten. Um diesen Nachteil auszugleichen, mussten die Vorposten,

68 Nippold 1890 (wie Anm. 25), Bd. 3, S. 110–111.

69 Louis Antoine Francois de Marchangy, Le Siège de Dantzig, en 1813, Paris 1814, S. 13–15; Thomas Hemman u. Martin Klöffler, Der vergessene Befreiungskrieg. Belagerte Festungen zwischen Memel und Rhein in den Jahren 1813–1814, Norderstedt 2018, S. 152 ff.

Rondenwachen und Patrouillen verstärkt werden, um jederzeit einem Überfall begegnen zu können. Infolgedessen hatte fast die ganze Garnison ständig unter Waffen zu stehen und kam selbst in den Nächten kaum zur Ruhe. Den Belagerern war das bekannt und so suchten sie durch ständige Alarmierungen die Belagerten zu ermüden. Zum Glück für die Garnison bestand anfangs das Gros des Blockadekorps des Gen. Platow nur aus Kosaken und Baschkiren, die von der französischen Infanterie wenig zu fürchten waren, sodass die Garnison in beinahe täglichen Ausfällen die Belagerer auf Distanz halten konnte. Erst die Verstärkung des Belagerungskorps ab Mai setzte diesen Ausfällen ein Ende.

Hier führte also die fehlende Aufklärung durch Kundschafter der Verteidiger zu einer neuen Taktik bei der Verteidigung des Vorfeldes.

Breda 1813: Fingierter Brief als Kriegslist[70]

Im Dezember 1813 war die degarnierte Festung Breda vom Streifkorps des russischen Obersten Benckendorff eingenommen worden. Die ca. 8.000 Mann starke Brigade des Gen. Roguet marschierte am 21. Dezember aus Antwerpen an, um die Festung wieder zu nehmen. In der Zwischenzeit war Gen. Graham auf der Insel Tholen gelandet, und das III. Preußische Armeekorps des Gen. v. Bülow stand bei Heusden. Breda musste also um jeden Preis genommen werden, bevor der Entsatz heranrückte und das Streifkorps mit niederländischen Einheiten, Engländern oder Preußen verstärkt werden konnte. Jedoch hatte Gen. Bülow noch ein Belagerungskorps vor Gorinchem (Gorkum) stehen und die preußische Avantgarde unter Gen. Krafft war zu schwach, um wirklich die Festung entsetzen zu können, und so griff Bülow zu einer Kriegslist.

In einem fingierten Brief an Oberst Benckendorff kündigte er an, dass 15.000 Mann seines Korps am nächsten Tage eintreffen würden. Dieses Schreiben wurde mit einem Fuhrmann und einigen Fässern Patronen so nach Breda abgeschickt, dass es den Franzosen in die Hände fallen musste.

Der französische General Lefèbvre-Desnouettes war am 23. Dezember herbeigeeilt, um das Kommando über das Belagerungskorps zu übernehmen; er hob aber angesichts der scheinbar heranrückenden Preußen und Engländer die Belagerung auf und zog mit dem Korps in der nächsten Nacht, von starkem Nebel begünstigt, nach Antwerpen ab.

---

70 A. Crusius, Der Winterfeldzug in Holland, Brabant und Flandern. Eine Episode aus dem Befreiungskriege 1813 und 1814, Luxemburg 1865, S. 90; Mente 1861 (wie Anm. 28), S. 240; Martin Klöffler, Lieber ins Meer versinken, als Holland aufgeben. Die Befreiung der Niederlande und die Belagerung der Festungen 1813–1814, Manuskript in Vorbereitung.

Deventer 1814: Erkaufter Abzug

Hier gilt das Bonmot des Philipp II. von Makedonien: „Es ist keine Mauer so hoch, daß sie nicht ein mit Gold beladener Esel übersteigen könnte."[71]

Die französisch besetzte Festung Deventer wurde im Winter 1813/14 von den alliierten Russen, Preußen und Niederländern blockiert. Auf Vorschlag des Herzogs von Weimar ließ Prinz Wilhelm am 30. Januar dem französischen Kommandanten Gen. Schiner – einem gebürtigen Schweizer – ein heimliches Angebot machen, um diesen durch Geld – immerhin 20.000 Gulden – zur Übergabe zu bewegen, was dieser jedoch abwies.[72]

Es handelte sich nicht um eine persönliche Bestechung, sondern um den sehr kaufmännisch gedachten Versuch der provisorischen Regierung der Niederlande, die Blockade abzukürzen, da die Übergabe angesichts der absehbaren französischen Niederlage nur eine Frage der Zeit war. Wie auch bei anderen Angeboten dieser Art, sollte die Übergabe mit allen Ehren, freies Geleit bis zum französischen Gebiet unter Aufsicht eines niederländischen Kommissärs, freies Quartier und Verpflegung zugestanden werden. Solch ein Handel war in den Anweisungen für Festungskommandanten nicht vorgesehen, weshalb Gen. Schiner das Angebot zurückweisen musste, wollte er später nicht vor ein Kriegsgericht gestellt werden.

Gorinchem (Gorkum) Dezember 1813: Unverschlüsselte Nachricht Napoleons an den Gouverneur

In dem an General Rampon, Gouverneur der Festung Gorinchem gerichteten, aber von den Preußen abgefangenen Brief von Kriegsminister Clarke lässt Napoleon dem General auftragen, die Festung auf das Äußerste zu verteidigen:

„… diesem ihm anvertrauten Schlüssel der Niederlande mit angestrengter Kraft zu behaupten, die Dämme zu durchstechen, sich durch eine Überschwemmung oder ein Eismeer zu decken und auf eine Unterstützung, die bald erfolgen solle, zu rechnen. […] die Truppen, die sämtlich früher nach dem Mittelrhein bestimmt waren, würden unmittelbar in Brüssel eintreffen."[73]

Die Forderung, sich auf das Äußerste zu verteidigen, war als sehr allgemeine Anforderung überhaupt nicht überraschend, aber Gen. v. Bülow sah sich bei der Blockade von Gorinchem gezwungen, eine Brigade zur Beobachtung von Brüssel abzustellen, nur um später

---

71 Wikipedia, Liste geflügelter Worte. Abgewandelt: „Für einen mit Gold beladenen Esel gehen die Tore jeder Stadt auf."

72 L. W. van Hoek, Deventer, in: G. J. W. Koolemans Beijnen (Hrsg.), Historisch gedenkboek der herstelling van Nederlands onafhankelijkheid in 1813, 4 Bde., Haarlem 1913, Bd. 4, S. 22–51, bes. S. 35.

73 Crusius 1865 (wie Anm. 70), S. 113; Henri Plon (Hrsg.), Correspondance de Napoléon Ier. Publ. par ordre de l'empereur Napoléon III., 32 Bde., Paris 1858–1869, Bd. 27, Nr. 20980, 7. Dezember 1813.

festzustellen, dass der Entsatz niemals eintraf. In diesem Fall hatte die Ankündigung des Entsatzes zwei Aufgaben, nämlich eine offensichtliche und eine verdeckte: Erreichte sie den Empfänger, sollte sie Gen. Rampon und der Besatzung Mut machen, die Festung weiter zu verteidigen. Fiel sie den Preußen in die Hände, dann bewirkte sie eine Schwächung des Belagerungskorps, weil Einheiten in Richtung Brüssel rekognoszieren mussten.

Gorinchem (Gorkum) Januar 1814: Spionagebericht

Die Festung Gorinchem wurde von Dezember 1813 bis Februar 1814 von preußischen und niederländischen Truppen unter Gen. v. Bülow blockiert, sie wurde Ende Januar sogar bombardiert und in Brand geschossen. Die Garnison bestand aus einigen Nationalfranzosen und überwiegend niederländischen bzw. flämischen Nationalgarden aus Antwerpen, Texel und Friesland, die häufig und gern aus der Festung desertierten. Die inneren Zustände und der Zustand der Festung waren Gen. v. Bülow im Allgemeinen bekannt, jedoch es gab auch Gewährsleute in der Festung, die den General über die Verhältnisse auf dem Laufenden hielten.

Der in den Archiven des niederländischen Kriegsministeriums[74] vorgefundene dreiseitige Bericht belegt mustergültig, was in einer Nachricht aus einer belagerten Festung enthalten sein sollte. Der Verfasser ist namentlich nicht bekannt, doch dürfte es sich entweder um einen wohlinformierten Bürger, z. B. vom Rat der Stadt, oder einen ehemaligen Offizier gehandelt haben. Der Brief ist in fehlerfreiem Deutsch verfasst und war wahrscheinlich für Gen. v. Bülow oder Generalmajor v. Zielinsky bestimmt. Der Brief ist nicht signiert und datiert, er dürfte jedoch im Januar vor dem Bombardement verfasst worden sein. Wie er in die Hände der Belagerer überbracht wurde, ist nicht bekannt. Aus Platzgründen kann hier nur ein Auszug wiedergegeben werden: Er nennt den: Namen des Kommandanten, alle Einheiten, Stärke der Garnison, Zuverlässigkeit, Moral und Gesinnung von Garnison, Desertionen, Zustand der Wallanlagen (besonders Revetierung), Brücken, Hafens, Breite und Tiefe des Hauptgrabens und der Rheindämme mit deren Schleusen, detaillierte Armierung mit der Artillerie, Einteilung für den Postendienst, Pulvervorräte, Lebensmittelvorräte; der Verfasser gab sogar Empfehlungen für die Positionen der landseitigen Belagerungsbatterien (Abb. 8).

Der Fall der Festung war angesichts der chaotischen inneren Zustände nach der Bombardierung nur eine Frage von wenigen Tagen, sodass Gen. v. Zielinsky erfolgreich auf einer bedingungslosen Kapitulation bestehen konnte.

---

74 Frederik Henri Alexander Sabron, De Vesting Gorinchem van November 1813 tot Maart 1814, Breda 1902, Beilage III, S. 118–121.

8.e Die um die Stadt liegenden Werke sind zwischen dem Utrechtere Canal und dem Thor von Dordrecht am schwächsten. Auf dem vor dieser Seite liegenden Felde findet man auch Erde genug um Batterien zu bauen; d. h. man stöszt nicht gleich, wie auf der anderen Seite auf den Wasser-Horizont. Gerade an dieser Stelle aber ist der Wassergraben des Walles am breitesten.

9.e Die Hauptvertheidiging von Gorcum ist der mit einem breitene nassen Graben versehene Hauptwall. Die Franzosen haben versucht die umliegende Gegend unter Wasser zu setzen; es ist ihnen aber nicht geglückt.

10. Die Einwoher sind etwa auf 6 Wochen, die Garnison aber viel länger mit Fleisch verproviantirt.

Abb. 8: Ausschnitt aus dem Spionagebericht eines Bürgers über den Zustand der Festung Gorinchem im Januar 1814

Überfall auf Fort St. André am Bommeler Waard im Dezember 1813[75]

Die geglückte Überrumpelung des Forts durch preußische Truppen des Armeekorps Bülow am 14.12.1813 war der mündlichen Nachricht von patriotisch gesinnten Landleuten zu verdanken:

„Major v. Zglinitzky ließ 20 kleinere Kähne aus Tiel an der Waal herbeischaffen, um sich von Varik hinübertreiben zu lassen. Um 6 Uhr morgens berichteten drei Bauern aus Rossum, dass die Besatzung mit ca. 100 Mann das Fort verlassen habe, um die noch stromaufwärts vorhandenen Wasserfahrzeuge zu zerstören, und dass anscheinend nur eine Wache von ca. 30 Mann im Fort zurückgeblieben sei. Diese werde wie immer morgens 7 Uhr die Klappbrücke[76] herunterlassen, um den Bewohnern der Umgegend den Verkauf von Lebensmitteln zu gestatten. Sofort überquerte ein preußisches Detachement unter dem Ltn. Schmidt den Strom, landete unentdeckt an, versteckte sich im Gebüsch und wartete, bis die Zugbrücke heruntergelassen wurde und stürmte durch das Tor."

75 Klöffler (wie Anm. 70), in Vorbereitung. 76 Mente 1861 (wie Anm. 28), S. 62–172.

Blockade von Hamburg Dezember 1813/14: Der Zeichner als Spion[77]

Eine mehr kuriose Begebenheit wird über den Zeichner Peter Suhr (vergleiche mit Goethe in Malcesine) als vermeintlicher Spion berichtet, als er die Hamburger Festungsanlagen am Brooktor skizzierte:

„Die Ingenieurtruppe hat gestern einen [Mann] namens Suhr verhaftet, der sich damit beschäftigte, die Perspektive außen am Bro[o]ktor zu zeichnen. Ich habe Nachrichten über die Gesinnung dieses Mannes eingeholt und, nach den günstigen Auskünften, die mir gegeben wurden, seine Freilassung befohlen."[78]

Die Gebrüder Suhr waren für Ihre Ansichten von Hamburg und ihre Uniformzeichnungen weithin bekannt, und ihre Popularität schützte sie vor weiteren Nachstellungen (Abb. 9).

Übergabe von Hamburg April-Mai 1814: Verifikation von Nachrichten[79]

Vom November 1813 bis Mai 1814 wurde die Campagne-Festung Hamburg unter Marschall Davout blockiert, zuletzt von der russischen Armee von Polen unter Gen. Bennigsen.

In das kaiserliche Dekret von 1811 floss die Erfahrung ein, dass die Kommandanten der Festung oft durch Kriegslisten zur vorzeitigen Übergabe gebracht werden sollten:

„Alle Kommandanten, denen wir die wir die Verteidigung unserer Plätze anvertraut haben, müssen sich vergegenwärtigen, dass in ihren Händen der Zugang zu unserem Reiche oder zur Deckung unserer Armeen liegt, und dass die Übergabe, einen einzigen Tag verlängert oder verzögert, die größten Folgen für den Staat oder die Armee haben kann.

Infolgedessen wird er taub sein gegenüber allen Gerüchten des Feindes, direkten oder indirekten Nachrichten, sei es, dass unsere Armeen geschlagen oder der Feind nach Frankreich eindringt. Er widersteht den falschen Einschmeichelungen ebenso wie den Angriffen. Er läßt sich in seinem Mut und dem der Garnison nicht irremachen."

Am 13. April ließ Bennigsen die Nachricht von der Einnahme von Paris durch den dänischen Obristen d'Aubert[80] an Marschall Davout übermitteln und schlug einen Waffenstillstand vor.[81] Da gefälschte Nachrichten eine oft praktizierte Kriegslist waren, um die Übergabe in scheinbar aussichtslosen Lage zu beschleunigen, musste Marschall Davout darauf

---

77 Hemmann/Klöffler 2018 (wie Anm. 69), S. 445.

78 G. Dempsey, Coin de l'iconographie. Le manuscrit du bourgeois de Hamburg, in: Soldats Napoléoniens 2 (2004), S. 72, nach einem Rapport eines französischen Offiziers über verdächtige Personen vom 14. Dezember 1813.

79 Hemmann/Klöffler 2018 (wie Anm. 69), S. 442. Siehe dort auch die weiter angegebenen Referenzen.

80 Jaques d'Aubert (1769–1844) aus Kopenhagen, zuvor Kommandant von Altona, nach dem Frieden von Kiel dänischer Bevollmächtigter bei der Armee von Polen. Für seinen 1825 geschriebenen Bericht über Hamburg und die darin enthaltene Kritik am dänischen König wurde er zwei Jahre inhaftiert.

81 Karl von Wedell, Feldzug der kaiserlich-russischen Armee von Polen in den Jahren 1813 und 1814 von einem Augenzeugen beschrieben, Hamburg 1843, S. 132f (dort der Brief im Wortlaut).

Abb. 9: P. Suhr, Das Brookthor in Hamburg während der Belagerung 1813/14 und die Elbbrücke bis zur ersten Fähre. Die Perspektive ist leicht verzerrt, um das Einrücken der Dragoner über die Elbbrücke gebührend hervorzuheben

sehen, diese Nachrichten zu seinen Bedingungen zu verifizieren, und konnte vorher keine Anweisungen einer provisorischen Regierung akzeptieren.

Die Übergabeverhandlungen zogen sich also vom 14. bis zum 28. April hin, da Davout auf einem ehrenvollen Abzug bestand und ihm die Nachrichten über die Abdankung Napoleons nicht sicher genug erschienen. Er könne nicht die Festungen übergeben, „weil seinem Souverain vielleicht Unfälle betroffen haben könnten."[82]

Er lehnte auch den Empfang von Depeschen von russischen Offizieren ab: Einen Brief der provisorischen Regierung vom 5. April ließ Davout ebenfalls nicht gelten, da die Siegel fehlten, bat aber darum, den General Delcambre mit Pässen nach Paris abfertigen zu lassen, um Weisungen der neuen Regierung einzuholen.[83] Während dieser Zeit wurde eine Waffenruhe vereinbart.[84]

---

82 Wedell 1843 (wie Anm. 81), S. 134. Davout an Bennigsen, 13. April.

83 Wedell 1843 (wie Anm. 81), S. 140.

84 Wedell 1843 (wie Anm. 81), S. 144 (Punkt 1 der Übereinkunft vom 27. April).

Davout handelte damit zweifellos gemäß den Anweisungen für Kommandanten, die eine vorzeitige Übergabe infolge Kriegslisten oder bloßer Gerüchte verhindern sollten.[85]

Als die Abdankung Napoleons jedoch schon am 29. April durch einen französischen Offizier aus Paris bestätigt wurde, ließ er die Garnison auf den neuen Souverän Ludwig XVIII. vereidigen, und fortan wehte das weiße Banner der Bourbonen[86] über Hamburg. So kam es, dass erst ab dem 28. Mai die französischen Kolonnen aus Hamburg mit allen militärischen Ehren abzogen.

Stettin 1813: Nachrichten zur Verproviantierung[87]

Das französisch besetzte Stettin unter Gen. Grandeau wurde von März bis Dezember 1813 durch preußische Truppen unter Gen. v. Ploetz blockiert. Die Widerstandsdauer einer Festung hing unter anderem von ihrer Approvisionnierung ab, die bei größeren Festungen gewöhnlich auf 6 bis 12 Monate ausgelegt war. Üblicherweise wurden in den Intendanturen (Militärverwaltungen unter Regie eines Intendanten oder Kriegskommissars) auch Bürger angestellt, was Gelegenheit zur Spionage bot:

„Durch einen beim Verpflegungswesen der französischen Militärverwaltung angestellten Stettiner Kaufmann erhielt v. Ploetz Nachrichten über den Stand der Lebensmittelvorräte in der Festung. Daraus ergab sich, dass die Garnison – bei äußerster Sparsamkeit – längstens bis Ende Januar 1814 aushalten konnte. Damit hatte v. Ploetz einen Anhaltspunkt für seinen Spielraum bei den unzweifelhaft bald beginnenden Kapitulationsverhandlungen."

Tatsächlich war die Versorgungslage in Kombination mit Seuchen schon so verzweifelt, dass Stettin am 5. Dezember übergeben wurde.

Spanische Festungen 1814: Die Kriegslist des Don Juan van Halen und die Übergabe von Lerida, Mequinenza und Monzon

Don Juan van Halen (1788–1864) war 1813 Ordonnanzoffizier in der Leibgarde des König Joseph von Spanien, Bruder des Kaisers Napoleon, mit dem er sich wegen einer Beleidigung überwarf (Abb. 10). Trotzdem ging er nach Barcelona in den Stab des Marschalls Suchet. Er wechselte heimlich zur Seite der spanischen Cortes (provisorische Nationalregierung), die sofort seine Nützlichkeit begriff, als Überläufer Erkenntnisse aus dem innersten Zirkel zu

---

85 Bardin, Décret impérial relatif à l'Organisation et au Service des états-majors des Places (24 décembre 1811), in: ders., Recueil de Lois, Décrets, Ordonnances, Arrêtées et Circulaires, rédigé, en exécution de l'Article 86 du Décret impérial du 24 Décembre 1811 pour le Service des États-majors des places, Paris 1811, S. 5–43, Titre III, Chapitre IV, de l'état de siège, Art. 110.

86 Le ‚drapeau blanc', Ordre du Jour, 29. Avril 1814, in: Carl Henke, Davout und die Festung Hamburg Harburg 1813–14, Berlin 1911, S. 180–181 (Anlage 8).

87 Hemmann/Klöffler 2018 (wie Anm. 69), S. 257.

Abb. 10: Don Juan van Halen, Graf von Peracampos, als belgischer Generalleutnant im Jahr 1853

beschaffen und gefälschte Befehle in Umlauf zu bringen. Aus heutiger Sicht ist es unfassbar, wie es van Halen gelang, unentdeckt mit der Cortes und anderen spanischen Gewährsmännern zu korrespondieren.

Seine Beweggründe speisten sich laut seinen Memoiren einerseits aus beleidigter Ehre und andererseits aus Patriotismus, sodass er für seinen Auftrag keine Entlohnung wie die professionellen Spione verlangte. Was van Halen allerdings nicht bekennt, dass er sich offenbar durch eine spektakuläre Tat wieder für eine Laufbahn in der spanischen Armee empfehlen und die Bürgerrechte wiedergewinnen wollte, nachdem er zuvor bei der Kapitulation von El Ferrol gezwungenermaßen zur französischen Seite wechseln musste. Nach seiner Mission wurde er rehabilitiert und erhielt tatsächlich das Patent eines Hauptmanns in der spanischen Armee. Außerdem dürfte eine Portion Abenteuerlust im Spiel gewesen sein, wie seine spätere Laufbahn als ‚Condottieri‘ in spanischen, russischen und belgischen Diensten belegt.

Der Verrat zeigte die Chuzpe eines Offiziers, der als Adjutant des Marschalls Suchet[88] die Kommandanten der blockierten Festungen von Lerida (auch: Lérida, Lleida), Mequinenza und Monzon mit gefälschten Briefen im Januar/Februar 1814 zur Übergabe brachte, und hierzu die streng geheime Grand Chiffre (s. o.) nutzte. Sogar der Vertrag über den freien

---

88 Genauer: chef d'escadron, aide-de-camp; vgl. Louis Benoît Robert, Rapport sur la défensé de la place de Tortose 1814, Perpignan 1814, S. 57.

Abzug wurde gebrochen, als die Garnisonen vier Tage später in den Engen von Martorel die Waffen vor der spanischen und englischen Übermacht strecken mussten.

Nur der Kommandant von Tortosa, Brigadegeneral Louis Benoît Robert,[89] mit einer starken Garnison von 6.000 Mann, fiel nicht auf diese Täuschung herein. Diese Geschehnisse wurden auch im Wesentlichen von französischen Berichten bestätigt.[90] Dieser Täuschungsversuch war sehr geschickt eingebettet in die ohnehin schon laufenden Kapitulationsverhandlungen mit den blockierten Festungen. Gen. Robert berichtet ausführlich, wie er die Täuschung Schritt für Schritt aufdeckte, indem er mit Marschall Suchet korrespondierte.

Der Fall Halen lehrte, dass alle üblichen Vorkehrungen zur Geheimhaltung wirkungslos waren, wenn der Verrat von einem Überläufer begangen wurde, der Zugang zu der Chiffre hatte. Die französischen Kuriere auf der iberischen Halbinsel liefen immer in Gefahr, mit ihren Briefen von den Parteigängern (Guerilleros) aufgegriffen zu werden, weshalb diese verschlüsselt werden mussten und von zivilen Gewährmännern überbracht wurden. Jedenfalls wusste er sich zu rechtfertigen, wie er unbeschadet durch die Linien der spanischen Blockadekorps passieren konnte. Die eingeschränkte Kommunikation zwischen den blockierten Festungen und dem Hauptquartier in Barcelona hat ihm sicher auch in die Hände gespielt.

Weiter kam van Halen zugute, dass er überzeugend in seiner Generalstabsuniform auftreten konnte, und dass das Siegel sowie die chiffrierten Briefe mit der gefälschten Unterschrift Suchets als Legitimation ausreichten.

Sein Vorteil war außerdem, dass er relativ unauffällig bei der Garde bzw. Stab gedient hatte. Obwohl offensichtlich Spanier (wenn auch mit belgischen Wurzeln), war anscheinend sein Französisch überzeugend genug im Umgang mit den Kommandanten. Details von den Unterredungen mit den Festungskommandanten sind zwar nicht überliefert; es ist davon auszugehen, dass er den Inhalt der versiegelten Briefe kannte, damit er die Kommandanten und den Verteidigungsrat erfolgreich umstimmen konnte. Nach Kriegsende wurde van Halen öffentlich in dem ‚Journal officiel des Cortès' vom 19. März 1814 belobigt.

Zusammenfassung

Die Festungsspionage in den napoleonischen Koalitionskriegen 1792–1815 ist bisher im deutschen Sprachraum noch nicht systematisch aufgearbeitet; hier wird anhand gedruckter Quellen ein erster Überblick gegeben. Die Festungsspionage im Kriege muss immer im Zusammenhang mit den Operationen der Feldarmeen betrachtet und bewertet werden. Am

---

89 Robert 1814 (wie Anm. 88). Dort Wanhalen genannt. Auf S. 58 ff. wird sogar der vom 25. Januar 1814 chiffrierte Brief Nr. 1 van Halens zitiert.

90 Briefe und Notizen des Marschalls Suchet in: C. H. Barault-Roullon, Lé Maréchal Suchet, duc d‹Albufera. Éloge couronné par l'Académie impériale des Sciences, Lyon 1833, S. 286–287, „Surprise de Lerida – Trahison de Van Halen". Vgl. Don Juan van Halen, Denkwürdigkeiten des Don Juan van Halen, Chef des Generalstabs bei einer Division der Armee Mina‹s in den Jahren 1822 und 1823, Bd. 1: Die Erzählung seiner Gefangenschaft in den Kerkern der spanischen Inquisition in den Jahren 1817 u. 1818, seiner Entweichung, Stuttgart 1828.

Beispiel Preußen und Frankreich werden die Organisation und Aufgaben der Nachrichten-beschaffung bei den Generalstäben, die Instruktionen und die Gesetzgebung verglichen. Die Institutionalisierung der Spionage bei den Generalstäben war zunächst nur bei der mobilen Feldarmee üblich, entsprechende Dienste wurden in den Friedenszeiten ab 1815 abgebaut. Allerdings war die ausgebaute Struktur des Nachrichtenfachs nur bei den Hauptquartieren der mobilen Armeekorps anzutreffen, bei den kleinen Blockadekorps war mangels verfüg-barer Generalstabsoffiziere meist nur ein geeigneter Offizier im Stabe zuständig. Die Hand-bücher für den Generalstab liefern allgemeine Anleitungen für den Umgang von Kund-schaftern. Anhand von zahlreichen Fallbeispielen werden verschiedene Spionageaktivitäten ausführlich behandelt, wie z. B. Bestechung, fingierte Nachrichten, gefälschte Befehle, chif-frierte Briefe, Rolle der Karten, Nachrichten über die Verproviantierung, Verifikation von Nachrichten, Verdächtigung von Zeichnern etc.

Die vorgestellten Beispiele können vielfach als Beleg für Keegans These genommen wer-den, dass „militärisch erkämpfte Erfolge letztlich vorrangig sind vor geheimdienstlichen."[91]

Abbildungsnachweis

Abb. 1, 5: Martin Klöffler
Abb. 2: BNF
Abb. 3: aus: Damitz 1844 (wie Anm. 23), Nr. 7, S. 26
Abb. 4: Wikimedia commons, public domain
Abb. 6: aus: Damitz 1844 (wie Anm. 23), IV, S. 31
Abb. 7: BNF
Abb. 8: aus: Sabron 1902 (wie Anm. 71), Anlage III, S. 120
Abb. 9: Staatsarchiv Hamburg 720-1_124-5=Su_25 (1)
Abb. 10: Museo Naval de Madrid, Wikimedia commons, public domain

---

91 Krieger 2014 (wie Anm. 5), S. 128.

Klaus T. Weber

Festungen – Spionage – Gesetze

Ein Überblick zum Spionagegesetz in Preußen und im deutschen Kaiserreich in Bezug auf den Festungsbau[1]

Einleitung

Das Ausspähen, Erkunden bzw. die Spionage ist seit alters her ein Instrument des Krieges[2] und ihre Entdeckung wird in aller Regel mit besonderer Härte bestraft. In der Zeit, mit der sich dieser Beitrag beschäftigt, war Spionage eine systemimmanente Tatsache in der Beziehung von Kontrahenten bzw. konkurrierenden Staaten. Die darauf bezugnehmende Gesetzgebung berücksichtigte Krieg und Frieden als auch völkerrechtliche Anschauung und „das verfolgte Verbrechen ist nur bei Nebeneinanderbestehen mehrerer Staaten zu denken".[3]

Spionage war und ist stets ein gefahrvolles Geschäft. In aller Regel wurde die Spionage mit Verrat in Verbindung gebracht, wenn nicht gleichgesetzt,[4] weshalb ihr das Image des Ehrlosen und Niederträchtigen anhaftete als auch die Aura außergewöhnlichen „Heldenmuts" (Abb. 1). Prominentes Beispiel, das medial bis heute nachwirkt, ist der Fall um die Papiere der Befestigung von West Point im Jahre 1780. In den Amerikanischen Unabhängigkeitskriegen sabotierte der US-General Benedict Arnold (1741–1801)[5] die Armierung der Festungswerke am Hudson-River. In einem geheimen Treffen übergab er Berichte und Pläne dem britischen Geheimdienstoffizier Major John André (1750–1780),[6] der sich in Zivil hinter die Linien begeben hatte. Er wurde jedoch aufgegriffen, verurteilt und am 2. Oktober hingerichtet, nachdem ein Austausch, mit dem auf die britische Seite geflohenen Arnold

1 Der Aufsatz ist ein Teil des Tagungsvortrages vom September 2021. Auf Grund des Textumfanges wurde der Teil: „Keine Spionage" – Wie geheim waren Festungen? Überlegungen zum Festungsbau in der Zeit des Deutschen Bundes ausgegliedert und 2024 online publiziert: http://doi.org/10.25358/openscience-9861.

2 Vgl. Walter Nicolai, Geheime Mächte. Internationale Spionage und ihre Bekämpfung im Weltkrieg und Heute, Leipzig 1925, S. 10 (https://tudigit.ulb.tu-darmstadt.de/show/42-3109 [13.03.2024]).

3 Anton Züblin, Die moderne Spionagegesetzgebung,

Uster-Zürich 1895, S. 8 (https://mdz-nbn-resolving.de/urn:nbn:de:bvb:12-bsb11584623-4 [26.01.2024]).

4 Dies geschieht bereits im römischen Recht, das den Spion/Kundschafter (explorator) mit dem Verräter (proditor) gleichsetzt und die Todesstrafe fordert. Vgl. Züblin 1895 (wie Anm. 3), S. 9 ff.

5 https://en.wikipedia.org/wiki/Benedict_Arnold [26.01.2024]

6 https://en.wikipedia.org/wiki/John_Andr%C3%A9 [26.01.2024]

The Unfortunate DEATH of MAJOR ANDRE
(Adjutant General to the English Army) at Head Quarters in New-York, Octr 2, 1780, who was found within the American Lines in the character of a Spy.

Abb. 1: Die Hinrichtung von John André am 2. Oktober 1780 in Tappan bei New York. Bei der Spionage ging es konkret um den Verrat textlicher und bildlicher Informationen vom Festungsbau (Befestigung von West Point). In diesem Kontext ist die zeitgenössische Propagandadarstellung ein ungewöhnliches und seltenes Dokument. Stich von John Goldar nach Entwurf von William Hammilton, aus: Edward Barnard, The new, comprehensive, impartial and complete history of England, London 1783

nicht zustande kam. Noch heute gilt der Name Benedict Arnold als Synonym für Verräter[7] und das Ereignis als filmwürdig.[8] Der Spion André wurde postum geehrt, indem unter anderem seine sterblichen Überreste 1821 nach England überführt und in einem Ehrenmahl im Westminster Abbey beigesetzt wurden.[9]

In der Mitte des 18. Jahrhunderts erschien im „Hannoverschen gelehrten Anzeiger" ein akademischer Diskurs über die Frage: Ist es erlaubt, und dem Rechte der Natur und Klugheit gemäß, sich im Kriege der Spionage gegen den Feind zu bedienen?[10] Der Autor differenzierte geschickt zwischen Spionage und Verrat und gelangte zu dem Ergebnis:

7 Brian F. Carso, „Whom can we tust now?" The Meaning of Treason in the United States, from the Revolution through the Civil War, Lanham 2006, S. 5, 152 u. 177.

8 U. a. 2003 Benedict Arnold, A Question of Honor (Eine Frage der Ehre) von Mikael Salomon (https://en.wikipedia.org/wiki/Benedict_Arnold:_A_Question_of_Honor [10.01.2024]).

9 https://www.westminster-abbey.org/de/abbey-commemorations/commemorations/john-andre#:~:text=In%20the%20nave%20of%20Westminster,expense

%20of%20King%20George%20III [26.01.2024] Von der frühen Rezeption zeugt die Aufnahme des Falls in: Edward Barnard, The new, comprehensive, impartial and complete history of England, London 1783, S. 694f. Vgl. auch den 1802 erstmals veröffentlichen Brief von Alexander Hamilton an John Laurens vom 11. Oktober 1780 (https://founders.archives.gov/documents/Hamilton/01-02-02-0896 [26.01.2024]), dessen Reprint noch heute u. a. bei Amazon vermarktet wird.

10 J.E.D.M., Ist es erlaubt, und dem Rechte der Natur und Klugheit gemäß, sich im Kriege der Spionen gegen den

„1. Es darf sich niemand schämen, einen Spion abzugeben, wenn sein Fürst oder Feldherr […] ihn wegen seiner besondern Geschicklichkeit dazu gebrauchen […].

2. Es gehört so gar mit zu den Pflichten, welche man dem gemeinen Besten oder seinem Vaterlande schuldig ist […]; denn man befördert […], daß so viel weniger Blut vergossen wird. […]

3. Ein Spion stirbt […] eines eben so ehrlichen Todes, als diejenigen, welche ihr Leben gegen Feind bewaffnet einbüßen. […] Ein Spion stirbt in seinem Berufe, und opfert sich für das gemeine Beste auf. Was hat man also für Grund, seinen Tod für schimpflich zu halten? Keinen."[11]

Das dieser vorgetragene Diskurs eine akademische Ehrenrettung darstellte und die Realität vielschichtiger und oft weniger heroisch war, vermitteln Aussagen wie die des einstige preußischen Generalleutnant Friedrich August von Fink (1718–1766),[12] der berichtete, dass er 1744 zwei Bürger durch Zwang zur Kollaboration und Spionage gezwungen habe. „Man sucht nämlich einen der angesehensten Bürger in einer Stadt aus, welcher bemittelt ist, und Haus und Hof, auch Frau und Kinder hat; diesen zwingt man in das feindliche Lager, oder wo man sonst will, zu gehen. Man gibt ihm einen vertrauten Menschen mit, als Diener oder Kutscher, welcher der eigentliche Spion ist. Des Bürgers Frau und Kinder müssen gleich in enge Verwahrung gebracht, er selbst aber bedroht werden, dass, wenn er den mitgegebenen Menschen nicht wieder zurück bringt, seine Frau und Kinder umgebracht, und Haus und Hof abgebrannt werden sollen."[13]

Die Selbstverständlichkeit mit der man sich damals der Spionage mit „allen Mitteln" bediente, kommt auch beim preußischen König Friedrich II. (1712–1786) zum Ausdruck, von dem gerne kolportiert wird, „er brauche im Felde nur einen Koch, dafür aber 100 Spione".[14] Auch äußerte sich Friedrich 1748 schriftlich zum Thema und differenzierte beim Spion zwischen: gewöhnlichen Kundschafter (aus ärmlichen Kreisen kommend, erhält geringe Bezahlung), Spion von Bedeutung (einflussreicher Edelmann bzw. Stabsoffiziere, verlangen große Summen), Doppelspion (um den Gegner mit Falschinformationen zu versorgen) und Geheimagent, der zu seiner Tätigkeit gezwungen wurde.[15] Trotz nachhaltiger

Feind zu bedienen, in: Hannoverische gelehrte Anzeigen, 22. Stück, Bd. 2, 1751, S. 383–389 (http://ds.ub.uni-bielefeld.de/viewer/resolver?urn=urn:nbn:de:0070-disa-2091678_002_2789 [01.03.2023]). Erneut publiziert: Johann Georg Krünitz, Ökonomische Encyclopädie, Bd. 50, Berlin 1790, S. 781–800 (https://www.kruenitz1.uni-trier.de [01.03.2023]).

11 Krünitz 1790 (wie Anm. 10), S. 791 f.

12 E. Graf zur Lippe, Finck, Friedrich August von, in: Allgemeine Deutsch Biographie, Bd. 7, Leipzig 1878, S. 12 (https://www.deutsche-biographie.de/pnd116526343.html#adbconte [01.03.2023]).

13 Gedanken über militärische Gegenstände von dem ehem. königl. preuß. Generallieutenant, nachmaligen königlichen dänischen General der Infanterie, Friedrich August von Fink. Herausgegeben und mit Anmerkungen und Zusätzen versehen von Moritz Adolph von Winterfeld, Berlin 1788, S. 79.

14 Janusz Piekalkiewicz, Weltgeschichte der Spionage, München 1988, S. 176.

15 Friedrich II., König von Preußen, „Spione und ihre Anwendung und wie man sich Nachrichten vom Feinde verschafft", in: Die Generalprinzipien des Krieges und ihre Anwendung auf die Taktik und Diszilin der preußischen Truppen (1748). Abgedrukt in: Gustav Berthold Volz, Friedrich von Oppeln-Bronikowski u. Adolph von Menzel (Hrsg.), Die Werke Friedrichs des Grossen in deutscher Übersetzung (Militärische

Begeisterung für die Spionage erfolgte in Preußen erst 1867 mit der Gründung des „Nachrichten-Bureaus" die Bildung einer dauerhaften Institution.[16]

Gesetzgebung – Beispiel Preußen[17]

Im Brandenburgischen Kriegsrecht von 1664 formulierte Artikel XLIII recht allgemein, dass Offiziere oder Soldaten, die sich mündlich oder schriftlich mit dem Feind austauschten, „am Leben gestraffet werden."[18] Die anschließenden Erläuterungen (Nota) schlossen den „Spion" mit ein, der „vom Feinde ausgesandt werde"[19].

Am Ende des 18. Jahrhunderts wurde in Preußen in Kriegs- aber auch in Friedenszeiten die Spionage als Verbrechen geahndet und war nichts, das das Kriegsrecht allein behandelte.[20] In juristischer Hinsicht regelte im preußischen Staat das Allgemeinen Landrecht die Spionagefrage. In der Fassung von 1794 stand dies im 2. Teil, 20. Titel, 3. Abschnitt „Von Verbrechen gegen die äußere Sicherheit des Staats"[21] und ging dabei auch auf den Umgang mit Festungen und Festungsplänen ein:

„§ 101 Wer ganze dem Staate gehörige Lande, Kriegesheere, oder Hauptfestungen, in feindliche Gewalt zu bringen unternimmt, der ist ein Landesverräther der Ersten Classe.

§ 102 Ein solcher Landesverräther soll zum Richtplatze geschleift, mit dem Rade von unten herauf getödtet, und der Körper auf das Rad geflochten werden."[22]

Die Strafe war wie bei Hochverrat auf das Ansehen der Ehre, des Vermögens und gegen die Familie auszusprechen (§ 103). Die Mittäter und Teilnehmer waren mit dem Schwerte zu richten und die Mitwisser (auch Eltern, Ehegatten und Kinder) erhielten zehn Jahre bis lebenslänglich Festungshaft (§ 104). Bei vorzeitiger Entdeckung (§ 105) waren der Urheber

---

Schriften 6), Berlin 1913, S. 38–40 (https://www.germanhistory-intersections.org/de/wissen-und-bildung/ghis:document-4 [01.03.2023]).

16 Wolfgang Krieger, Die Deutschen Geheimdienste, München 2021, S. 23. Im Kaiserreich entstand zu diesem Zwecke Ende der 1880er-Jahre (vermutlich 1889) die „Sektion IIIB des Großen Generalstabs".

17 Zum Thema vgl. Züblin 1895 (wie Anm. 3). Zur entsprechenden Gesetzgebung in Frankreich u. a. Ulrike Boskamp, Gefährliche Bilder. Reisende Zeichnerinnen und Zeichner unter Spionageverdacht, Berlin/Boston 2022, S. 221–247. Hier wird vornehmlich auf die restriktiven Auswirkungen des Spionagegesetzes von 1886 Bezug genommen. Vgl. auch Deborah Bauer, Marianne is Watching: Knowledge, Secrecy, Intelligence and the Origins of the French Surveillance State (1870–1914), UCLA Electronic Theses and Dissertations 2013 (https://escholarship.org/uc/item/7rt4z6js [01.03.2023]).

18 Iustitia Militaris, Frankfurt 1674, S. 375 (http://resolver.staatsbibliothek-berlin.de/SBB000261A400000000 [01.02.2024]).

19 Ebd., S. 377.

20 Vgl. Emil Dangelmaier, Die Spionage, in: Streffleur's Österreichische Militärische Zeitschrift XXIII. Jg., Bd. 4 (1882), S. 303. Das Militär-Strafgesetzbuch für das Deutsche Reich (1872) nannte weder Spionage noch regelte es den Umgang mit Festungen und die sie betreffenden Dokumente. Die entsprechenden §§ 56–58 verwiesen auf das Strafgesetzbuch (https://doi.org/10.1515/9783112412749-038 [01.03.2023]).

21 Allgemeines Landrecht für die Preußischen Staaten. 2. Teil, Berlin 1794 (https://mdz-nbn-resolving.de/details:bsb10703883 [01.03.2023]).

22 Ebd., S. 1188.

mit dem Schwerte zu richten und die Mittäter bzw. Mitwisser mit acht bis zehn Jahren Festungshaft zu belegen.

Das Thema Festung wurde in § 108 erneut angesprochen:

„Wer zur Begünstigung des Feindes, Aufruhr in Festungen erregt, oder Magazine und Vorrathshäuser verderbt, ist der Strafe des Rades von oben herab schuldig."[23]

Zu den Festungsplänen selbst hieß es:

„§ 111 Wer sich als Kundschafter von dem Feinde brauchen läßt, oder demselben Operationspläne, Festungsrisse, oder andere dergleichen Nachrichten und Urkunden mittheilt, durch welche derselbe in Stand gesetzt wird, dem Staate zu schaden, wird mit dem Galgen bestraft."[24]

Doch auch der unrechtmäßige Besitz von Festungsplänen stand unter Strafe.

„§ 129 Niemand, der nicht vermöge seines Amts dazu berechtigt ist, soll Risse von Festungen, Operationspläne, und andere geheime Nachrichten, deren Bekanntwerdung, besonders in Kriegszeiten, dem Staate gefährlich seyn könnte, sammeln und besitzen; vielmehr dieselben, wenn sie ihm zukommen, an die Behörde sofort abliefern."[25]

§ 130 benannte allgemein, dass bei Zuwiderhandlung Geld- oder Leibesstrafe auszusprechen sei, je nach der Schwere des Vergehens, der Person und ihres Vermögens.

§ 131 (Denunziationsparagraf) verpflichtete jeden Bürger des Staates, jede Art von drohender Gefahr für das Vaterland soweit möglich selbst abzuwehren bzw. der Obrigkeit anzuzeigen.

Diese Aussagen behielten im Wesentlichen Gültigkeit bis in die Zeit der Weimarer Republik. Lediglich die Strafe selbst wurde im gewissen Umfang „angepasst". Zum § 129 erfolgte am 22. Mai 1818 ein Reskript. Dieser Erlass regelte die Ablieferung der sich in einem Nachlasse befindlichen Festungspläne. Es wurden explizit benannt:

„1) gezeichnete Festungspläne, vorzüglich der zum Staate gehörigen, oder von diesseitigen Truppen besetzten Festungen;

2) gezeichnete Pläne, Risse, Profile einzelner Befestigungs-Anlagen, oder Festungstheile;

3) Entwürfe zur Befestigung im Lande gelegener Orte und Gegenden;

4) gezeichnete Aufnahmen, Nivellements, Terrain-Rekognoscirungen, Situations-Zeichnungen und

5) sonstige gezeichnete Charten, Pläne und Risse, wozu jedoch nicht die zu landwirthschaftlichen Zwecken, Gemeinheitstheilungen und dergleichen aufgenommenen Charten gehören".[26]

Das den Nachlass regulierende Gericht hatte von dem Material ein Verzeichnis zu erstellen und dem Generalkommando der Provinz zukommen zu lassen. Auch sicherte man sich für entsprechendes Auktionsmaterial ein Visitations- bzw. Vorkaufsrecht.

Im Strafgesetzbuch des Preußischen Staates von 1851 befanden sich im Abschnitt über den Landesverrat die auf den Festungsbau bezugnehmenden zentralen Paragrafen 69, 71 und 340:

---

23 Ebd., S. 1189.
24 Ebd., S. 1190.
25 Ebd., S. 1182.

26 Adolph Julius Mannkopff, Allgemeine Gerichtsordnung für die Preußischen Staaten, Bd. 4, Berlin 1838, S. 118 (https://doi.org/10.1515/9783111688336-005 [01.03.2023]).

„§ 69 Ein Preuße, welcher während eines gegen Preußen ausgebrochenen Krieges einer feindlichen Macht wissentlich Vorschub leistet, oder den Truppen Preußens oder seiner Bundesgenossen wissentlich Nachtheil zufügt, wird mit Zuchthaus bis zu zehn Jahren bestraft.

Die Todesstrafe tritt ein, wenn der Thäter:

1) Festungen, Pässe, besetzte Plätze oder andere Vertheidigungsposten, ingleichen Preußische oder verbündete Truppen oder einzelne Offiziere oder Soldaten in feindliche Gewalt bringt;

2) Festungswerke, Kriegsschiffe, Kassen, Zeughäuser, Magazine oder andere Vorräthe von Waffen, Munition oder anderen Kriegsbedürfnissen in feindliche Gewalt bringt, zerstört oder unbrauchbar macht;

3) dem Feinde Mannschaften zuführt, oder Soldaten der Preußischen oder verbündeten Heere verleitet, zum Feinde überzugehen;

4) Operationspläne oder Pläne von Festungen oder festen Stellungen dem Feinde mittheilt;

5) dem Feinde als Spion dient, oder feindliche Spione aufnimmt, verbirgt oder ihnen Beistand leistet, oder

6) einen Aufstand unter den Preußischen oder verbündeten Truppen erregt."[27]

„§ 71 Wer vorsätzlich:

1) Staatsgeheimnisse, oder Festungspläne, oder solche Urkunden, Aktenstücke oder Nachrichten, von denen er weiß, daß das Wohl des Staates deren Geheimhaltung, einer fremden Regierung gegenüber, erfordert, dieser Regierung mittheilt oder öffentlich bekannt macht, oder

2) zur Gefährdung der Rechte des Staates im Verhältniß zu einer fremden Regierung die darüber sprechenden Urkunden oder Beweismittel vernichtet, verfälscht oder unterdrückt, oder

3) ein ihm aufgetragenes Staatsgeschäft mit einer fremden Regierung zum Nachtheil Preußens führt,

wird mit Zuchthaus von fünf bis zu zwanzig Jahren bestraft."[28]

Griffen die Paragrafen 69 und 71 die zentralen Inhalte des Landrechtes von 1794 auf, ging § 340 auch erstmals 1851 auf die Herstellung von Festungsplänen ein und stellte dies explizit unter Strafe:

„§ 340. Mit Geldbuße bis zu fünfzig Thalern oder Gefängniß bis zu sechs Wochen wird bestraft:

---

27 Friedrich Christian Oppenhoff, Das Strafgesetzbuch für die preußischen Staaten nebst dem Gesetze und den Verordnungen über die Einführung desselben, Berlin 1869, Reprint Berlin/Boston 2018, S. 177 (https:// doi.org/10.1515/9783111670171 [01.03.2023]). § 70 nannte ausdrücklich, dass „gegen Ausländer […] nach dem Kriegsgebrauche zu verfahren" sei, was nach § 29

bereits ein/e Angehörige/r eines anderen Bundesstaates war. Das Strafgesetzbuch käme nur dann zur Anwendung, wenn er/sie während dieser Handlungen sich „unter dem Schutze Preußens in dessen Gebiete" aufhielt. Ebd., S. 177 f.

28 Oppenhoff 1869 (wie Anm. 27), S. 178.

1) wer ohne besondere Erlaubniß Risse von Festungen oder einzelnen Festungswerken aufnimmt. […]"[29]

Mit der Gründung des Deutschen Reiches passte man 1871 das Strafgesetzbuch an. Der § 90 übernahm fast wörtlich den § 69, forderte aber nicht mehr die Todesstrafe für die Übergabe von Festungen, sondern lebenslanges Zuchthaus.[30] § 92 entsprach dem, was im preußischen Strafgesetzbuch § 71 regelte und forderte für die Weitergabe von Festungsplänen etc. eine Mindeststrafe von zwei Jahren Zuchthaus bzw. bei mildernden Umständen mindestens sechs Monate Festungshaft.[31] § 360 entsprach § 340 und forderte nun für die Anfertigung bzw. Veröffentlichung von Festungsplänen eine Geldstrafe von bis zu 150 Mark oder eine Haftstrafe.[32]

1893 wurde das sogenannte Spionagegesetz erlassen oder wie es offiziell hieß das „Gesetz gegen den Verrat militärischer Geheimnisse"[33]. Hierin regelte § 8 erstmals, dass mit 150 Mark oder mit Haft derjenige zu bestrafen sei, der „den von der Militärbehörde erlassenen, an Ort und Stelle erkennbar gemachten Anordnungen zuwider Befestigungsanlagen" betrat.[34] Auch differenzierte man im Reichsstrafgesetzbuch zwischen dem militärischen (§ 90) und diplomatischen (§92) Landesverrat sowie zwischen deutschen Staatsbürger und Ausländern. Hieraus resultierte dann die Anwendung des Strafrechtes oder im Falle des/der Nichtdeutschen dem des Kriegsgebrauchs. Das Reichsgesetzbuch galt im Prinzip noch bis in die Zeit des Nationalsozialismus, wobei in den Kommentierungen darauf hingewiesen wurde, dass das Spionagegesetz von 1893 den Verrat von militärischen Geheimnissen regelte und damit Festungspläne nicht mehr eigens in § 92 genannt sein müssten.[35] Im § 340 hatte man die Festungspläne schon vor dem Ersten Weltkrieg gestrichen.[36]

---

29 Oppenhoff 1869 (wie Anm. 27), S. 608. § 340 regelte sowohl die Sicherheit des Staates als auch die öffentliche Ordnung. Daher stand die Herstellung in einer Reihe u. a. mit der unerlaubten Bevorratung von Waffen und Munition, der Herstellung von Falschgeld und Siegeln, Tiermisshandlung und öffentlichem Glücksspiel.

30 Friedrich Doerr, Strafgesetzbuch für das Deutsche Reich. Berlin 1912, Reprint Berlin/Boston 2021, S. 40f (https://doi.org/10.1515/9783112411568 [01.03.2023]). Letztlich entsprachen die Änderungen jenen, die der Reichstag 1870 für das Strafgesetzbuch des Norddeutschen Bundes beschlossen hatte. Vgl. Sammlung sämmtlicher Drucksachen des Reichstages des Norddeutschen Bundes im Jahre 1870, Berlin 1870, Bd. III, S. 19, § 87.

31 Ebd., S. 42. Das Gesetz folgt in der Formulierung den Änderungen, die der Reichstag 1870 für das Strafgesetzbuch des Norddeutschen Bundes beschlossen hatte. Vgl. Drucksachen 1870 (wie Anm. 30), S. 20, § 89.

32 Ebd., S. 157. Das Gesetz folg in dieser Hinsicht den Änderungen, die der Reichstag 1870 für das Strafge-

setzbuch des Norddeutschen Bundes beschlossen hatte. Vgl. Drucksachen 1870 (wie Anm. 30), S. 74 f., § 353.

33 Abgedruckt in: Züblin 1895 (wie Anm. 3), S. 161–165.

34 Doerr 1912 (wie Anm. 30), S. 41.

35 Ludwig Ebermayer, Adolf Lobe u. Werner Rosenberg, Reichs-Strafgesetzbuch mit besonderer Berücksichtigung der Rechtsprechung des Reichsgerichts. Berlin, 1929, Reprint Berlin/Boston 2020, S. 286. (https://doi.org/10.1515/9783112339268 [01.03.2023]). Erst die Revision von 1934 nannte im Text nicht mehr die Festungspläne. Hierzu, online-Synopse: https://lexetius.com/StGB/92 01.03.2023]. Im Spionagesetz kam es in § 11 zur Übernahme des § 90 aus dem Strafgesetzbuch, wobei ein dreistufiges Strafmaß festgelegt wurde: Festungshaft nicht unter 5 Jahre oder Zuchthaus nicht unter 10 Jahre bzw. lebenslänglich. Zudem konnte auf Verlust der „bekleideten öffentlichen Aemter, sowie der aus öffentlichen Wahlen hervorgegangenen Rechte erkannt werden." Züblin 1895 (wie Anm. 3), S. 164.

36 https://lexetius.com/StGB/360,11 [01.03.2023].

Zusammenfassung

Dieser Gesetzesüberblick verdeutlicht, dass in Preußen der Umgang mit Festungen und Festungsplänen im 19. Jahrhundert juristisch geregelt war. Ein Verstoß dagegen wurde mit empfindlichen Strafen sanktioniert, wobei zwischen Kriegs- und Friedenszeit sowie In- und Ausländer unterschieden wurde, damit letztlich zwischen Verrat und Spionage. Festungen als auch die Dokumente hierüber bewertete man als besonders geschütztes Gut eines Landes, mit privilegierter Nutzung, Erfassung und Vermittlung. Es fällt auf, dass in den bezugnehmenden Paragrafen eine zunehmende Differenzierung über die Jahrzehnte erfolgte. Dies ist sowohl in Hinblick auf den Besitz und die Herstellung von Dokumenten hervorzuheben, als auch in Bezug auf das widerrechtliche Betreten der Fortifikation. Dabei ist zu beobachten, dass das Strafmaß im Verlauf des Jahrhunderts zumindest teilweise gemildert wurde. Die Bewertung des Vergehens und die Entwicklung zum Spionagegesetz von 1893 korrespondierte mit der allgemeinen Festungsentwicklung, bei der fortifikatorische Neubauten seit dem letzten Drittel des 19. Jahrhunderts den Siedlungszusammenhang verloren, in die Siedlungsperipherie versetzt und der unmittelbaren Ansichtigkeit verstärkt entzogen wurden.

In der Gesetzgebung anderer Länder lässt sich eine ähnliche Entwicklung beobachten. Beispielsweise hatte man in Frankreich im Militärgesetz vom 11. November 1796 noch verfügt, dass Ausländer, die Pläne von Festungen und anderen Militäreinrichtungen anfertigten, als Spione mit dem Tode bestraft würden.[37] Das Spionagegesetz von 1886 sah für die widerrechtliche Anfertigung und Weitergabe von Festungsplänen bis zu fünf Jahr Haft und Geldstrafen bis zu 5.000 Francs vor. Problematisch war, dass dieses Gesetzt in Bezug auf die Herstellung und den Abbildungsgegenstand der Pläne, Zeichnungen, Fotos und anderen Bildwerke auf einen topografischen Raum bezogen wurde, der Ende des 18. Jahrhunderts lediglich 1 km betrug und nun auf 10 km um die Befestigung bzw. militärische Einrichtung ausgedehnt wurde.[38]

Abbildungsnachweis

Abb. 1: Clements Library, University of Michigan or William L. Clements Library, University of Michigan.

---

37 Code des Délits et des Peines pour les Troupes de la République, Titre IV. De l'embauchage et de l'espionnage (https://archive.org/details/codedesdelitsetd00fran/codedesdelitsetd00fran [01.03.2023]). Vgl. Boskamp 2022 (wie Anm. 17), S. 221 f. u. S. 417, Anm. 3.

38 Loi qui établit des pénalités contre l'espionnage. 18. Avril 1886. Abgedruckt in: Züblin 1895 (wie Anm. 3), S. 165–168. Zum Gesetz und seinen Auswirkungen s. Boskamp 2022 (wie Anm. 17), S. 221–247.

Benedikt Loew

Die eigene Festung ausgekundschaftet

Französische Aufklärungsberichte über die preußische Festung Saarlouis

Einleitung

Mit den Bestimmungen des 2. Pariser Friedens vom 20. November 1815 muss Frankreich seine Festung Sarre-Louis an Preußen abtreten. Damit endet auch die rund 145-jährige militärische und politische Präsenz Frankreichs an der mittleren Saar, die mit der Besetzung des Herzogtums Lothringen 1670 im Holländischen Krieg ihren Anfang nahm.[1]

Mit der Übergabe der Festung am 1. Dezember 1815 verliert das französische Militär aber keineswegs das Interesse an deren weiterer Entwicklung. Aus der französischen Grenzfestung zu den deutschen Reichsterritorien hin, ist nun eine deutsche, genauer, eine preußische Grenzfestung gegen Frankreich geworden. Und in dieser Funktion bleibt die nun Saarlouis genannte Festungsstadt weiterhin im Blick des französischen Kriegsministeriums.

Zum Zeitpunkt der Übergabe von Saarlouis an Preußen befinden sich die Festungsanlagen in einem sehr schlechten, zum großen Teil sogar in einem als nicht mehr verteidigungsfähig eigeschätztem Zustand.[2] Die für Preußen strategisch wichtige Festung wird in den folgenden Jahrzehnten daher mit großem Aufwand sukzessive instand gesetzt, modernisiert und erweitert. Eine Aufgabe, die mit der Übernahme der Festung durch Preußen 1815 beginnt, stetig fortgeführt wird und erst mit dem Ausgang des deutsch-französischen Krieges 1871 ein Ende findet (Abb. 1).[3] Die Modernisierung erfolgt dabei nach den Grundsätzen der sogenannten „neuen preußischen Festungsmanier", auch wenn der bastionäre Hauptwall nicht durch eine polygonale Umwallung ersetzt wird. Die Ingenieure sind bestrebt, die vorhandene Festung an diese Richtlinien anzupassen. Durch die Stärkung der Außenwerke und die Anlegung von

1 Zur Entstehungsgeschichte von Saarlouis siehe u. a. Benedikt Loew, Die Geschichte der Festung Saarlouis und die Quellenlage zu ihrer Erforschung, in: Die Festung der Neuzeit in historischen Quellen, hrsg. v. d. Deutschen Gesellschaft für Festungsforschung e.V. (Festungsforschung 9), Regensburg 2018, S.161–190. Dort auch weiterführende Literatur.

2 Anton Ritter, Geschichte der Stadt Saarlouis 1680–1855, Handschrift, Saarlouis, 1856, Stadtarchiv Saarlouis XII/55, S. 138 ff.

3 Zur preußischen Modernisierung der Festung Saarlouis siehe Benedikt Loew, Die preußische Modernisierung der Festung und der Garnison Saarlouis, in: Ars Militaris nach der Revolution, hrsg. v. d. Deutschen Gesellschaft für Festungsforschung e.V. (Festungsforschung 8), Regensburg 2016, S. 97–120.

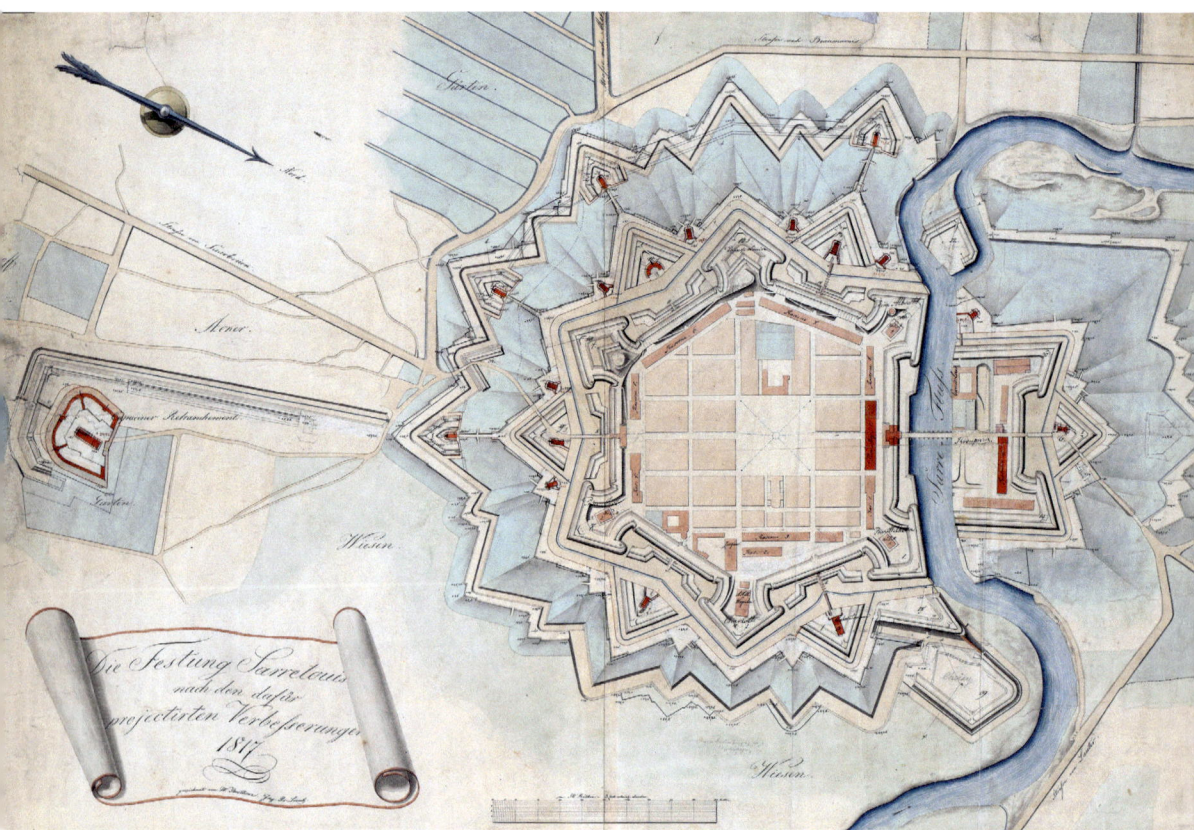

Abb. 1: „Die Festung Saarlouis nach den dafür projectirten Verbesserungen 1817", signiert: W. Boethone.
(GStA PK, XI. HA Karten, Kriegsministerium, Festungspläne, E 72408)

vorgelagerten Forts in Verbindung mit der vorhandenen Überschwemmungstechnik schaffen sie eine Verteidigungsarchitektur, die wesentliche Elemente des preußischen Festungsbaus des 19. Jahrhunderts enthält. Es entsteht eine durchaus als polygonal zu beschreibende Gesamtanlage mit selbständigen, verteidigungsfähigen Elementen und dadurch gebildeten Verteidigungsabschnitten vor dem eigentlichen Kernwerk. Großer Wert wird zudem auch auf den Schutz der eigenen Stellungen, Magazine und Depots vor Artilleriebeschuss gelegt.

Und diese Maßnahmen werden auf französischer Seite natürlich mit Interesse verfolgt. Das französische Kriegsministerium versucht dabei auf der Höhe des Geschehens zu bleiben, und mehrfach genauere Informationen zu den Veränderungen an den Festungswerken zu erhalten.

1. Quellenlage

Grundlage für die folgende Beschreibung dieser französischer Aufklärungstätigkeit sind die hierzu im Archiv des Service Historique de la Defense (SHD) in Vincennes befindlichen Dokumente. Dieser betreffende Teilbestand bildet den chronologischen Abschluss der dort vorhandenen Unterlagen zur Festung „Sarre-Louis". Der Bestand reicht bis in das Jahr 1896 und schließt ab mit kurzen Notizen über die Aufhebung der Festung und den Beginn der Entfestung. Diese Quellen sind in digitaler Form für das Stadtarchiv Saarlouis reproduziert und stehen dort für Forschungszwecke zur Verfügung. Es lassen sich für den Untersuchungszeitraum von 1816 bis 1870 insgesamt 25 verschiedene Quellen zur militärischen Aufklärung über Saarlouis ausfindig machen. Hierbei handelt es sich zum größten Teil um die Aufklärungsberichte selbst oder um Zusammenfassungen und Kopien, die im oder für das Kriegsministerium erstellt wurden. Darüber hinaus finden sich einige wenige Aktenvermerke und einzelne Briefe.[4] Zwei Berichte sind mit insgesamt 28 Skizzen versehen. Weiterhin sind im Ganzen 40 Blätter mit teilweise sehr detailreichen Plänen und Zeichnungen vorhanden.

Da für die preußische Zeit der Festung zwar zahlreiche Pläne, aber keine Memoranden erhalten sind,[5] bieten die französischen Aufklärungsberichte auch wichtige Überlieferungen für die Forschung über die preußischen Modernisierungsmaßnahmen. Für die Zeit nach der Chronik des Platzingenieurs Anton Ritter aus dem Jahr 1856 sind diese Berichte die einzigen schriftlichen Quellen zur weiteren Entwicklung der Festungswerke.

2. Französische Aufklärungsberichte über die preußische Festung Saarlouis zwischen 1816 und 1870

Auch wenn die chronologisch späteren Denkschriften durchaus auch auf jeweils frühere verweisen oder auch inhaltlich daran anschließen, so lassen sich dennoch insgesamt fünf voneinander unabhängige Aufklärungsberichte bzw. Berichtszeiträume erkennen. Diese stammen aus den Jahren 1827, 1832, 1839–1844, 1865 und 1867. Die jeweilige Quellenlage an zugehörigen Nebenakten ist dabei aber sehr gering. Es sind kaum Informationen über das Zustandekommen der Berichte, die handelnden Personen, die Befehlsstrukturen oder mögliche konkrete Anlässe überliefert.

---

4 Mögliche weitere Dokumente zu diesem Themenfeld in anderen Archiven können nicht ausgeschlossen werden, sind aber bisher nicht bekannt und auch für diesen Beitrag nicht recherchiert worden.

5 In Saarlouis sind keine Berichte der preußischen Festungskommandanten oder Platzingenieure vorhanden. Diese gehörten zu den Plänen und Akten des Generalstabes und wurden auch nicht in Saarlouis archiviert. Nach der Aufhebung der Festung kamen alle noch in Saarlouis befindlichen, die Festung betreffenden Aktenbestände nach Potsdam. Nach Angaben von Dr. Kriese, Mitarbeiter des Geheimen Staatsarchivs Preußischer Kulturbesitz in Berlin-Dahlem, sind diese Bestände kurz vor dem Zweiten Weltkrieg aufgeteilt worden, wobei die Pläne und Zeichnung in das Geheime Staatsarchiv kamen. Die in Potsdam verbliebenen, eigentlich zu den Plänen gehörenden schriftlichen Berichte wurden im Zweiten Weltkrieg zerstört.

2.1. Description des travaux faits par les Prussiens à Sarrelouis, 1827

Im Jahr 1827 erstellt der ‚Chef du bataillon du Genie' Cathala[6] einen ersten Aufklärungsbericht über die preußische Festung Saarlouis. Der Report ist überschrieben mit dem Titel „Description des traveaux fait par les Prussiens à Sarrelouis" („Beschreibung der von den Preußen in Sarrelouis durchgeführten Arbeiten").[7] Diese Überschrift erläutert im Grunde die Intention der gesamten französischen Aufklärungstätigkeit zu Saarlouis in den nächsten Jahrzehnten; das Kriegsministerium ist immer wieder bestrebt, einen aktuellen Überblick über die Veränderungen an den Festungsanlagen und auch an der Garnison zu erhalten (Abb. 2).

Der Bericht[8] von Cathala erfolgt zu einem Zeitpunkt, nachdem zahlreiche Maßnahmen einer ersten, sehr intensiven Modernisierungsphase an den Festungswerken in Saarlouis abgeschlossen sind. Der Text ist in sechs Themenbereiche gegliedert, in denen die preußischen Veränderungen aufgelistet und beschreiben werden. Diese sind: die Lünetten und die gedeckten Wege, das nördliche Außenwerk an der Saar vor der Bastion 1, die zahlreichen neuen Blockhäuser oder Reduits, das Außenwerk Fort Rauch, bombensichere Gebäude und Kasematten sowie abschließend eine recht allgemeine Einschätzung der strategischen Situation.

Cathala hebt durch seine Art und Weise der Auflistung und Beschreibung die Verstärkung der Festung hervor. Er bewertet das neue System der Lünetten als stark verbessert. Die Stärke der Blockhäuser und Reduits mit ihren umlaufenden Gräben wird ebenso betont, wie Verbesserungen am Überschwemmungssystem durch neue unterirdische Wasserleitungen. Etwas ausführlicher beschäftigt er sich mit der Beschreibung der Anlagen des neu errichteten Fort Rauch.[9] Bezüglich der bombensicheren Räume bescheinigt er den Preußen, dass diese den altbekannten Missstand der Festung Saarlouis beseitigt hätten[10] und führt als Beispiele hierzu die Blockhäuser, die neue Kaserne auf dem Hornwerk und das Proviantmagazin an. Cathala bringt in diesem Zusammenhang deutlich zum Ausdruck, dass er in Erfahrung bringen konnte, dass das Bauprogramm hinsichtlich der bombensicheren Räume noch nicht abgeschlossen sei, denn „Der Kommandant der Ingenieurtruppen hat uns auch versichert, dass man auch das Projekt hat […] Kasematten unter den Erdwällen anzulegen."[11] Diese Formulierung lässt den Schluss zu, dass Cathala in einer offenen Mission unterwegs ist und

---

6   Vorname eventuell: Jean. Zur Person konnten keine gesicherten Erkenntnisse herausgefunden werden. Möglicherweise handelt es sich bei Cathala auch um einen Offizier, der gemeinsam mit Maréchal Michel Ney an der Belagerung von Ciudad Rodrigo 1812 beteiligt war.

7   Cathala, Description des traveaux fait par les Prussiens à Sarrelouis, Paris, 1827, inkl. 14 Pläne. SHD, Vincennes, GR-1VM-254-13 (Cathala 1827)

8   Das Original umfasst vier beschriebene Blätter und enthält im Zusammenhang mit der Signatur den Hinweis „fait à Paris en 1827" („angefertigt in Paris im Jahre 1827"). Die Signatur selbst erhält den genannten Hinweis auf die militärische Funktion des Verfassers: „Le chef du bat.on du génie Cathala".

9   Das Fort Rauch ist ein neues, stark befestigtes Außenfort östlich der Kernfestung.

10 Cathala 1827 (wie Anm. 7), Blatt 1, VM-254-13-0006.

11 Ebd., Übersetzung: Myriam Fey.

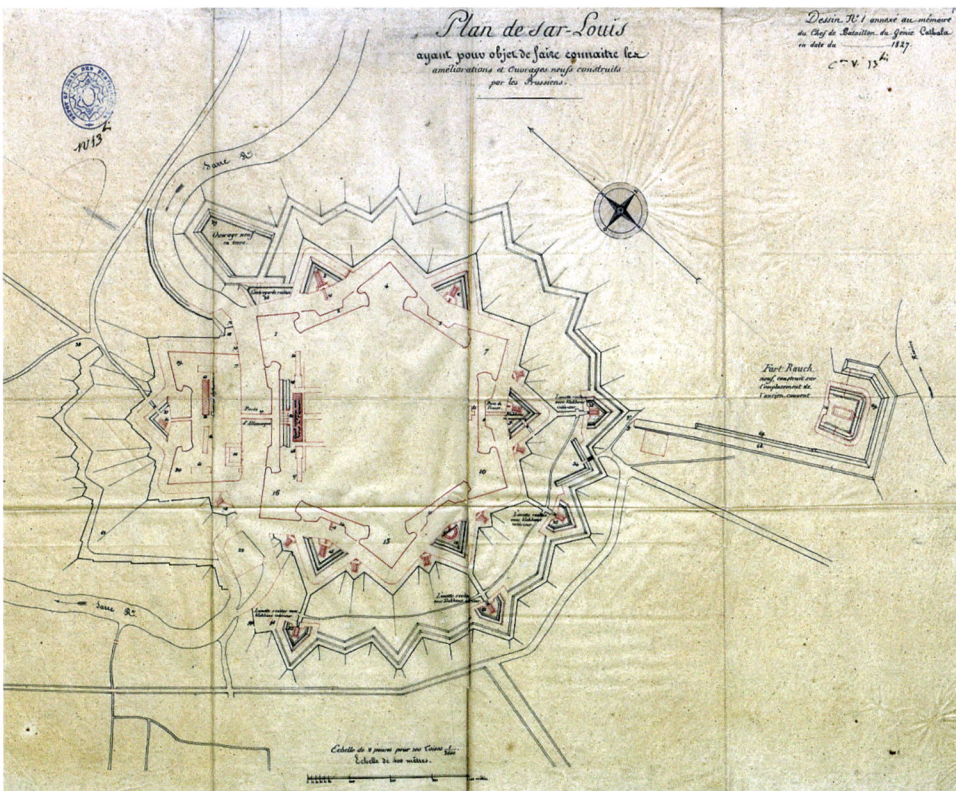

Abb. 2: Plan der Festung Saarlouis mit Einzeichnung der durch die Preußen errichteten neuen Werke, Cathala, 1827. (SHD, GR-1-VM-254-13-0009)

wohl nicht im Geheimen agiert. Es scheint sogar so, dass die preußische Seite nicht nur den Zugang ermöglicht, sondern die französischen Offiziere begleitet, was wiederrum eine Art Kontrolle sein kann. Sie stehen anscheinend aber auch Rede und Antwort.[12]

Abschließend betont Cathala, dass die durchgeführten Verstärkungen die hohe Bedeutung der Festung für die Preußen zum Ausdruck bringen. Womit nach seiner Ansicht auch die Hoffnung schwindet, den Platz zurückgewinnen zu können, denn für Preußen solle ein mögliches Kriegsgeschehen mit Hilfe von Saarlouis vom Rhein ferngehalten und möglichst auf französisches Territorium verlagert werden.

---

12 Die Frage nach Regelungen zum Umgang mit ausländischen Besuchern bei der Besichtigung von Festungen war auch Gegenstand der Diskussion auf der Tagung in Wesel, bei der jedoch viele Fragen offenbleiben mussten. Sieh hierzu auch: Tommy Jark, Die 40. Jahrestagung der DGF in Wesel, in: Festungsjournal 60 (2021), S. 4–7, hier S. 4. Vgl. auch den Beitrag von Klaus T. Weber im vorliegenden Band.

Zusammenfassend lässt sich feststellen, dass Cathala insgesamt die wesentlichen Veränderungen seit der Übergabe der Festung an Preußen auflistet und kurz beschreibt. Ergänzt wird seine eher knapp gehaltene Abhandlung durch sechs Planzeichnungen. Ein Abgleich mit bekannten preußischen Plänen jener Zeit zeigt, dass diese Zeichnungen von Cathala nicht nur als detailreich, sondern durchaus auch als exakt bezeichnet werden können.

2.2. (Extrait d'un) Rapport sur la Place Sarrelouis, 1832

Fünf Jahre später folgt ein zweiter Aufklärungsbericht,[13] bei dem allerdings nicht einmal der Name des Berichterstatters bestimmt werden kann. Der ursprüngliche Titel dieses Berichtes lautet wohl ‚Rapport sur la Place de Sarrelouis'. Diesem Titel wurde nachträglich der Zusatz „Extrait d'un" vorangestellt. Ebenfalls erkennbar hinzugefügt wurde die Notiz „transmis par le G.al Delort".[14] Diese bietet durch die Übersetzungsmöglichkeiten Spielraum für Spekulationen. Unklar bleibt, ob der sieben Blätter umfassende Text durch den genannten General Delort nur ‚weitergeleitet' wurde, oder ob er, im weiteren Sinne des Wortes ‚übermitteln', der Autor des Berichtes sein könnte.

Der unbekannte Berichterstatter stellt in seinem Report voran, dass die französischen Ingenieure die Festung Saarlouis im Grunde gut kennen. Daher solle der Bericht nicht überfrachtet werden und der Schwerpunkt auf die von preußischer Seite hinzugefügten Werke gelegt werden.

Es folgt eine Beschreibung der Neuerungen im Bereich der Angriffsfront inklusive der Veränderungen auf den Bastionen, die Anlegung von Lünetten, Gräben, Traversen und Geschützstellungen sowie von neuen bombensicheren Gebäuden. Auch werden Geländeveränderungen wie zum Beispiel zusätzliche Gräben erwähnt. Insgesamt bewertet der Autor die neuen Anlagen als gut mit Geschützstellungen versehen und als perfekt gesichert. Auch das System der neuen Lünetten in Verbindung mit den gedeckten Wegen und Plätzen wird dargestellt und in seiner Gänze als perfekt miteinander verbunden und aufeinander abgestimmt beschrieben.

Auch dieser Autor befasst sich intensiv mit dem neuen Außenfort östlich der Festung.[15] Lage, Maße und Aussehen der Anlage mit ihren Wällen und Gräben werden genau beschrieben, ebenso die Einbindung in das Verteidigungs- und Überschwemmungssystem. Der Verfasser nimmt an, dass das Fort von einem Offizier mit dem Namen ‚von Roth' geplant wurde.[16]

---

13 Rapport 1832.

14 Ebd., Blatt 1, 1VM-254-14-0001.

15 Hierbei handelt es sich um das Fort Rauch, dessen Bezeichnung dem Berichterstatter nicht bekannt zu sein scheint.

16 Der Name eines möglichen Ingenieurs des Fort Rauch war bisher nicht bekannt. Entsprechende Pläne aus der Entstehungszeit sind ebenfalls nicht bekannt, so dass diese Nennung des Namens zwar nicht verifiziert werden kann, aber zumindest als Anhaltspunkt für weitere Nachforschungen dienen kann.

Weiterhin befasst sich der Autor mit der von ihm so quantifizierten „große Menge" an Verteidigungswaffen. Er listet hierzu die Artillerie und sonstige Bewaffnung auf den verschiedenen Festungswerken auf, inklusive der Größe der Geschütze.

Da der Spaziergang auf den Wällen ausdrücklich untersagt gewesen sei, kann der Autor keine Angaben darüber machen, in welcher Form die Lünetten mit entsprechenden Waffen ausgerüstet sind.[17] Der Autor hat zwei neue Pulvermagazine bemerkt, eines vor dem Hornwerk und eines vor dem Französischen Tor. Darüber hinaus führt er an, dass an vielen Stellen kleinere Magazinräume vorhanden sind, die komplett gefüllt sind und so den Munitionsnachschub sichern.

Im Besonderen beeindruckt scheint der Verfasser von dem neuen, bombensicheren Lebensmittelmagazin beim Deutschen Tor zu sein. Er beschreibt das Gebäude ausführlich und erwähnt, dass er in einem Gespräch mit einem preußischen Offizier erfahren habe,[18] dass dort zusätzlich eine komplette zweite Ausrüstung für alle Soldaten der Garnison gelagert werde. Auch hier also der Hinweis auf eine direkte Kommunikation mit den preußischen Offizieren.

Der unbekannte Berichterstatter scheint jedoch nicht nur von dem neuen Proviantmagazin beeindruckt gewesen zu sein. Der allgemeine gute Zustand der gesamten Festung wird von ihm in höchsten Grad hervorgehoben. „Der Platz wurde in perfektem Zustand vorgefunden, er ist ein Modell an Sorgfalt und Instandsetzung."[19] Die verschiedenen Elemente der Wallanlagen sind nach seiner Ansicht mit einer bewundernswerten Sorgfalt ausgeführt und die Gräben und Künetten sind perfekt gereinigt. Er gibt in diesem Zusammenhang zu bedenken, dass der Platz in weniger als 48 Stunden auf eine Belagerung vorbereitet werden kann, wobei er die Freiräumung der Gartenanlage vor dem Glacis mit in seine Überlegungen einbezieht. Der Bericht wird abgeschlossen mit einer Auflistung der Mannstärke der Garnison.

2.3. Die Memoranden des Hauptmanns Mendès, 1839–1844

Im Sommer 1839 beginnt eine weitere Phase der Aufklärungstätigkeit. Verschiedene Einzelheiten des zeitlichen Ablaufs der bis 1844 andauernden Aktivitäten sind durch Hinweise in unterschiedlichen Dokumenten nachvollziehbar.[20]

17 Ministère de la Guerre, (unbekannt, [sign.Bratsaut ?]), Extrait d'un rapport sur Sarrelouis / Description des ouvrages construits par le Prussiens, ohne Ort, 1832. SHD, Vincennes, Aktenbestand: GR-1VM-254-14 (Rapport 1832), Blatt 4, 1-VM-254-14-0004.

18 „Le officier prussien m'on dit…"; „der preußische Offizier hat mir gesagt [mitgeteilt] …" Rapport 1832 (wie Anm. 17), Blatt 6, 1-VM-254-14-0006.

19 Ebd., Blatt 5f, 1-VM-254-14-0005 f.

20 Der Aktenbestand zu den Memoranden von 1840 und 1844 umfasst die Memoranden selbst, zugehörige Notizen und Auflistungen, sowie zugehörigen Schriftverkehr. Er umfasst die Einzelbestände 1-VM-254-15 bis 1-VM-254-18. Die Nummerierung ist nicht stringent chronologisch.

2.3.1. Mémoire sur une reconnaissance de la Place de Sarrelouis en 1839, 1839–1840

In einem vertraulichen Schreiben wendet sich Kriegsminister Antoine Schneider am 3. August 1839 an den ‚Directeur des fortification‘ in Metz, Colonel Bregere (auch: Bregère) mit dem Befehl, eine Aufklärung über Saarlouis zu veranlassen. Daraufhin wird der ‚Capitaine du Génie‘, Mendès, von Metz aus mit dem entsprechenden Auftrag nach Saarlouis geschickt.[21] Den gewünschten Bericht stellt der Ingenieuroffizier mit Datum vom 25. Januar 1840 fertig[22] und leitet sein ‚Mémoire sur une reconaissance de la place de Sarrelouis en 1839‘ drei Tage später an den seinen Vorgesetzten Bregere weiter.[23] Dieser schickt den Report am 10. Februar 1840 an den Kriegsminister, zusammen mit einem Anschreiben,[24] einem Blatt mit mehreren Planzeichnungen (Abb. 3), einer Auflistung in Metz vorhandener Berichte zu Saarlouis und einer Abrechnung der von Mendès getätigten Ausgaben.[25]

Das sechsseitige Memorandum befasst sich zunächst und am ausführlichsten mit dem „Einfluss von Saarlouis auf einen Krieg zwischen Frankreich und Preußen".[26] Dieser Abschnitt enthält unter anderem Zahlen zur Garnison, aber auch Überlegungen zur strategischen Lage wie Kontrolle und Sicherung von Nachschubwegen und Versorgung für die eigenen Truppen, aber auch für die Festung. Daran schließt sich zunächst, in wenigen Zeilen, eine Gesamtbeschreibung des Platzes an, bevor Mendès auf preußische Modernisierungen eingeht. Hier befasst er sich insbesondere mit den Veränderungen an den Festungswerken selbst; mit der Angriffsfront und den dortigen neuen Reduits sowie mit den veränderten Toranlagen und den Kasematten am Französischen Tor. Neue Gebäude im Inneren der Festung finden keine Berücksichtigung. Hervorgehoben wird von Mendès das Außenwerk Fort Rauch. Für ihn ist es das wichtigste neue Werk der Festung Saarlouis.

Ergänzt wird der Bericht durch verschiedene Zeichnungen. Im Vergleich zu den Plänen von Cathala von 1827 sind diese ersten Pläne von Mendès in verschiedenen Details weniger genau, lücken- oder auch fehlerhaft. In Verbindung mit andeutenden Formulierungen im Text ist zu vermuten, dass Mendès nicht alle Teile der Festung ausführlich inspizieren konnte. Zudem fehlen Beschreibungen zu den neuen Reduits oder auch zum Arsenal. Alle genannten Mängel lassen die Frage zu, wie genau und gewissenhaft er vor Ort gearbeitet hat bzw. arbeiten konnte.

Mendès glaubt ausdrücklich nicht, dass die Modernisierungen den Platz verstärken, die Angriffsfront verändern oder die Dauer einer Belagerung wesentlich verlängern würde.[27] Daher hält er eine Belagerung für möglich, weist aber ausdrücklich darauf hin, dass der Platz

21 Bregere (Bregère), Copie d'une lettre du Directeur des fortification à Metz au Ministre de la guerre, Metz, le 10 fevriér 1840, Metz, 10.02.1840. SHD, Vincennes, GR-1-VM-254-15 (Bregere 1840), Blatt 1, 1-VM-254-15-0001.

22 Mendès, Mémoire sur une recoinaissance de la place de Sarrelouis en 1839, Metz, 25.01.1840. SHD, Vincennes, GR-1-VM-254-18 – 0042–0047 (Mendès 1840).

23 Mendès, Notice à joindre à une Reconnaissance de la place de Sarrelouis en 1844, Marsal, 08.02.1844. SHD, Vincennes, GR-1-VM-254-18 – 0005–0010 (Mendès 1844a), Blatt 1, 1-VM-254-18-0005.

24 Bregere 1840 (wie Anm. 21).

25 Ebd., Blatt 1, 1-VM-254-15-0001; Auflistung der in Metz vorhandenen Texte zu Saarlouis: 1-VM-254-16.

26 Mendès 1840 (wie Anm. 22), Blatt 1ff, 1-VM-254-18-0042 ff.

27 Ebd., Blatt 5, 1-VM-254-18-0042.

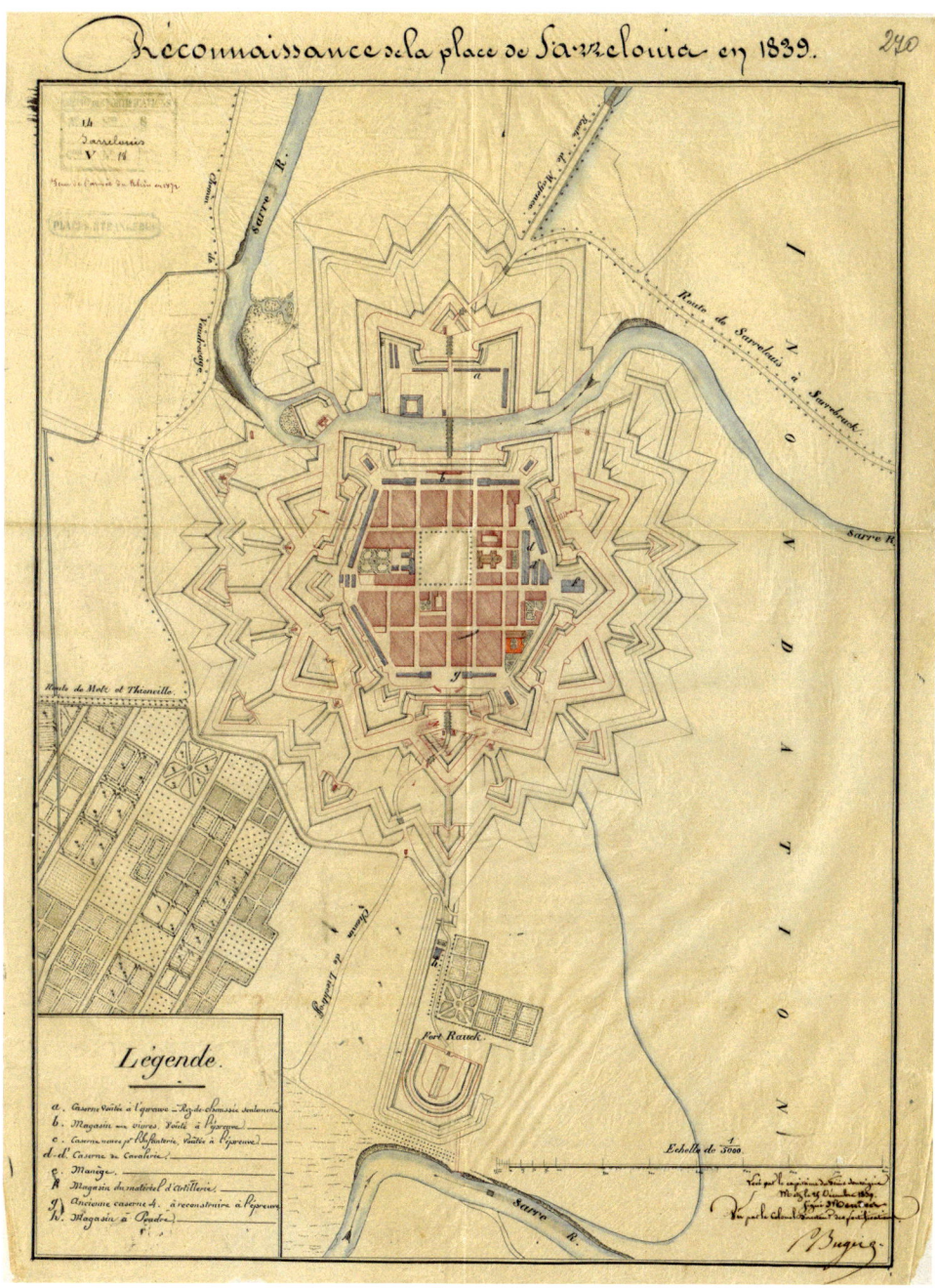

Abb. 3: Plan der Festung Saarlouis aus dem ersten Aufklärungsbericht von Mendès, 1839.
(SHD, GR-1-VM-254-18-0055-4)

in einem guten Zustand ist und sich gut verteidigen kann und dass das neue Fort Rauch die Dauer einer Belagerung etwas verlängern könnte.

Die Mängel in verschiedenen Details des Memorandums von Mendès, im Vergleich zum Bericht von 1827 sind für das Kriegsministerium zunächst nicht von Bedeutung. In einer Notiz des ‚Bureau du Génie' des Ministeriums vom 30. Juni 1840[28] wird Lob und Anerkennung für die Sorgfalt der Arbeit von Mendès zum Ausdruck gebracht und die Empfehlung einer Gratifikation ausgesprochen.

2.3.2. Mémoire sur la Place de Sarrelouis, 1844

Doch keine zwei Wochen später wird nach einer Beratung des ‚Comité des Fortification' der Auftrag erteilt, den Bericht von Mendès zu komplettieren und zu verifizieren.[29] Anscheinend ist man im Ministerium mit dem abgelieferten Report inhaltlich doch nicht zufrieden. Bis zum Einreichen eines neuen Memorandums werden aber dreieinhalb Jahre vergehen. Die Gründe hierfür bleiben im Unklaren.[30] Erst am 8. Februar 1844[31] schickt Mendès von Marsal aus seinen zweiten Aufklärungsbericht. Er trägt den Titel ‚Mémoire sur la Place de Sarrelouis'. Der Untertitel, übersetzt: „Verfasst entsprechend der Bestimmungen des Artikels 42 des Befehls vom 22.03.1842",[32] gibt darüber Auskunft, dass in der Zwischenzeit zumindest ein weiterer Befehl an Mendès erteilt wurde.

Der zweite Bericht ist weit umfangreicher als sein Vorgänger, baut aber auf diesem auf und übernimmt fast sämtliche Inhalte.[33] Wie schon im ersten Rapport sind sowohl allgemeine strategische Fragen bezüglich eines möglichen Krieges, als auch Fragen im Zusammenhang einer möglichen Belagerung der Festung ein wesentlicher Bestandteil der Denkschrift. Darüber hinaus befasst sich der Autor aber in diesem Memoire sehr viel ausführlicher mit der Beschreibung der unterschiedlichen Festungswerke.

Im Zusammenhang mit den Ausführungen zu einer möglichen Belagerung von Saarlouis ist sicher erwähnenswert, dass Mendès der Ansicht ist, dass die Bevölkerung der Stadt immer noch französisch gesinnt sei, was bei einer Belagerung der Stadt durchaus hilfreich sein könnte. „… diese Stadt [ist] eine rein französische Kolonie […], die noch nicht durch die Eroberung geschluckt wurde und die mit Ungeduld unter dem Joch der Fremden leidet. Dieser Umstand verursacht […] Unsicherheit beim Feind […], weil er […] erlaubt, dass

---

28 1-VM-254-14.

29 Mendès 1844a (wie Anm. 23), Blatt 1, 1-VM-254-18-0005. Der entsprechende Befehl wird am 10.07.1840 per Brief verschickt. (Das Datum ist in der Quelle nachträglich per Bleistift auf den 06.07.geändert worden.)

30 Ein möglicher Grund könnte die Rheinkrise von 1840 sein.

31 Mendès 1844a (wie Anm. 23), Blatt 6, 1-VM-254-18-0010.

32 Mendès, Mémoire sur la Place de Sarrelouis, ohne Ort, 1844 SHD, Vincennes, GR-1-VM-254-18 – 0011–

0041 (Mendès 1844), Blatt 1 und 2, 1-VM-245-18-0011 f.

33 Die Ausführung des Berichtes die hier im Weiteren als Grundlage dient ist die Version Mendès 1844. Diese ist vereinzelt mit nachträglichen Eintragungen versehen, welche in einer späteren Abschrift mit eingearbeitet sind, siehe: Mendès, Sarrelouis – Extrait d'un Mémoire sur cette place rédigé en 1844 par le Capitaine Mendès, ohne Ort, 1844. SHD, Vincennes, GR-1-VM-254-18 – 0056–0090 (Mendès 1844b). Zu dieser Abschrift gehören wohl auch zwei Nachzeichnungen von Plänen, die auf das Jahr 1859 datiert sind.

die Belagerer jeden Tag die neuesten Informationen über die Garnison und die Arbeiten der Preußen haben."[34] Mendès macht aber keine ergänzenden Angaben darüber, wie er denn zu dieser Erkenntnis gelangt ist und wie dieser Vorteil im Belagerungsfall praktisch umgesetzt werden könnte.

Nach seiner Einschätzung ist ein erfolgreicher Angriff auf die Festung möglich, dessen Dauer er auf 31 Tage berechnet. Interessant ist dabei, dass auch nach weit über 100 Jahren immer noch auf die Theorien Vaubans Bezug genommen wird. Mendès sieht sich augenscheinlich dazu veranlasst, seine, auf 31 Tage angenommene Belagerungszeit im Vergleich zu den von Vauban theoretisch angesetzten 14 Tagen zur Belagerung eines Sechsecks zu rechtfertigen.[35] Er führt dies auch auf verschiedene preußische Veränderungen an der Festung zurück, insbesondere aber auf die Existenz des Außenwerkes Fort Rauch.

Wie schon angedeutet, nimmt die Beschreibung der Festungsanlagen und der preußischen Modernisierungsmaßnahmen einen deutlich größeren Platz ein als im ersten Bericht. Seinen Ausführungen stellt er nun die Feststellung voran, dass die Preußen seit der Inbesitznahme der Festung stetig an dieser gearbeitet hätten, um „… die alten Festungsmauern […] in einen guten Zustand zu bringen und um eine [Werke] neu zu errichten, darunter besonders bemerkenswert alle defensiven Blockhäuser, die Reduits der Waffenplätze und das Fort Rauch und Fort Roden."[36] Seine Beschreibung der Werke beginnt er mit ausführlichen Auskünften über die Lage, Maße, Anordnung und Verteidigungseigenschaften der verschiedenen Werke im Glacis und vor dem Hauptwall. Die zahlreichen neuen Reduits werden dabei hervorgehoben, ebenso wie die Außenwerke Fort Rauch und die Rodener Schanze. Der Frage der Inundation wird ein eigenes Kapitel gewidmet, denn „Die Festung zieht eine ihrer Hauptverteidigungsmöglichkeiten aus der Nutzung und dem Einsatz des Wassers."[37] Darüber hinaus befasst sich Mendès mit der Ausgestaltung der Stadttore, den Pulvermagazinen und deren Lagerkapazitäten sowie mit den Militärgebäuden innerhalb der Wälle. Im Zusammenhang mit der Beschreibung des Proviantmagazins gibt auch er einen Hinweis, dass er mit preußischen Offizieren gesprochen habe. Erstaunlich ist jedoch in diesem Fall die angeblich von den preußischen Offizieren gemachte Aussage, dass dieses Proviantmagazin leider nicht bombensicher sei.[38] Dies widerspricht einerseits nicht nur den Aussagen preußischer Zeitzeugen jener Zeit, wie zum Beispiel der Schrift des Platzingenieurs Anton Ritter von 1856,[39] sondern auch den Ausführungen vorangegangener und nachfolgender französischer Aufklärungsberichte. Bezüglich manch anderer Gebäude spekuliert Mendès durchaus über deren Funktion und Ausgestaltung.

Die vier beigefügten Blätter mit Planzeichnungen sind im Vergleich mit den Zeichnungen des ersten Berichtes ebenfalls detailreicher und auch exakter. Neben einem Gesamtplan liefert er Zeichnungen zu der vermeintlichen Angriffsfront zwischen den Bastionen 4 und 5,

---

34 Mendès 1844 (wie Anm. 32), Blatt 23, 1-VM-245-18-0033, Übersetzung: Myriam Fey.

35 Ebd., Blatt 27, 1-VM-245-18-0037.

36 Ebd., Blatt 7, 1-VM-245-18-0017, Übersetzung: Myriam Fey.

37 Ebd., Blatt 18, 1-VM-245-18-0028.

38 Ebd., Blatt 21, 1-VM-254-18-0031.

39 Siehe hierzu Loew 2016 (wie Anm. 3), S. 114 und Ritter 1856 (wie Anm. 2), S. 42.

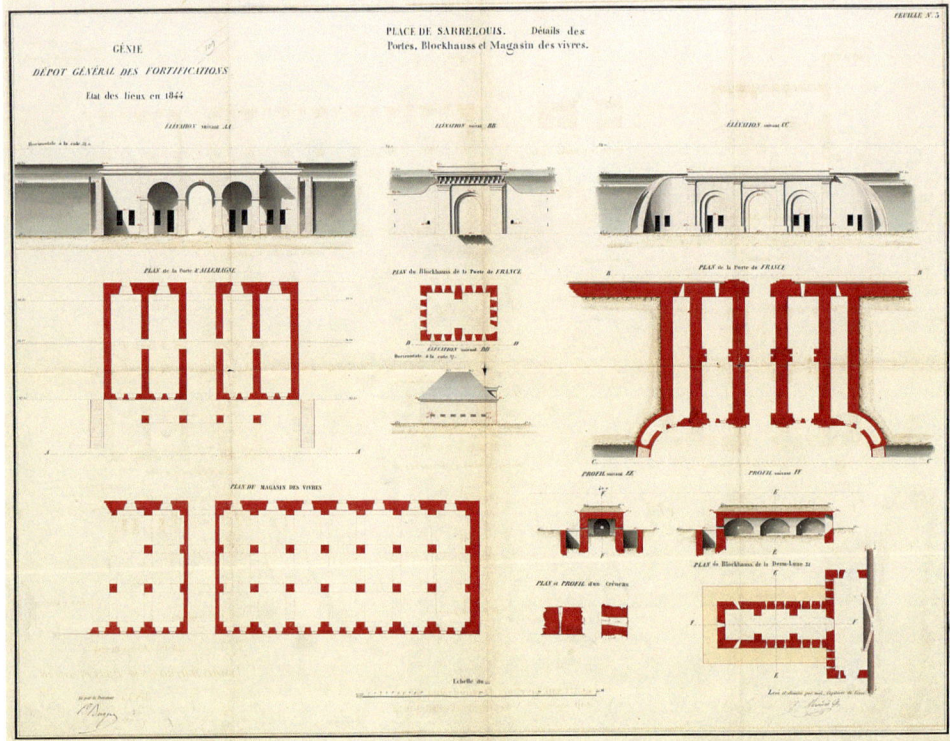

Abb. 4: Zeichnungen zu den Stadttoren, zu einem Blockhaus und zum Proviantmagazin, Mendès, 1844. (SHD, GR-1-VM-254-18-003-0001)

den Außenwerken Fort Rauch und Rodener Schanze, den Reduits, den Stadttoren sowie zu den neuen Kasernen 10 und 11 (Abb. 4, 5).

Auch wenn Mendès in seinem zweiten Bericht weit mehr ins Detail geht als vier Jahre zuvor, so bleibt dennoch insgesamt der Eindruck, dass er nicht alles genau untersucht hat bzw. untersuchen konnte. Bestärkt wird diese Wahrnehmung durch seine Wortwahl an manchen Textstellen und durch seine eindeutig also solche formulierten Vermutungen.

Im Vergleich zu den Aufklärungsberichten aus den Jahren 1827 und 1832, die sich im Wesentlichen auf die preußischen Veränderungen an den Festungswerken konzentriert haben, wird in den beiden Memoranden von Mendès eine andere Schwerpunktsetzung deutlich. Nun stehen Fragen nach einer möglichen strategischen Rolle der Festung Saarlouis in einem militärischen Konflikt und Fragen nach Möglichkeiten und Gefahren einer Belagerung im Vordergrund.

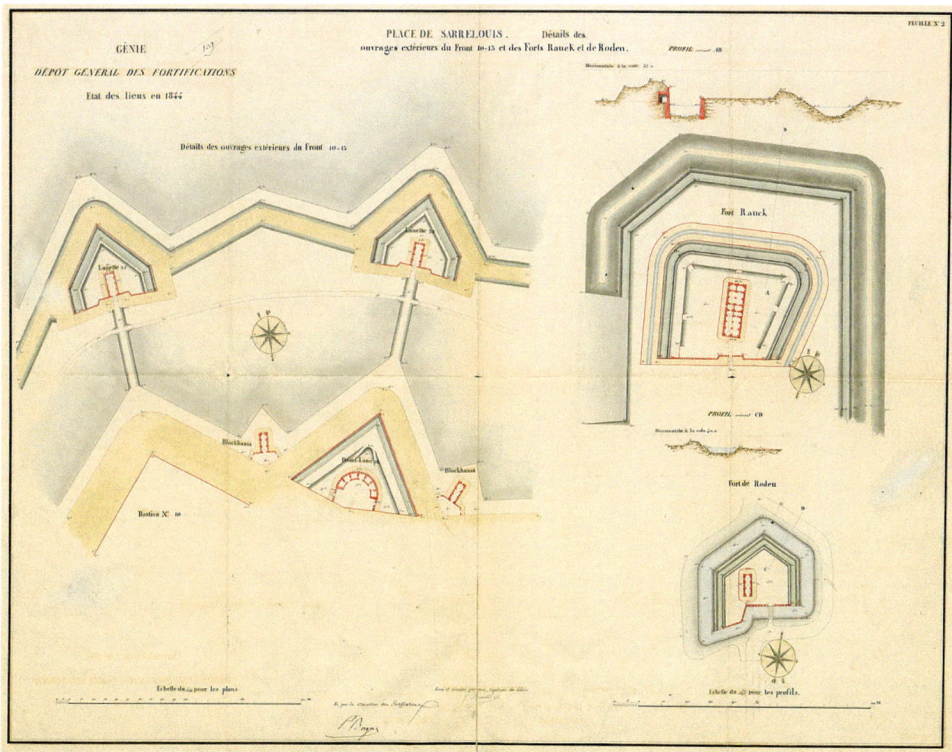

Abb. 5: Zeichnungen der Angriffsfront mit den neuen Reduits, sowie der Außenwerke Fort rauch und Rodener Schanze, Mendès, 1844. (SHD, GR-1-VM-254-18-002-0001)

2.4. Reconnaissance de la place de Sarrelouis, 1865

Zwanzig Jahre wird es nun dauern, bis das Kriegsministerium wieder eine neue Aufklärungsmission in Auftrag gibt. Am 24. Mai des Jahres 1865 erhält die Direktion Metz des ‚Service du Génie' des Kriegsministeriums den Befehl, einen neuen Aufklärungsbericht zu Saarlouis anzufertigen. Der Direktor der Abteilung übersendet an Heiligabend des gleichen Jahres zwei entsprechende Berichte an den Minister.[40] In seinem Begleitschreiben führt er aus, dass die Hauptleute Sinn und Peaucellier mit der Ausfertigung des gewünschten Aufklärungsberichtes beauftragt wurden.

Hauptmann George Eugène Sinn ist zu diesem Zeitpunkt an der Festung Bitche stationiert.[41] Er wird begleitet von dem in Saarlouis geborenen und aufgewachsenen Hauptmann

---

40 Schreiben vom 24.12.1865, 1-VM-254-21-0001-4.   41 Ebd.
   Der Name des unterzeichnenden ‚Colonel Directeur'
   konnte nicht gelesen werden.

Charles-Nicolas Peaucellier.[42] In dem genannten Begleitschreiben wird angemerkt, dass Peaucellier noch im Sommer des vorangegangenen Jahres längere Zeit in seiner Heimatstadt verbracht habe und sich daher bestens auskenne. Auch wird erwähnt, dass er gemeinsam mit Sinn in Saarlouis gewesen sei. Als Zeitraum für Reise nach Saarlouis gibt Sinn in seinem Bericht an, dass er die Stadt vom 13. bis 15. November besucht hat, schreibt aber nur von sich im Singular.[43]

Beide Offiziere senden voneinander unabhängig ihre Berichte an die ‚Direction du Génie‘ in Metz. Hauptmann Peaucellier stellt seinen Report mit den Titel ‚Reconnaissance de la place de Sarrelouis‘ am 30. November 1865 in Nizza fertig.[44] Der Text umfasst elf Blätter mit zwei Skizzen, zudem werden eine gezeichnete Karte der unmittelbaren Umgebung und eine gedruckte preußische Karte des Umlandes mit eingereicht.[45] Etwa zwei Wochen später schließt Hauptmann Sinn seinen Bericht ab. Sein Memorandum trägt ebenfalls den Titel ‚Reconnaissance de la place de Sarrelouis‘ und ist datiert und verortet auf den 14. Dezember 1865 in Bitche.[46] Der Bericht von Sinn ist mit 40 Blättern weit umfangreicher. Er enthält auf den Textblättern 26 Skizzen und umfasst noch zwei gezeichnet Pläne; einen Festungsplan und eine Umgebungskarte.[47]

Vermutlich Anfang des Jahres 1866 gehen die beiden Berichte beim Kriegsministerium ein. In der weiteren Bearbeitung innerhalb des Ministeriums werden die beiden Texte in einem 24-seitigen Bericht an den Ausschuss für Festungsanlagen zusammengefasst und erläutert.[48] Diese Zusammenfassung ist zwar nicht datiert, dürfte aber sehr wahrscheinlich im gleichen Jahr fertiggestellt worden sein. Sie soll im Folgenden als Grundlage für die vergleichende Betrachtung der beiden Berichte von Peaucellier und Sinn dienen.

---

42 *16. Juni 1832 in Saarlouis; † 4. Oktober 1919 in Paris. Erfinder des nach ihm benannten ‚Inversor von Peaucellier‘. Weitere Lebensdaten: 1854 Leutnant; 1864 Erfindung des Inversors von Peaucellier; 1888 General; 1888 Präsident des Technischen Komitees des ‚Corps du Genie‘; 1894 ‚Grand-Officier de la Légion d'Honneur‘. Seine ersten beiden Ehefrauen stammen aus Nachbargemeinden von Saarlouis (Hans Peter Klauck, Die Einwohner der Stadt Saarlouis 1851–1902 [Quellen zur Genealogie im Landkreis Saarlouis und angrenzenden Gebieten 50], Saarlouis 2012, S. 1059 f.), so dass anzunehmen ist, dass er sich auch nach seinem Eintritt in den französischen Militärdienst, regelmäßig in Saarlouis und Umgebung aufgehalten hat.

43 George Eugène Sinn, Reconnaissance de place de Sarrelouis 1865, Bitche, 14.12.1865, inkl. 2 Pläne. SHD, Vincennes, Aktenbestand: GR-1VM-254-20 (Sinn 1865), Blatt 2, 1-VM-254-20-0004.

44 Charles-Nicolas Peaucellier, Reconnaissance de place de Sarrelouis, Nizza, 30.11.1865. SHD, Vincennes, GR-1-VM-254-22 – 0012–0022. (Peaucellier 1865), 1-VM-254-22 – 0012–0022.

45 Ministère de la Guerre (Comité des Fortifications), Dossier, Objet: Rapport au comité des Fortification / Reconaissance de la Place de Sarrelouis faites par les capitaines Peaucellier et Sinn; ohne Ort & Datum, vermutlich Paris, 1866. SHD, Vincennes, Aktenbestand: GR-1-VM-254-23. (Rapport 1866), Blatt 8, 1-VM-254-23-0008. Die beiden hier aufgeführten Pläne sind im Archiv in Vincennes zu dem Bestand der Abschrift: GR-1-VM-254-21 zugeordnet. (GR-1-VM-254-21: Charles-Nicolas Peaucellier, Reconnaissance de place de Sarrelouis, Nizza, 30.11.1865. Abschrift, inkl. 2 Pläne. SHD, Vincennes, Aktenbestand: GR-1-VM-254-21, Peaucellier 1865a).

46 Sinn 1865 (wie Anm. 43), 1VM-254-20.

47 Rapport 1866 (wie Anm. 45), Blatt 12, 1-VM-254-23-0012.

48 Rapport 1866 (wie Anm. 45), 1-VM-254-23.

Im einleitenden Abschnitt stellt das Ministerium fest, dass ein wesentlicher Grund für die Beauftragung der neuen Aufklärungsberichte in der zwischenzeitlich erfolgten Weiterentwicklung der Artillerie liege; an vielen Stellen wird von der „neuen Artillerie" gesprochen. Vor diesem Hintergrund möchte man in Erfahrung bringen, welche weiteren baulichen Maßnahmen durch die Preußen an der Festung vollzogen wurden und welche Konsequenzen diese für die strategische Rolle der Festung und für eine mögliche Belagerung haben. Man geht davon aus, dass der Festung Saarlouis eher eine offensive Aufgabe zugedacht sei, als Teil einer insgesamt offensiven preußischen Strategie, die das Ziel hat, militärische Operationen nach Frankreich hineinzutragen. Hierfür sei Saarlouis aufgrund seiner geographischen Lage für Preußen von großem Vorteil.[49] Für die eigene Seite hingegen wäre, nach Einschätzung des Ministeriums, der Besitz der Festung Saarlouis vor allem von defensiver strategischer Bedeutung.

Um die neuen Ergebnisse der Arbeiten von Peaucellier und Sinn besser beurteilen und einordnen zu können, erstellt das Ministerium für seinen Bericht zunächst eine Beschreibung der Festung aufgrund der bisherigen Erkenntnisse, in der ausdrücklich auch die Ergebnisse der Aufklärungsberichte von 1827 und 1844 berücksichtigt sind. Ergänzt wird diese Darstellung abschließend durch eine Beschreibung der 1847 errichteten sogenannten ‚Saar-Flesche' und der verstärkten Redoute Choisy. Wobei die gedeckte Geschützbatterie auf der Redoute als solche wohl beiden nicht erkannt, und daher als Reduits bezeichnet wird.[50]

Zu der Denkschrift Peaucelliers wird angemerkt, dass sich dieser zunächst mit Überlegungen zum Wert der Festung Saarlouis zur Grenzsicherung Preußens beschäftigt. Nach seiner Ansicht hat sie nicht die notwendige Größe und Ausdehnung, um für sich alleine stehend diese vermutete Funktion auszuführen, was auch die preußische Seite erkannt habe. Daher stünden Vorschläge zur Ausweitung der Anlage im Sinne einer gestaffelten Großfestung zur Debatte, die selbständige Außenwerke auf den Höhen links der Saar vorsehen. Der aus Saarlouis stammende Offizier glaubt aber zu wissen, „… dass sich die preußische Regierung gegen diesen Vorschlag entschieden hat und dass man den aktuellen Zustand beibehalten möchte, wenigstens als Übergangslösung."[51] Er schließt seinen Bericht ergänzend mit der Bemerkung ab, dass „Trotz der unbestreitbaren Nützlichkeit dieser [Modernisierungs-]Arbeiten, […] der Ort Sarrelouis immer sehr unzureichend sein [wird], um die preußische Grenze zu sichern, solange das Projekt der Erweiterung der deutschen Ingenieure nicht durchgeführt wird."[52] In Bezug auf die tatsächlich ausgeführten Modernisierungen nennt Peaucellier als ein wichtiges Element die Anlegung der zahlreichen neuen Kasematten. Er betont des Weiteren die nahezu auf allen äußeren Werken entstandenen Reduits sowie die zahlreichen Traversen, die teilweise als Hohltraversen ausgeführt sind, welche zusätzliche Schutzräume bieten. Im

---

49 Ebd., Blatt 3, 1-VM-254-23-0003.

50 Ebd., Blatt 7, 1-VM-254-23-0007.

51 Ebd., Blatt 9, 1-VM-254-23-0009, Übersetzung Myriam Fey.

52 Peaucellier 1865 (wie Anm. 44), Blatt 11, 1-VM-254-22-0022.

Gegensatz zu Mendès hebt er hervor, dass das Proviantmagazin bombensicher ausgeführt ist, ebenso wie das aufwendig ausgeführte, mehrstöckige Hospital für den Belagerungsfall, das in Friedenszeiten als Kaserne dient.[53] Er dokumentiert damit erstmals für die französische Aufklärung die zwischen 1860 und 1863 errichtete Kaserne IV. Bezüglich der Anmerkungen zu den Pulvermagazinen wird in der Zusammenfassung auf die entsprechenden Ausführungen bei Sinn verwiesen.

Als kleine Randnotiz sei hier angemerkt, dass Peaucellier der bis dahin einzige der französischen Berichterstatter ist, der die von den Preußen nach Choisy und Vauban genannten Werke in seinem Text auch mit diesen Namen erwähnt.[54] Dies ist sicher auch der Tatsache geschuldet, dass er diese Werke schon von klein auf unter diesen Namen kennt.

Die Zusammenfassung des Memorandums von George Eugène Sinn beginnt mit der Feststellung, dass die Aufklärungstätigkeit durch eine Beaufsichtigung bzw. Überwachung durch die preußische Seite beeinträchtigt wurde.[55] Der Hauptmann selbst schreibt dazu: „Aufgrund der aktuellen Arbeiten an den Festungswerken, führen die Preußen eine umfassende Überwachung des gesamten Platzes durch. Um einen Rundgang auf dem Wallgang machen zu können, der in anderen Zeiten ein Spazierweg der Stadt ist, braucht man derzeit eine Erlaubnis durch den Platzkommandanten. Darüber hinaus wird man von einem Offizier begleitet. Der Rundgang durch das Glacis ist ebenfalls untersagt, Wachposten sind an allen Zugängen und Ausgängen stationiert."[56] Ergänzend führt er aus, dass das Wetter am 13. November zwar gut gewesen sein, aber die die beiden darauffolgenden Tage seien neblig und regnerisch gewesen, was seine Arbeit zusätzlich erschwert habe, wobei er auch hier den Singular benutzt.

In der Zusammenfassung des Ministeriums wird ihm bescheinigt, dass er trotz dieser Umstände einen sehr genauen und ausführlichen Bericht vorgelegt hat. Auch Sinn beschäftigt sich, analog zu den Ausführungen Peaucelliers, mit den Reduits, Traversen und Kasematten, die er, mit Maßangaben versehen, genau beschreibt. Im Vergleich lässt sich feststellen, dass die Ausführungen von Sinn insgesamt detailreicher sind. Bezüglich der Pulvermagazine hebt er hervor, dass die Anlegung von Magazinen für Friedenszeiten außerhalb der Wälle eine sinnvolle Vorsichtsmaßnahme für die Bevölkerung der Stadt darstellt. Eine Maßnahme, deren Übernahme er für die eigenen Festungen empfiehlt, ebenso wie die Ausführung der um 1863 neu errichteten Kriegspulvermagazine.[57] Die Ausgestaltung dieser neuen Gebäude wird von beiden Berichterstattern ausführlich beschrieben und mit Zeichnungen verdeutlicht (Abb. 6). Ergänzend dazu beschäftigt sich Sinn auch mit der „großen Anzahl" der Verbrauchspulvermagazine, die in der gesamten Festung, einschließlich der Vorwerke verteilt sind. Nach eigenen Angaben konnte er eines dieser Magazine besichtigen. Abschließend

---

53 Rapport 1866 (wie Anm. 45), Blatt 11, 1-VM-254-23-0011.

54 Ebd., Blatt 9, 1-VM-254-23-0009. Haraigne übernimmt später diese Bezeichnungen auch auf seinem Plan der Festung.

55 Ebd., Blatt 12, 1-VM-254-23-0012.

56 Sinn 1865, wie Anm. 43, Blatt 2, 1-VM-254-20-0004.

57 Rapport 1866 (wie Anm. 45), Blatt 15, 1-VM-254-23-0015.

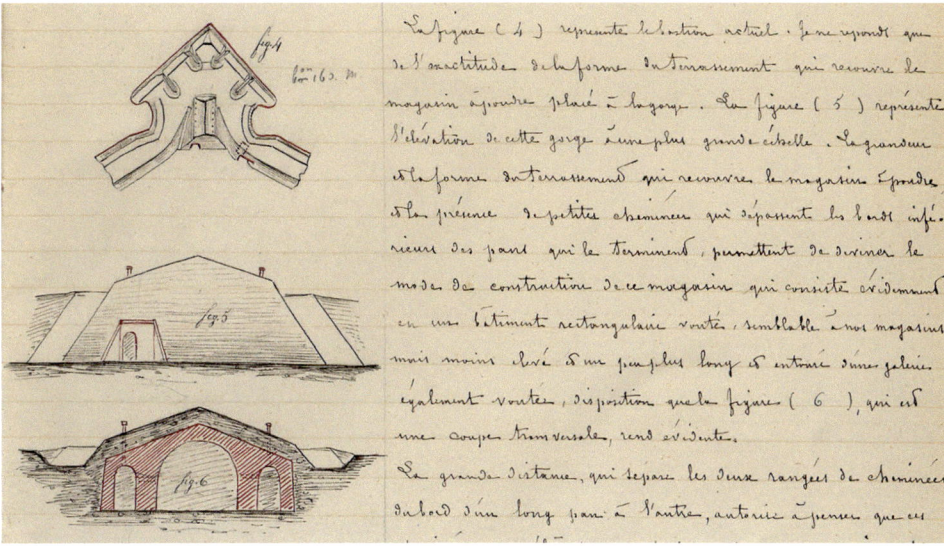

Abb. 6: Skizzen und Erläuterungen aus dem Text von Eugène Sinn zu den neu angelegten Kriegspulver-magazinen, 1865. (SHD, GR-1-VM-254-20-014-4)

befasst sich Sinn mit Fragen der Verteidigung und des Angriffes. Hervorgehoben wird in der Zusammenfassung, dass die preußische Seite keine lange Anlaufzeit brauchen würde, um die Festung in Verteidigungszustand zu versetzten, da die entsprechend notwendigen Materialien alle vorhanden und sofort einsatzbereit seien.[58]

2.5. Reconnaissance de la place de Sarrelouis, 1867

Bereits zwei Jahre später wird ein weiterer Aufklärungsbericht in Auftrag gegeben. Der Ausgangspunkt hierfür liegt wohl in der Bemerkung Peaucelliers, dass es grundsätzliche, wenn auch zunächst zurückgestellte Überlegungen gibt, durch Errichtung von selbständigen Forts auf den Höhen links der Saar, die Festung Saarlouis möglicherweise zu einer Großfestung auszubauen, sowie in seiner damit verbundenen Einschätzung, dass ohne eine solche Erweiterung die Festung für Preußen nur geringen Nutzen hat (Abb. 7).

Den Auftrag hierzu erhält der Ingenieur-Offizier Hauptmann Haraigne. Als Ausgangspunkt für seine Arbeit dient ihm der Bericht von Peaucellier, der in einem Exemplar im Archiv der ‚Direction du Génie‘ in Metz zur Verfügung steht.[59] Seine auf den 31. Oktober

58 Ebd., Ball 23, 1-VM-254-23-0023.

59 Haraigne, Reconnaissance de la place de Sarrelouis, Metz, 31.10.1867. SHD, Vincennes, GR-1-VM-254- 22 – 0001–0007; 8 Pläne, GR-1-VM-254-22 – 001–007 & GR-1-VM-254-22-0011 (Haraigne 1867), Blatt 1, GR-1-VM-254-22-0001.

RECONNAISSANCE DE LA PLACE DE SARRELOUIS.

Echelle de deux pour 10 mètres

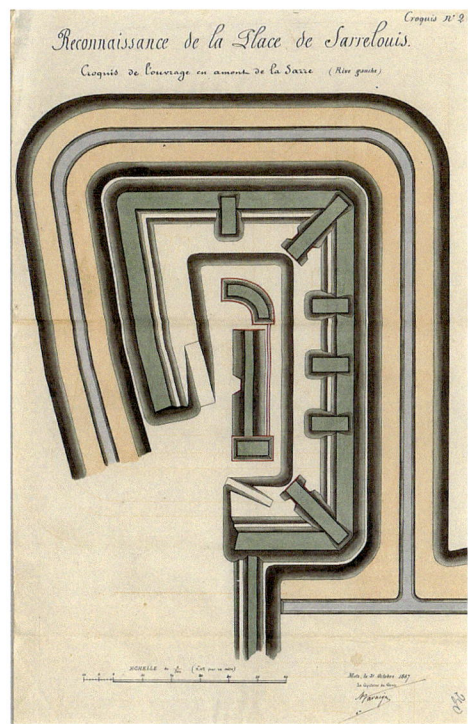

Abb. 8: Lageplan der Redoute Choisy aus dem Bericht von Haraigne, 1867. (SHD, GR-1-VM-254-22-002-0001)

1867 datierten Ausführungen nehmen mehrfach Bezug auf die von Peaucellier gemachten Angaben. Haraigne stellt heraus, dass es in den vergangenen beiden Jahren keine wesentlichen Veränderungen an der Festung Saarlouis gegeben habe. Auch die projektierten detachierten Außenwerke auf den Höhen bei Limberg und Felsberg seien noch nicht umgesetzt. In seiner Analyse ist Saarlouis daher weiterhin eine kleine Festung, die ihrem Besitzer einen Ort zur Überquerung der Saar sichern und eine Garnison von 6.000 bis 8.000 Mann beherbergen kann. Für die preußische Seite ist sie zudem ein vorgelagertes Depot, vor den großen Festungen am Rhein.[60] Auch wenn Haraigne zu Beginn betont, dass er im Grunde keine neuen Informationen über Saarlouis liefern kann, beschreibt er dennoch die preußischen Maßnahmen der letzten Jahrzehnte. Eine der wenigen Neuerungen, über die er berichten kann, ist der Bau der neuen bombensicheren Kaserne VI, die sich zum Zeitpunkt seines Besuches gerade in Bau befindet. Die Funktion der Geschützbatterie auf der Redoute Choisy bleibt aber auch ihm verborgen (Abb. 8).

Haraigne liefert zur Erläuterung sieben nicht sehr detailreiche Zeichnungen von einzelnen Werken, ergänzt um einen Gesamtplan der Festung. Abschließend nimmt er Bezug auf die ursprünglich auch an die Berichterstatter zwei Jahre zuvor gestellte grundsätzliche

---

60 Ebd.

Fragestellung, wie die Festung Saarlouis auf die Möglichkeiten der ‚neuen Artillerie' vorbereitet ist. Hierzu stellt Haraigne fest, dass die preußische Seite mit den neuen Militärgebäuden innerhalb der Wälle und auch mit den Veränderungen in und an den Wallanlagen selbst auf diese neue Bedrohung reagiert hat. Für ihn ergibt sich aber die Frage, warum die Preußen die beiden wichtigsten Elemente in diesem Zusammenhang nicht ausreichend beachtet haben; die Deckung und die Flankierung. Dadurch sind die Werke nach Ansicht von Haraigne unvollkommen.[61]

Schlussbetrachtung

Zusammenfassend lässt sich feststellen, dass die französischen Aufklärungsberichte über die preußische Festung Saarlouis zwischen 1827 und 1867[62] trotz kleinerer Schwächen insgesamt doch recht genaue Erkenntnisse über die jeweilige Situation der Festung, über ihre einzelnen Werke und Gebäude sowie über die preußischen Modernisierungen liefern. Die Beschreibungen werden dabei vielfach ergänzt durch anschauliche und teilweise detailgenaue Pläne und Zeichnungen (Abb. 9). Auch wenn Berichte sich hinsichtlich der Qualität ihres Informationsgrades und ihrer Ausführung durchaus unterscheiden, so dürften sie doch den damaligen Auftraggebern die gewünschten Auskünfte gebracht haben. Eine Ausnahme bildet hier wohl der erste Bericht des Hauptmanns Mendès aus dem Jahr 1840.

Die Erlangung von jeweils aktuellen Erkenntnissen über den Stand der preußischen Veränderungen und Baumaßnahmen ist das vorrangige Ziel der Aufklärungstätigkeit und steht im Mittelpunkt aller Denkschriften. Strategische Fakten und Fragen zu Angriff und Verteidigung erweitern zunehmend die Inhalte.

Als Vergleich nehmen die Berichterstatter auch Bezug auf in den Archiven vorhandene Memoranden aus der französischen Zeit der Festung. Hauptmann Mendès fertigt im Rahmen seiner Recherche sogar komplette Abschriften von Denkschriften aus den Jahren 1771 und 1791 an.[63] Ebenso sind auch Bezugnahmen auf vorrangegangene Aufklärungsberichte

61 Ebd., Blatt 7; GR-1-VM-254-22-0007.

62 Neben den inhaltlich oder textlich zitierten Quellen wurden weiterhin die folgenden, inhaltlich zugehörigen Bestände gesichtet:
– Mendès, 6 Pläne, zwischen 1839 und 1844. SHD, Vincennes, Aktenbestand:GR-1VM-254-18
– Ministère de la Guerre (Comité des Fortifications), Analyse de la Reconnaissance de Sarrelouis fait par Mendès, Paris, 30.06.1840. SHD, Vincennes, Aktenbestand: GR-1VM-254-17
– Ministère de la Guerre (Secrétariat du Comité des Fortifications), Dossier, Objet: Reconnaissance de Sarrelouis par le Capit. Mendès, Paris, 30.06.1840. SHD, Vincennes, GR-1-VM-254-18 – 0001–0004

– Ministère de la Guerre (Service due Genie, 4e Direction, Direction de Metz), Brief des „Colonel Directeur" an den Kriegsminister. Metz, 24.12.1865. SHD, Vincennes, GR-1-VM-254-21-0001-4.

63 Mendès fertigt eine Kopie der Denkschrift „Memoire sur les fortifications de Saarlouis" von Carpilhet an. Das Original (1VM-252-20) ist auf den 19.07.1771 in Saarlouis datiert, die Kopie (1VM-252-21) von Mendès auf den 08.02.1844 in Marsal. Das „Memoire sur Sarrelouis" des Hauptmanns Babelon aus dem Jahr 1791(datiert auf den 28.08.1791) scheint nur in der Abschrift von Mendès überliefert zu sein. (1VM-253-27) Die Abschrift ist auch hier datiert auf den 08.02.1844.

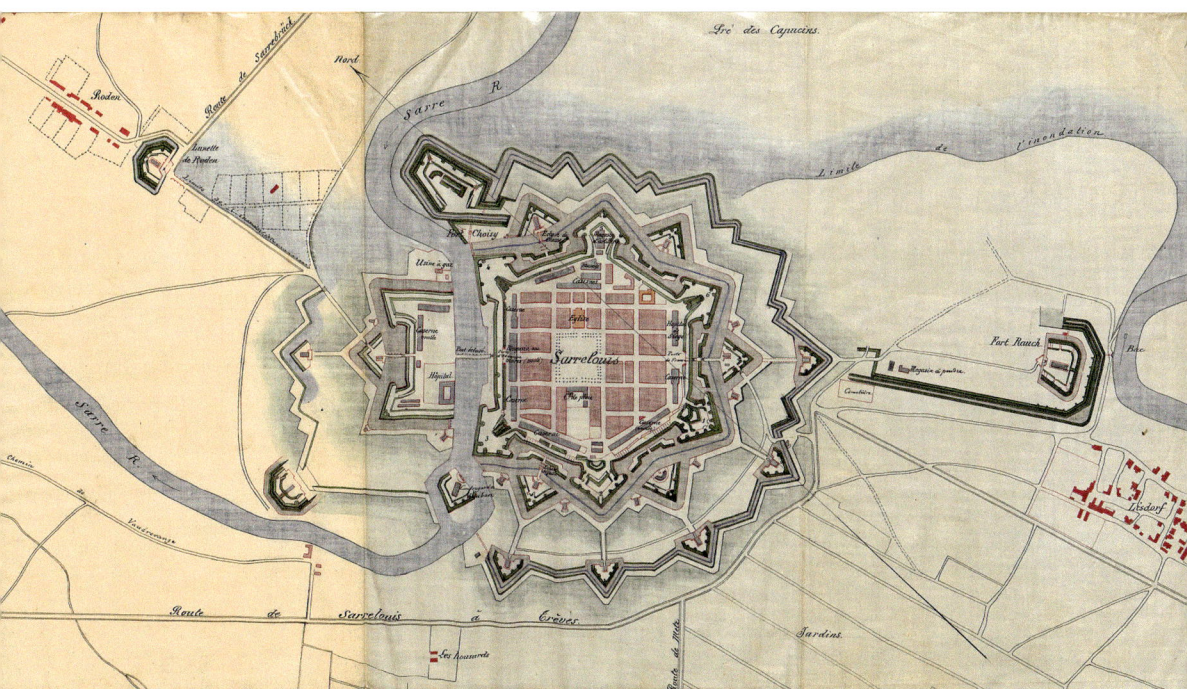

Abb. 9: Gesamtplan der Festung Saarlouis, anonym, ohne Datierung. (SHD, GR-1-VM-254-25-0001-4). Der Inhalt lässt den Schluss zu, dass die Anfertigung auf der Grundlage der Berichte von 1865 und 1867 erfolgt. Der Plan ist in mehreren, sich gleichenden Ausfertigungen vorhanden, die in der Archivierung sowohl jeweils den Berichten von Sinn und Peaucellier, als auch von Haraigne zugeordnet sind. Einer dieser Pläne enthält den Hinweis auf eine Anfertigung im „depot des fortification" im Jahr 1870. (SHD, GR-1-VM-254-22-0009-4)

vielfach vorhanden. Durch diese Rückgriffe kommt es aber auch zur Fortführung von Mängeln oder Ungenauigkeiten. So erstaunt es doch, dass zum Beispiel das Arsenal in keinem der Berichte Erwähnung findet und noch nicht einmal auf einem der Pläne als solches gekennzeichnet ist. Auch die Wasserversorgung, deren Unterbrechung im Falle einer Belagerung durchaus von Relevanz sein kann, spielt in den Untersuchungen im Grunde keine Rolle. Der aufeinander aufbauende Vergleich mit vorangegangenen Denkschriften und Aufklärungsberichten lässt ergänzend auch Fragen nach den Arbeitsmethoden und -möglichkeiten der Berichterstatter zu. Ein solcher Abgleich erleichtert nicht nur die Vergleichbarkeit, sondern verringert auch den Zeitaufwand für den eigene Auftrag und für das Verfassen des Berichtes. Zudem können vorangegangen Berichte Informationen enthalten, die man auf der eigenen Mission nicht ermitteln konnte; sei es nun aus Zeitgründen oder aus Mangel an Möglichkeiten.

Anhand der vorhandenen Quellenlage bleiben leider nicht nur einige Fragen zu den beteiligten Personen, zu den Hintergründen, zur Befehlsstruktur oder zur weiteren Verwendung der ausgefertigten Berichte offen. Auch das Zustandekommen der Berichte, also die praktische Arbeit der Informationsbeschaffung vor Ort, wird durch die zur Verfügung stehenden Quellen nicht deutlich. In den Berichtstexten selbst finden sich hier nur ganz vereinzelt kleine Hinweise. Die Genauigkeit der Informationen in den Denkschriften lässt vermuten, dass die Berichterstatter mit großer Sorgfalt arbeiteten. Eine Tätigkeit, die dem preußischen Militär oder den zivilen Behörden vor Ort wohl nicht verborgen bleiben kann. Die wenigen Hinweise in den Texten zeigen, dass die französischen ‚Spione' zumindest teilweise im direkten Kontakt mit preußischen Offizieren stehen. Auch wenn Fragen nach den Arbeitsmethoden offenbleiben müssen, so wird zumindest deutlich, dass es sich bei den untersuchten französischen Aufklärungsberichten nicht um Spionage nach heutigem, allgemeinem Verständnis handelt.

Abbildungsnachweis

Abb. 1: Geheimes Staatsarchiv Preußischer Kulturbesitz, Berlin-Dahlem

Abb. 2–9: Service Historique de la Defense, Vincennes (Alle Abbildungen in digitaler Reproduktion im Stadtarchiv Saarlouis)

Lutz Reichardt

Mont-Royal

Spionagebericht eines geringen jedoch alten teutschen mitleidenden Patrioten

Sie wurde von Vauban im Auftrag des Sonnenkönigs, Ludwig XIV., erbaut und war eine der größten Befestigungsanlagen ihrer Zeit: die Festung Mont-Royal (Abb. 1). Sie ist auf einem Halbinselberg bei Traben-Trarbach an der Mittelmosel gelegen und war als Festungsstadt, Operationsbasis und Versorgungsdepot für die Rheinarmee des Königs von Frankreich geplant. Mit dem Bau wurde im Sommer 1687 begonnen, die Schleifung erfolgte bereits 1698.

Als eine der acht „Villes nouvelles" des Baumeisters Vauban war sie ein Musterbeispiel für die Festungs- und Städtebaukunst der damaligen Zeit, als eine typische „place du moment", aber auch eine der kurzlebigsten ihrer Art. Ihr Schicksal wurde schon nach einer kaum zehnjährigen Existenz durch den Frieden von Ryswijk (1697) besiegelt.

Auf Grund ihrer Bedeutung als Operationsbasis und Versorgungsdepot für die Truppen der Rheinarmee im Pfälzischen Erbfolgekrieg wurde diese damals noch im Bau befindliche französische Großfestung auf deutschem Boden zwangsläufig zum Gegenstand gezielter Informationsbeschaffung. Die Reunion, das heißt die Eingliederung der Grafschaft Sponheim in den Herrschaftsbereich der französischen Krone (1681), war unrechtmäßig erfolgt.

So hat auch die Schutzfunktion, die die Festung Mont-Royal für die linksrheinisch reunierten Gebiete einnehmen sollte und die Gefahr, die von ihr für die vier Kurfürstentümer Köln, Mainz, Trier und die Pfalz im Westen des Reiches ausging, das Interesse zahlreicher Spione geweckt. Allein die außerordentliche Vielfalt der noch heute existierenden Lagepläne der Festung ist von namhaften Vauban-Experten als Indiz für eine rege Spionagetätigkeit gewertet worden.[1]

Eine der wichtigsten und aufschlussreichsten deutschsprachigen Textquellen zur Geschichte, zum Bau und zur Bedeutung der Moselfestung ist eine anonyme Handschrift, welche sich unter dem Titel „Kurtze Beschreybung der Neuerbauten frantzösischen Vestung

---

1 „L'espionnage du chantier a fait l'objet d'une documentation graphique exhaustive par tous les états-majors ennemis de la France d'alors."; vgl. Nicolas Faucherre, Documenter une forteresse disparue par les atlas militaires européens. Le cas du Mont-Royal (Rhénanie-Palatinat), in: Châteaux et Atlas. Inventaire, cartographie, iconographie, XIIe–XVIIe siècle. Actes du second colloque international au château de Bellecroix, 19-21 octobre 2012, Chagny 2012, S. 142–153. Vgl. allgemein zur Festung Mont-Royal: Lutz Reichardt, Die französische Festung Mont-Royal, Traban-Trarbach 2015.

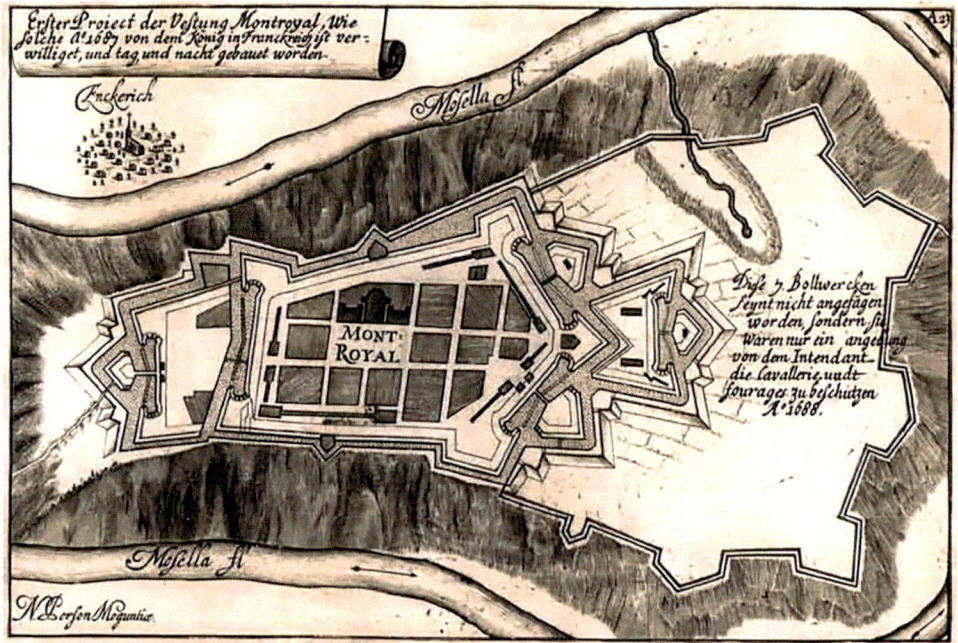

Abb. 1: Erster Project der Vestung Montroyal, Nicolas Person, 1687

Mont Royall" im Landeshauptarchiv in Koblenz[2] befindet und trotz aller Eigenarten in der Berichterstattung nichts anderes zu sein scheint als ein in Auftrag gegebener Spionagebericht (Abb. 2).

Im Jahr 1913 hatte Gottfried Kentenich aus Trier dieses Manuskript in Auszügen veröffentlicht[3] und es damit zur Grundlage zahlreicher Beiträge über die Festung in der deutschen Presse und der deutschen Literatur werden lassen. Bedauerlich war dabei nur, dass dieses wichtige Dokument sehr lange Zeit durch das willkürliche Weglassen teils nur schwer lesbarer oder als weniger relevant eingeschätzter Passagen und vor allem durch das Fehlen des unbedingt dazugehörenden Plans an Aussagekraft einbüßen und als Fragment gelten musste. Seit den sechziger Jahren des letzten Jahrhunderts verfügt das Mittelmoselmuseum in Traben-Trarbach über eine Kopie dieses verloren geglaubten Plans, auf den sich Aussagen im Text und die Legenden im sogenannten „doppelten Alphabet" (s.u.) direkt beziehen (Abb. 3).

---

2 Landeshauptarchiv (im Folgenden LHA) Koblenz, Bestand 645, Nr. 3706: Kurtze Beschreibung der neuerbauten frantzösischen Vestung Mont Royall, anonym, ca. 1690. Die Quelle wurde 1927 vom Königlichen Staatsarchiv in Wiesbaden an das Königliche Staatsarchiv in Coblenz überwiesen.

3 Gottfried Kentenich, Trier und das Trierer Land in den Raubkriegen Ludwigs XIV, in: Trierische Chronik, Neue Folge, 10. Jg. (1913), Nr. 1/2, Okt./Nov., S. 1–21 (mit einer zeitgenössischen Beschreibung der Festung Mont-Royal im Anhang).

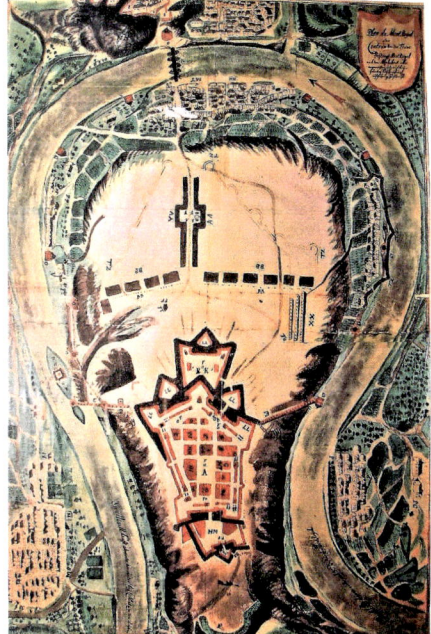

Abb. 3 und 4: Kopie des Originalplans zum Text, Mittelmoselmuseum Traben-Trarbach

Im Jahr 2017 hat Wilfried Gibbert erstmals eine transkribierte Version des Gesamttextes zusammen mit diesem Plan veröffentlicht (Abb. 4).[4]

Kurtze Beschreybung der Neuerbauten frantzösischen Vestung Mont Royall

1. Die Handschrift ist nicht datiert

Einige Hinweise im Text lassen allerdings keinen Zweifel daran, dass sie vor 1690 verfasst worden sein muss. So hofft der Autor, der offensichtlich mit einer „über kurz oder lang bevorstehenden Belagerung oder bombardierung" rechnet, dass die „Teutschen Alliierten" möglichst bald anrücken mögen, um einen weiteren Ausbau der Festung zu verhindern.[5]

---

4 Die Festung Mont-Royal und ihre Bedeutung in der Geschichte des Rheinlandes. Ein Vortrag des Heimatbildners Dr. Ernst W. Spies [1962]. Aus dem Nachlass herausgegeben mit Beiträgen von Wilfried Gibbert, Norderstedt 2017. Im Anhang an diesen Vortrag (auf den S. 149–169) wurde die „Kurtze Beschreybung" erstmals veröffentlicht.

5 „Umb diesen großen viereckigen Platz stehen einige neue Gebäude und abgestochene Plätze, welche noch sollen bebauet werden, (wenn die Teutschen Alliirten nicht bei Zeiten vorkommen und solches verhindern möchten)"; vgl. LHA Koblenz, Bestand 645, Nr. 3706 (wie Anm. 2), S. 9, und „Die eingezeichneten rothen plätze, oder da kein buchstaben darauf stehen, seindt

Aus anderen Quellen wissen wir, dass man im Frühjahr 1690 – nach der Einnahme von Mainz – einem Angriff der „Teutschen Alliierten" erwartete und die Belagerung und Zerstörung der Festung befürchtete.[6] Das führte zu umfangreichen Abwehrmaßnahmen, Truppenbewegungen, entsprechenden Vorkehrungen vor Ort und Verwüstungen in der weiteren Umgebung.

2. Der Autor bleibt anonym

Zur Person des „Spions" ist in der Vergangenheit viel spekuliert worden, allerdings ohne dabei den Text, besondere charakteristische Merkmale des Autors oder Eigenarten seiner Sprache zur Grundlage dieser Annahmen zu machen.[7] Dabei könnten doch einige Textpassagen sehr wohl für die Identifizierung des „Informationsbeschaffers" aufschlussreich sein.

Es dürfte sich um einen recht erfahrenen und kenntnisreichen Deutschen handeln, der gleich zu Beginn seines Berichts besonderen Wert auf die Demonstration seines umfangreichen Wissens legt. Dort lässt er beiläufig einfließen, dass er auch über andere Vauban-Festung hätte Auskunft geben können. Er scheint sich jedoch besonders gut an Rhein und Mosel auszukennen.[8]

Für seine Herkunft aus der Moselregion spricht vor allem, dass er detaillierte Kenntnis über Größe und Zugehörigkeit der Moselorte von Kinheim bis Reil hat und die Wahl der Festung Mont-Royal für seinen Bericht damit begründet, dass sie „in der Nachbarschaft liegt" und „so viel wesens und dicourierens verursacht hat".

Sich selbst nennt der Autor einen „geringen jedoch alten teutschen mitleidenden Patriot", der das „zweyte algerische Raubnest"[9], unter dessen Joch die angrenzenden Länder erstickt

zwar abgestochen, aber noch ledig, welche noch sollen bebawt werden (wan die deutschen Allyirten nicht bey Zeit her kommen, undt verhindern werden)"; ebd., S. 19a.

6   „Il y avoit lieu de croire que l'Empire tourneroit toutes ses forces contre cette place."; Archives historiques du Ministère de la Guerre, No. 984. Am 8. September 1689 kapitulierte die französische Besatzung und Mainz wurde von kaiserlichen Truppen eingenommen. Der Befürchtung, die siegreiche Armee könnte nach diesem Erfolg auch die Festung Mont-Royal angreifen, wird in einer Denkschrift des Grafen de Montal Ausdruck verliehen. Der Autor der Handschrift hingegen hofft, dass die alliierten Truppen möglichst bald erscheinen und den Bau der Festung beenden.

7   „… Es handelt sich hier um einen exakten Kundschafterbericht, vermutlich von kaiserlicher Seite, oder der <rheinpfälzischen Partey> Katzenellbogen, wie man sie damals nannte, die mit der Festung Rheinfels bei

St. Goar bis zu ihrer Zerstörung 1693 als der stärkste Gegner der Franzosen galt. …"; Hans Immich-Spier, Falerich, ein untergegangener Ort an der Mosel, in: Jahrbuch des Kreises Bernkastel-Wittlich 1985, S. 259–261 oder: „Als Verfasser kommt M. Johann Daniel Artopoeus, 1677–1691 ev. Pfarrer in Wolf, in Betracht"; Wilfried Gibbert, Wasser für Mont Royal. Der Brunnen „Berggeist", in: Jahrbuch des Kreises Bernkastel-Wittlich 2012, S. 263–265.

8   Er vergleicht z. B. den Mont-Royal mit der Feste Ehrenbreitstein („… die weith gerümbte Vestung Ehrenbreitstein bey Coblentz am Rhain …"; LHA Koblenz, Bestand 645, Nr. 3706 [wie Anm. 2], S. 20a) – und einige der Wehrtürme am Ufer der Mosel mit dem Beyenturm in Köln („die Türme oder Redouten, so ganz platt und schwärzlich, bedeuten, daß sie nicht bedeckt oben gleichwie der Beyenturm zu Cölln mit etlichen Stücken versehen …"; ebd., S. 11a.

9   „das Zweyte Algerische Raubnest". Diese Anspielung

und „bis auf Mark und Bein ausgesogen" worden sind, „aus dem Weg geräumt und ruiniert" sehen möchte (Abb. 5).[10]

Vermutlich war dieser „teutsche Patriot" ein Soldat oder Offizier in französischen Diensten, der in der Festung freien Zugang zu Gebäuden und Stellungen der Kernfestung und zum verschanzten Lager hatte und die Stärken und Schwächen der noch im Bau befindlichen Festung beurteilen konnte. Denkbar wäre seine geheime Tätigkeit auch angesichts der Größe der Garnison und der Vielfalt der Besatzung und der Zivilbevölkerung im Hinblick auf ihre Herkunft und Nationalität.[11]

3. Wer waren die Auftraggeber?

Der „teutsche Patriot" bietet wiederholt seine Dienste sogenannten „curiösen Liebhabern" an. Im heutigen Sprachgebrauch klingt diese Bezeichnung recht seltsam. Gemeint waren sicher Militärs oder Politiker, deren Neugier an der „Musterfestung Vaubans" und deren Interesse hinsichtlich des Fortschritts der Bauarbeiten es zu befriedigen galt.

4. Bericht und Plan bilden eine Einheit

Zu Beginn des Berichts betont der Autor, möglichst schnell „in medias res" gehen zu wollen, um seinen Lesern nicht mit „weitläuftiger Vorrede" Verdruss zu bereiten. So gibt er auf den ersten sechs Seiten bereits wichtige Hinweise auf geschichtliche Ereignisse, die im

---

auf die (vergebliche) Bombardierung der Festung Algier durch die Franzosen im Seeräuberkrieg der Jahre 1682/83 und 1687 lässt womöglich den Schluss zu, dass der Autor im Mittelmeer im Einsatz war – oder aber, dass die Nachricht von der Bombardierung in Deutschland und Frankreich so verbreitet war, dass auch ein „geringer Patriot" davon Kenntnis haben konnte.

10 „… Wie sauber künstlich schön und starck alle diese gebäue an Zu sehen, so möchte ich doch meines theils als ein geringer jedoch alter teutscher mitleidender Patriot wünschen, und vielleicht durch einige ohnmaßgebliche an und Vorschläge etliche Zur nachricht dienende verborgene Örter offenbahren können; Wo wie und auff was Weise man die Vestung am besten attaquiren, undt wie weit approchiren könne, wie solches bey der Plan durch einen besondern Schlüssel kann gemessen undt ausgerechnet werden. Wie hoch, lang, breit und dick die Mauern, Wälle, und alle Wercke seindt kan selbst gesehen werden, wie dieses so oft gemСt Mont Royal, welcher mit fug und recht wol das Zweyte Algerische Raubnest Zu nennen, mit bester und leichterer

mühe aus dem Wege geräumet und ruiniert werdn möchte, und das Raubnest mit alln frantz. so darauf wohnen mittn in Calabria, oder der Mittelländischen See ersäufet sein möchte."; ebd., S. 6.

11 Die Größe und Zusammensetzung der Garnison (8.450 Mann), die Fluktuation verschiedener Truppenteile, die auf dem Marsch zum Rhein hier verproviantiert wurden und die multikulturelle Zivilbevölkerung machten es einem Spion denkbar einfach, unerkannt zu bleiben. Die Kirchenbücher der Gemeinde Saint Louis de Mont Royal geben ausführlich Auskunft über die vielen Menschen verschiedener Nationalität, die in der Festung und in der Stadt auf dem Vorfeld gelebt haben. Vgl. Registres des Baptemes, Mariages et Mortuaires de la présente année de grace 1689, commençant par les Baptemes en l'Eglise Paroissialle de Saint-Louis, Patron du Mont Royal (1687–1698), Original im Stadtarchiv von Saarlouis, computererfasste Kopie (bearb. von Hans-Georg Reuter und François Melcion, 1992) im Mittelmoselmuseum in Traben-Trarbach.

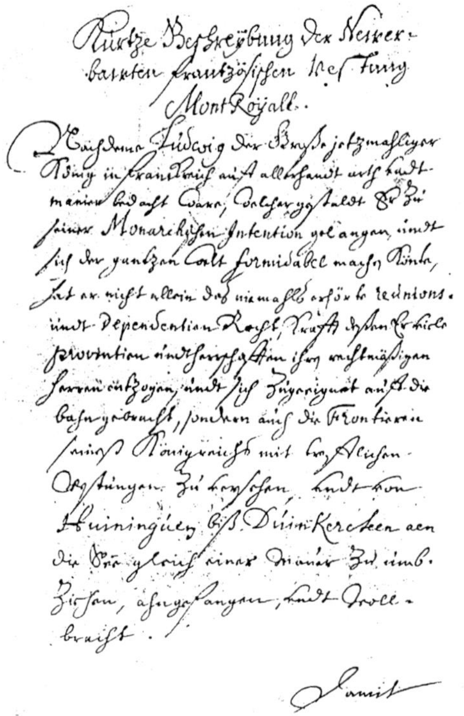

Abb. 2, 5 und 6: Auszüge aus dem Text der „Kurzen Beschreibung …"

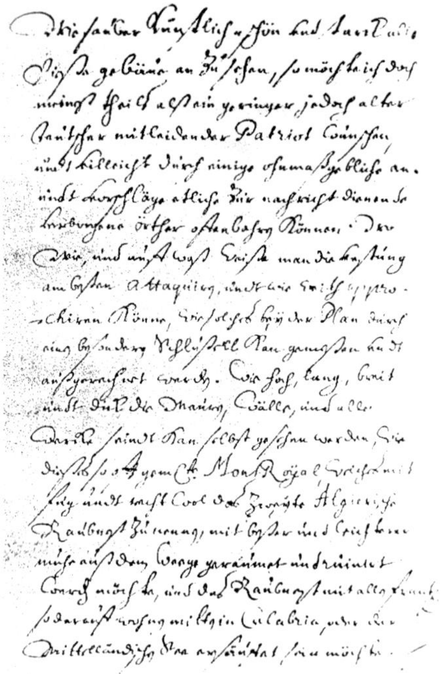

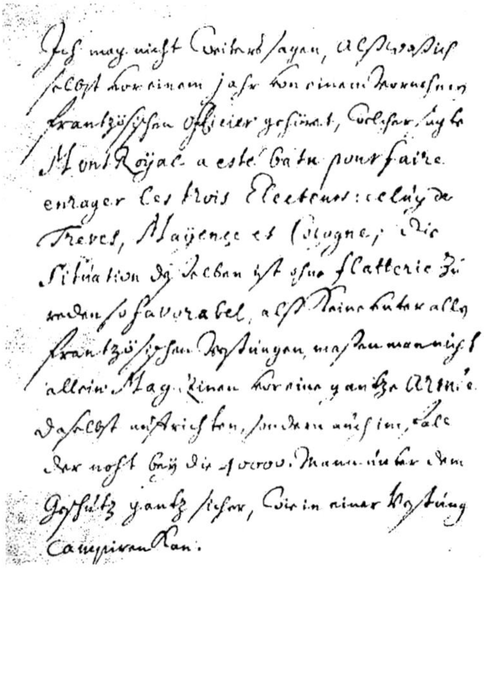

Zusammenhang mit dem Bau der Festung von Bedeutung sind: die Reunionspolitik König Ludwigs XIV. von Frankreich, der rege Festungsbau an der Ostgrenze Frankreichs, die Bedeutung Marschall Turennes (1611–1675) für die Wahl des Bauplatzes, die Besichtigung vor Ort durch Vauban und den Außen- und Kriegsminister Louvois (1639–1691) sowie die Grundsteinlegung.

Es folgt eine erste Beschreibung der Festung und des „starken Schlosses Grevenbourg",[12] in der in aller Kürze die Lage und die Stärken und Schwächen der Befestigungsanlage erwähnt werden und wiederholt in Aussicht gestellt wird, gegen entsprechendes Entgelt mehr darüber zu berichten.

Hier erfahren wir aber auch Interessantes über die Sprachkenntnisse des Autors und seine Kontakte und Informationsquellen.[13] So zitiert er z. B. einen „vornehmen frantzösischen officier", der ihm (schon vor einem Jahr) erklärt habe, zu welchem Zweck Mont-Royal gebaut wurde (Abb. 6): „Ich mag nicht weiters sagen, als was ich selbst vor einem Jahr von einem vornehmen frantzösischen officier gehört, welcher sagte: Mont Royal a esté batu pour faire enrager les Trois Electeurs; celuy de Treves, Mayence et Cologne; die Situation derselben ist ohne flatterie zu reden so favorabel, als keine unter alln frantzösischen Vestungen maßen man nicht allein Magazinen für ein gantzes Armee daselbst aufrichten, sondern auch im fall der noth bey die 10.000 Mann unter dem Geschütz ganz sicher, wie in einer Vestung campieren kan."[14]

Neben der günstigen Lage der Festung geht hier der Autor auf ihre Größe und Bedeutung ein und macht erste Angaben über die Truppenstärke.[15] Aus sicherer Quelle wissen wir, dass die Garnison zur Zeit der Entstehung dieses Spionageberichts ca. 8.450 Mann umfasste.[16] Hier im obenstehenden Text haben wir es vermutlich mit Angaben zu tun, die die Kapazitäten für die Unterbringung von Truppen beschreiben, die auf ihrem Marsch zum Rhein

---

12 Die Ruinen der Grevenburg am rechten Moselufer sind Wahrzeichen der Stadt Traben-Trarbach. Das mittelalterliche Bergschloss wurde um 1687 von Vauban als Vorfeste des Mont-Royal ausgebaut und 1734 von den Franzosen erobert und gesprengt.

13 Auffällig sind die französischen Bezeichnungen der Gebäude und Anlagen im Text (Boulangerie, Retrenchements etc.) – und die Aussagen über hinterlassene Schriften des Marschall Turenne („… die meisten und zwar die Franzosen selbst seind der Meinung, dass der vormalige Marschal Turenne dem König in seinen hinterlassenen Schriften diesen Ort als einen importanten Pass recommandirt hat" (LHA Koblenz, Bestand 645, Nr. 3706 [wie Anm. 2], S. 2) – oder über die Absicht der Franzosen, erbeutete Zwölfpfünder aus der Festung Friedrichsburg einschmelzen zu lassen, um daraus Geld zu münzen (ebd., S. 10).

14 Ebd., S. 5, Hervorhebungen durch den Verf.

15 Die Angabe zur Truppenstärke wird von Gibbert

2017 (wie Anm. 4) als „40.000" gelesen; zuverlässiger erscheint hier die Anzahl „10.000", zumal an anderer Stelle berichtet wird, dass in den Baracken im verschanzten Lager „wohl 10–12.000 Mann Infanterie logieren können. Und auf dem freien Feld vor der Festung oder unter dem Geschütz wol 11 Regimenter oder ungefähr so viel 1.000 Mann campieren und in bataille stehen können." (ebd., S. 18).

16 Archives Historiques du Ministère de la Guerre, No. 984 (wie Anm. 6), Recueil des Lettres de M. de Montal, gouverneur de Montroyal – et autres officiers pendant la campagne de l'année 1690 (32ieme volume): „Die Garnison bestand aus 12 Infanterie-Regimentern, zwei Kavallerie und Dragoner-Regimentern, zwei Freikorps und einer Abteilung von 200 Offiziersanwärtern der Artillerie und der Pioniere – und diese Truppeneinheiten stellten ein Korps von 8.450 Mann dar, geeignet, die Festung gegen einen Angriff wirkungsvoll zu verteidigen."

versorgt und ausgerüstet werden konnten. Das gilt auch für die Angaben zur auffallend großen Anzahl von Pferden in den sechs Ställen auf dem Vorfeld – und für die zwölf mittelmäßigen viereckigen Gebäude „worinnen sich Winterzeits die Soldaten wärmen und dabei kochen können".[17]

Im Arsenal liegen Waffen für eine ganze Armee, in den sechs Magazinen eine riesige Menge an Munition – und der Boulangerie stehen im Notfall „unter der Erde gewölbet" zur Verpflegung so vieler Menschen vier weitere Öfen zur Verfügung.[18]

Im Zentrum des Berichts aber stehen, zur allgemeinen Orientierung, die als »doppeltes Alphabet« gekennzeichneten Legenden zum beiliegenden Plan (S. 7: A–Z und 8: AA–ZZ) und die anschließenden, ausführlichen Beschreibungen (S. 9–17: A–Z und 17a–22a: AA–ZZ). Darin betont der Autor wiederholt, dass er mit seinen Erkenntnissen und Hinweisen für eine Belagerung der Festung und ihrer Zerstörung nützlich sein wolle.

So warnt er davor, die Festung von der Mosel her zu attackieren[19] und urteilt über einen möglichen Angriff von der Nordseite her.[20] Seiner Ansicht nach kann man sich vom Rhein her bis Reil moselaufwärts der Festung problemlos nähern und Geschütze, Munition und Proviant für die Truppen heranschaffen, aber der Aufstieg zur Festung von dort aus scheint ihm zu beschwerlich.

Er verweist auf einige im Bau befindliche neue Befestigungen,[21] nennt die Übergänge und Fähren über den Fluss und beschreibt die (vor einiger Zeit fertiggestellten) Außenwerke der Festung auf der rechten Moselseite.[22]

---

17 „... unten vor der Festung ist ein großes Plaine, da viel Baraquen, darinnen wohl 10 à 20.000 Mann Infanterie logieren können und auf dem freien Feld vor der Festung oder unter dem Geschütz wol 11 Regimenter oder ungefähr so viel 1.000 Mann campieren und in bataille stehen können. Ingleichen sind darneben 6 große Ställe, worinnen 3.000 Reuterpferde stehen können, welche alle samt schon vorm Jahr ausgebauet gewesen. ... Item seind daselbst 12 mittelmäßige viereckige Gebäu, worinnen sich Winterzeits Soldaten wärmen und dabei kochen können." (LHA Koblenz, Bestand 645, Nr. 3706 [wie Anm. 2], S. 18)

18 „(Arsenal) ... darinnen stehen 25 metallene Feuermörser und 130 dergleichen Stück Canon, große und kleine, worunter 6 zwölfpfündige Stücke [...] In diesem Zeughaus liegen viel Tausend Musketen, Picken, Degen und allerhand Gewehr, daß fast eine ganze Armee mit kann versehen werden." (ebd., S. 10). „(Pulvermagazine) ... In diesen 6 Pulvertürmen lieget eine große Quantität Pulver, Bomben, Granaten, Chartetschen und andere viele dergleichen Feuerwerken mehr." (ebd., S. 10a).

19 „Auf dieser seithen, wan man Trarbach erst eingenohmen hat, kann man wol von unten über das große

Plain hinauf bis ahn die Vestung approchieren, aber Ehe man so weit kombt, wird es manchen ehrlichen deutschen Soldathen sein Leben kosten." (ebd., S. 20).

20 „... negst hierbei lieget der Cröverberg, worauf ein vorteilhafter verborgener Ort, von welchem man leichtlich den Feind aus gemelter Schanz chargieren und Montroyal durch eine Batterie so enge halten sollte, daß die Franzosen des Auslaufens wol vergessen würden ..." (ebd., S. 4).

21 (a) Das Fort auf der Kirster Höhe (bei Enkirch): „... gegen über Enkirchen ligt eine Spitze eines bergs, die Kircheter Höhe genandt, daselbst wird anietzo eine Schantze gebawet, um die fliegende brücke zu defendiren." (ebd., S. 14a), (b) Die Redoute am Hang des Loosbergs (Redoute du Précipice) und (c) der große Bollturm unterhalb der Grevenburg (Tour d'Enfer): „... gradt gegn dem Schloß über auf dem Loosberg legen Sie nun eine starcke Schantz undt Wachtthürm ahn, unter dem Schloß haben Sie ahn den Kleinen ründeck sayt Kürzten einen großen Thurm erbawet, wovon Sie aus alle Passages flanquirn können." (ebd., S. 21a).

22 Die Werke oberhalb der Grevenburg; zwei übereinanderliegende Schanzen (Dos de Chien und La Roche)

Schließlich endet der Bericht ziemlich abrupt mit dem Hinweis, dass „auf Begehren" der Rest der ausführlichen Beschreibung nach und nach erfolgen kann, allerdings nur unter der Voraussetzung, dass seine Auftraggeber sein Engagement entsprechend honorieren, denn auch diesem „mitleidenden Patrioten" geht es, wie wohl allen Spionen, vor allem auch um eine angemessene Belohnung.[23]

Die „teutschen Alliierten" sind letztendlich gar nicht gekommen. Das gefürchtete „Raubnest" ist nicht von deutschen Truppen belagert und zerstört worden. Aber das heißt nicht, dass die „Kurtze Beschreybung der Neuerbauten frantzösischen Vestung Mont Royall" für die Alliierten und potentiellen Belagerer nicht ein höchst wichtiges und aussagekräftiges Dokument hätte werden können.

Für uns heute ist diese anonyme Handschrift – neben anderen französischsprachigen Quellen – ein wichtiger und authentischer Beweis, dass die Festung kampfbereit und funktionstüchtig war und dass sich, trotz ihrer kurzen Lebensdauer in der Festungsstadt bereits eine beachtliche und multikulturelle Lebensgemeinschaft etabliert hatte.[24]

Abbildungsnachweis

Abb. 1: Nicolas Person
Abb. 2, 5 und 6: Landeshauptarchiv Koblenz
Abb. 3 und 4: Mittelmoselmuseum Traben-Trarbach

---

und die Lanterne, ein Fort, das „sehr hoch lieget undt über alle berge über das gantze Landt sehen und im fall der noht lösung geben kan …" (ebd., S. 19).

23 „… Communicationsmauern, so bis ans Wasser gehen. Hierinnen seindt verborgene Gänge umb auf- und abzugehen, die auf Begehren gegen eine gute Recompence sollen angewiesen und offenbahrt (werden)." (ebd., S. 3a). „… wie undt auf was weise es in der Ves-

tung überal beschafen, soll auf Begehren gegen eine gute recompense nebst der Plan […] alles ausführlich nach dem Alphabet ahngewiesen und berichtet werden." (ebd., S. 5a).

24 Vgl. Hans-Georg Reuter, Die Feste Mont-Royal. Ansätze einer multikulturellen Gesellschaft an der Mosel vor 300 Jahren, in: Jahrbuch des Kreises Bernkastel-Wittlich 1994, S. 275–280.

Marcel Pfeil und Werner Pfeil (†)

Die sächsischen Spionageberichte zum Ausbau der Festung Peitz 1744

Einleitung

Nach der Eroberung Schlesiens im Jahre 1741 und dem Mährischen Feldzug von 1742 war es dem preußischen König Friedrich II. gelungen, die Provinz Schlesien zu besetzen. Auf Dauer fehlte jedoch die politische Anerkennung der Annexion. Nach zwei Friedensjahren schien ein erneuter Waffengang unausweichlich. Die unklare Haltung Sachsens veranlasste ihn, seinen Festungsbaumeister Wallrave[1] mit der Verstärkung von Peitz zu beauftragen. Sachsen war zwar offiziell neutral, hatte sich jedoch am 20. Dezember 1743 in einem defensiven Geheimvertrag mit Österreich verbündet. Der preußische Hof erhielt im Februar 1744 Kenntnis von den Artikeln des Bündnisses.[2] Die Festung Peitz lag damals zusammen mit der Stadt Cottbus als Enklave weit im sächsischen Territorium.[3] Seit dem Dreißigjährigen Krieg waren an der Festung nur wenige Reparaturen ausgeführt worden. Wallrave entwickelte ein ambitioniertes Projekt (Abb. 1) mit einer tenaillierten Front im Nordosten und einem Sternfort (Abb. 2) auf dem östlichen Sandrücken, dazu noch einige kleinere Werke.[4]

---

1 Gerhard Cornelus von Walrave, vgl. Bernhard, von Poten, Artikel „Walrawe, Gerhard Cornelius von", in: Allgemeinde Deutsche Biographie, Bd. 41, Leipzig 1896, S. 2–5; Johannes Nowak, Studien zur Herkunft des Festungsbaumeisters und preußischen General-majors Gerdt Cornelis Walrawe (1691/92–1773), in: Westfälische Zeitschrift 157 (2007), S. 45–59.

2 Franz Groger, Urkundliche Geschichte der Stadt und ehemaligen Festung Peitz, Teil 2, Peitz 1913, S. 555–557.

3 Olaf Groeler, Die Kriege Friedrichs II, Berlin 1966, S. 41–63; ders., Das Heerwesen in Brandenburg und Preußen von 1640–1806, S. 181–191 u. Anl. 55, S. 457–460.

4 Staatsbibliothek zu Berlin, preußischer Kulturbesitz (im Folgenden SBPK); zum Ausbau und Baufortschritt Pläne SX 31950-10-1 bis SX 13950-6 und Pläne zur

Verstärkung der Wallprofile SX 13950-10-7/1 bis SX 13950-10-12; zu Grunderwerb XI. HA, Plankammer Frankfurt/Oder Nr. 606; zur Schleifung SX 31959 fast identisch mit XI. HA. Plankammer Frankfurt/Oder Nr. 277. Zur Baugeschichte vgl. Daniel Burger, Festung Peitz. Archivalische und Bildliche Quellen zur Festung. Unveröffentlichtes Typoskript, 1998, historisches Archiv der Stadt Peitz, Teil 1, S. 85–96, S. 53, S. 107, zum Teil mit umfangreichem Kommentar; Wolfgang Scharfe, Festungen in Brandenburg, Berlin, New York 1980, S. 14–20 u. Abb. 6; Franz Groger, Geschichte der Stadt und ehemaligen Festung Peitz, Teil 1, Peitz 1913, S.181–200 u. S. 457–460 (26. April 1744, Bericht des Obersten de Champagne in Senften-berg an den Herzog von Sachsen); Volker Mende u. Katja Voss, Peitz, in: Hans-Rudolf Neumann (Hrsg.),

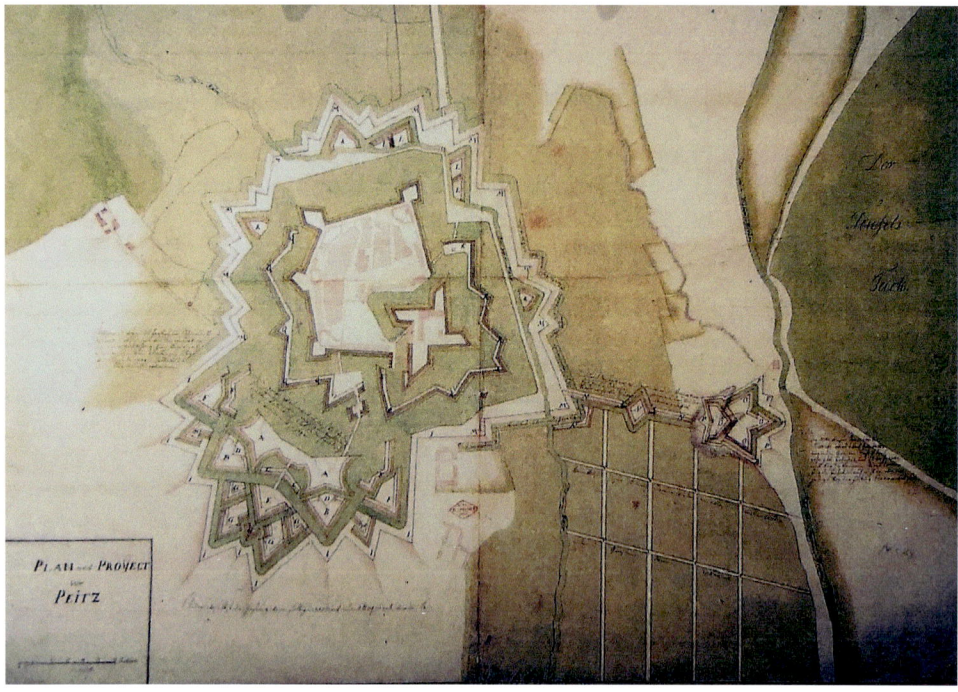

Abb. 1: Plan zum Ausbau der Festung Peitz, 1744

Diese Anlagen wurden als Erdwerke auch teilweise fertiggestellt. Ihre Spuren sind nach der Schleifung auch heutzutage noch anhand von Wegen, Gemarkungsgrenzen und Gräben im Stadtgrundriss ablesbar.[5] Die tenaillierte Front ähnelte den Erweiterungen in Magdeburg[6] und Stettin[7] und das Fort mit seiner zentralen Redoute denen in Glatz, Neiße und Cosel, allesamt von Wallrave entworfen.[8]

Historische Festungen im Mittelosten der Bundesrepublik Deutschland, Stuttgart 2000, S. 131–150; Felix Biermann u. Ralf Gebuhr, Erdanlagen im Festungsbau. Neuzeitliche Schanzen des 16. bis 19. Jahrhunderts, besonders im südlichen Brandenburg, in: Christian Popp u. Joachim Stephan (Hrsg.), An Elbe und Oder – Beiträge zur Brandenburgischen Landesgeschichte. Winfried Schich zum 70. Geburtstag, Einhausen 2008, S. 149–269, hier S. 185–186.

5 Volker Mende, Eine formidable Festung? Die Neuen Werke (1744) der Festung Peitz als Spiegel des fortifikatorischen Denkens König Friedrich II., in: Frank Göse (Hrsg.), Friedrich der Große und die Mark Brandenburg. Herrschaftspraxis in der Provinz (Studien

zur brandenburgischen und vergleichenden Landesgeschichte 7), Berlin 2012, S. 307–325.

6 Vgl. Bernhard Mai u. Christiane Mai, Festung Magdeburg, Magdeburg 2006, S. 66–86.

7 Szczesny Mikolaj, Gerhard Cornelius von Wallrave. Architekt Szecienskiej Twierdzy, Stettin 2010, S. 60–68.

8 Vgl. Kurt Burk, Handbuch zur Geschichte der Festungen des historischen deutschen Ostens, Osnabrück 1995, zu Cosel S.111–119, 254; zu Glatz S.141–152, 275, 277, 312; zu Neiße S.144–48, 272, 273; zu Stettin S.136–139, 269, 270. Arwed Klose, Festung Neisse, Hagen-Hohenlimburg 1980, S. 83–91, 414, 446.

Abb. 2: Plan des Forts auf dem Sandberg Peitz mit der Unterschrift von Walrave, 1744

Die sächsische Spionageakte 1744 und ihre Aussagen zum Ausbau der preußischen Festung Peitz

Die sächsischen Spionageberichte liegen im Sächsisches Staatsarchiv – Hauptstaatsarchiv Dresden vor und können dort eingesehen werden.[9]

In der Akte wurde die erhaltene Korrespondenz des sächsischen Generalfeldmarschalls, Herzog Johann Adolf II. von Sachsen- Weißenfels (1685–1746)[10] (Abb. 3) zum Ausbau der preußischen Festung Peitz und anderer militärischer Aktivitäten Preußens im Zeitraum April bis August 1744 zusammengefasst.

Unter dem erkennbaren Eindruck eines von beiden Seiten erneut vorbereiteten Krieges gab der sächsische Generalfeldmarschall ab April 1744 wiederholt Aufträge zur Auskundschaftung des Ausbaus der Festung Peitz in der preußischen Enklave Cottbus-Peitz. Mit

9 Sächsisches Staatsarchiv-Hauptstaatsarchiv Dresden (im Folgenden StA-D) 11338 Generalfeldmarschall-amt. Loc.10974/09. Die Akte enthält 36 Dokumente, davon 3 Festungs- bzw. Lagepläne auf 73 durchgehend nummerierten Seiten. Vgl. Franz Groger, Der sächsi-sche Kundschafterdienst gegen Peitz 1744, in: Aus der Heimat 1914, Nr.16 , 1. u. 2. Fortsetzung.

10 Vgl. Alfred Krell, Herzog Johann Adolf II. von Sachsen-Weißenfels als sächsischer Feldmarschall. Greifs-wald 1911.

Abb. 3: Herzog Johann Adolf II. von Sachsen-Weißenfels, Öl auf Leinwand, unbekannter Künstler, 1745/1746

dem Einmarsch Preußens nach Böhmen und damit dem Beginn des 2. Schlesischen Krieges Anfang August 1744 war der erteilte Spionageauftrag gegenstandslos geworden.

Die folgenden Aussagen beinhalten nur die Dokumente nach ihrer lfd. Nummer, die einen Bezug zur Festung Peitz haben.

1. Bericht Friedrich August von Minckwitz vom 14. April 1744 aus Lübben an den Herzog:[11]

1. von der ausrichtung einiger Magazins hatt er nirgens weder anstalt noch daßß jemandt Befehl dazu habe, gefunden

2. Von ordre zum March oder Formirung eines Lagers, ist gleich/als nichts zu hören

3. Von fortificirung aber, so ist schon vor fast zwey Monaten in Peitz ein weitläufiger enveloppe von den General Major Wallrabe auf die art wie Magdeburg abgestecket, wovon der anfang mit der arbeit, den 25ten dieses gemacht werden soll.

Alles was man zur Zeit, wegen der Leute, so daran arbeiten sollen, weis und vermuthet, Bestände darinn, daß in denen Benachbarten Brandenburg veriern, ein Patent publiciret Worden, daß wer an der Vestung arbeiten wolle, sich anstellen möchte, so sollten sie gut bezahlet werden, müßten aber die gantze Zeit, als die arbeit währet, alda verblieben.

---

11 Sta-D, 11338 Generalfeldmarschallamt, Loc.10974/09,
    Blatt 5 u. 6, auszugsweise.

Des Königs von Preußen Majest. würde, wie der amtmann in Peitz und die officirs von der dasigen Garnison, so in einer invaliden Compagnie Bestehet, gesagt, den 1 ten May wieder nach Peitz Komm, umb sich in der gegendt recht umbzusehen, ...

2. Bericht Oberst de Champagne vom 26. April 1744 aus Senftenberg an den Herzog:[12]

Den 13. ten April letzthin habe ich von einem hiesigen Bürger, welcher eine Frau aus Peitz, und alda hauß undt hoff hatt, Erfahren, daß 300 Soldaten undt anderen, an Vergrößerung der festung und Stadt Peitz würcklich arbeithen, und jeglicher Arbeither bekäme täglich 4 gr undt 2 Pfd. broth. Von dem daselbst gefällten Vielen bauholze sey schon etwas angeführt; bey dem Magazin daselbst aber, welches alle zeit Voll, sey noch Keine Veränderung vorgegangen.

„Den15. ten April bin berichtet worden, zu erweiterung der stadt peitz sey ein Platz abgestecket worden, welcher eine Viertel Meile gegen das Dorff Drene sich erstrecken soll. 600 Maurer und Zimmerleuthe, sollen zu dieser arbeith ausgeschrieben seyn. Vielle 1000 Stämme Bau holz seyn gefället, um häuser zu bauen, da aus Cottbus und Peitz eine stadt werden sollte.“

3. Bericht Oberst Wolf von Bolberitz vom 13. Juni 1744 aus Lübben an den Herzog:[13]

Die Arbeit bey der Vestung Peitz soll nicht recht gut von statten gehen, weile das von Geld gedungene Land-Volck mit den ausgesetzten 4 gl. Tageslohn nicht wohl zu rechte kommen könnte. Da Nun solchergestalt fast niemand als die Garnison von Cottbus; Crossen und Peitz an der Festung arbeitet, so soll der Commendant dieserhalb rapport erstattet haben, und glaubet man daher, daß etliche Regimenter nach Peitz zur Arbeit commandiret werden dürjften, ...

4. Bericht Oberst Wolf von Bolberitz vom 27. Juni 1744 aus Guben an den Herzog:[14]

Man glaubet gewiß, daß drei Regimenter nach Peitz zur Arbeit werden gezogen werden. Doch sind die Regimenter noch nicht benandt. Die bishero befindlichen Arbeiter bestehen meistens in Bauern und beurlaubten Soldaten, welche letztere die ordre erhalten sich wieder zu ihren Regimentern zu verfügen und sind den 1 ten Julii allda einzutreffen.

Auch gehen die Bauern, deren 300 sind, wegen vor-seyender Ernte nach und nach ab. In Peitz und in deren darum liegenden Gegenden ist biß dato kein Magazin angelegt sondern es wird nur das benöthigte Mehl vor die Arbeiter in dem Peitzer Magazin zusammen geführt, und ist die an ermeldter Vestung noch nicht so weit avancirt.

---

12 Ebd., Blatt 14 u. 15, auszugsweise, Berichte nach Tagen vom 13. April bis 25. April 1744.

13 Ebd., Blatt 25, Rückseite auszugsweise.

14 Ebd., Blatt 31, Rückseite auszugsweise.

Wegen des grabens die Spree von Cottbus nach Peitz zu leiten, so ist das Waßer abgewogen, aber noch nicht zu graben angefangen worden.«

5. Bericht General von Arnim vom 3. Juli 1744 aus Bautzen an den Herzog:[15]

Herr von Ponsard,[16] Rittmeister/ Hauptmann des Regiments von Pirch, der von seinem Oberst nach Cottbus und Peitz geschickt worden ist unter dem Vorwand, zwischen ihm und dem Kommandanten der besagten Orte eine gute Harmonie und den Briefwechsel herzustellen, hat mir heute berichtet, daß man in Peitz von Seiten Frankfurts mit etwa vierhundert Personen an einem großen Werk arbeitet, daß es für die ganze Garnison mit 35 autorisierten Teilen nur eine einzige Kompanie von Invaliden mit 100–120 Mann gibt, aber daß der Oberst von Abt, der dort Kommandant ist, sich schon seit einiger Zeit mit einer Menge von Kriegvorräten und Mundprovision versorgen würde.

6. Bericht Oberst Dubislav Nikolaus von Pirch vom 5. und 9. Juli 1744 aus Bautzen:[17]

Der Oberst von Pirch hatte einen recht umsichtigen Offizier – den Kapitän Ponsard – nach Peitz über Cottbus geschickt. Dem Kapitän war es gelungen, einen Plan des Geländes von Cottbus bis Peitz aufzunehmen und der nichtsahnende Festungskommandant, Oberst von Abt hatte ihn gastfreundlich beherbergt. Die neuen Werke an der Nordfront hatte er aber nicht ansehen können. Kapitän Ponsard gab vor, weiter zur Messe nach Frankfurt an der Oder zu wollen und erbat sich vom Oberst von Abt einen Passierschein zu einem erneuten Besuch der Festung auf der Rückreise (Oberst von Abt, Kommandant der Festung Peitz).

7. Explikation derer Buchstaben zum o.g. Bericht und der folgenden Zeichnung von Ponsard:[18]

A. *Die Stadt Cotbus nebst ihren vor Städen*
B. *der Weck nach Peitz 1 ½ Meile*
C. *die Schleuse*
D. *die kleine Spree. Auch der Flies Graben genannt, welcher jetzo durch viele 100 menschen aus geräumet wird, und Soll noch 1 Elle tie.ffer als er Sonsten gewesen gemacht werden, damit platte fahr-zeuge von der Oder und der Spree darauf gehen können, wird 3 Ellen tiejf, ist unten gegen 10 bis 12 Schritte breit*
C. *der Neue graben, welcher So tieff wie der vorige, aber nur 2 Schritte unten breit ist.*

---

15 Ebd., Blatt 36 und Rückseite in Französisch.
16 Hiermit dürfte Jean Remy de Ponsar gemeint sein.

17 Ebd., Blatt 38, siehe Schreiben von Armin, Blatt 36.
18 Ebd., Blatt 39.

D. wiesen und Fester Boden wie auch getreide

E. morast So jetzo über 2000 Schritte Blanck stehet und dem Pferde bis an den leib gehet. Soll auch durch die Schleuse C völlig können über Schwemet werden.

F. der Damm weck wo auch die strase nach Franckfurt gehet.

G. die Festung Peitz welche niedrige Erd wälle hat.

H Ein hoher gemaurter Cavallier, welcher den Berch F bestreichet.

I Ein tiefer graben, welcher mit dem Morast rechter hand horizontal wasser hat, und wenig zu unterscheiden ist.

K. der Sehlos bezirck ist wie die wecksel Münde bey Danzig.

L. das gemauerte Sehlos, wo der Commendant wohnet von m.n. gehet eine Sehr hohe Cordine Flancke, und Face, gemauert nebst einem Cordon die Merlons sind gemauert.

0. Niedrige Erdtwercke

P. Corps de garde. Nebst einem grasen Platz wo etwas linden stehen

Q. 2 Thore neben ein ander

R. hohe neue wecke dem ansehen nach ein hornwerck, worane gegen 1200 mann meistens landt volck arbeitet, und Zwischen der Stadt und den Neuen wercken Sollen häuser gebauet werden, und vor die Neuen wercke eine vorstadt, damit Sich ville leuthe alda nieder lassen können, weile es hier ville tuchmacher giebt.

B. die Spree Soll eine Stunde von Peitzfliessen, und die Neise aber 5 Stunde In der Stadt und Vestung stehet ein obrister mit nahmen abt, und eine Invaliden Compag. Und über dieses Einobrister etliche offic: mit 2 unt: offic: und 8 Canoniers, wie auch 32 Cannons der vestung kann mann demjetigen anshen nach nicht anders als von der mitter nachts Seiten bey kamen.

B. dem ansehen aber nach wird die Spree D. bis in die Neise und also die Comunication mit der Oder haben, da den die Neuen wercke R. mit Lebendigem wasser ein-geschlossen würden.

8. Gezeichneter Plan der Festung Peitz und Umgebung von Ponsard zu Blatt 39 gehörig (Abb. 4)[19]

9. Bericht Oberst Wolf von Bolberitz vom 12. Juli 1744 aus Lübben an den Herzog:[20]

Ich habe zu Erhaltung sicherer Nachrichten von denen Preußischen Mouvements einen Officier als den Sec. = Lieutenant von Kracht nacher Peitz und Cottbus abgeschicket, welcher den bey seiner Durchreise durch Peitz diese Festung in Augenschein genommen, und so viel es sich in der Geschwindigkeit thun lassen , einen Plan davon entworffen, welcher Er: Hochfürstl: Durchl: beygefund zu übermachen nicht mangele ....

---

19 Ebd., Blatt 40, zu Blatt 39 gehörender Plan von Ponsard (unterschiedliche Schreibweise, im Folgenden auch Pousard). Der Plan ist genordet und unmaßstäblich. Flüsse und Wege liegen jedoch richtig zueinander,

es fehlen hier die Teiche. Von der Festung nur der südliche Teil.

20 Ebd., Blatt 47, auszugsweise.

Abb. 4: Plan von Peitz von Capitän Ponsard

An der Festung Peitz wird noch, und zwar, auf der Seite nach Lieberose zu gearbeitet.

10. Gezeichneter Plan der Festung Peitz (als Anhang zum o.g. Bericht Oberst Wolf von Bolberitz vom 12. Juli 1744) an den Herzog (Abb. 5)[21]

11. Promemoria des Capitäns von Pousard:[22]

Der graben, So man die kleine Spree nennet, ist völlig fertig, und wässert um Peitz 4 grose Theiche an, welche dem König Jährlich einen grosen Pacht bringen, auch kann dieser graben eine grose gegend um Peitz unter wasser Setzen, auch wird er um das Glassis der Neuen wercke geführt werden.

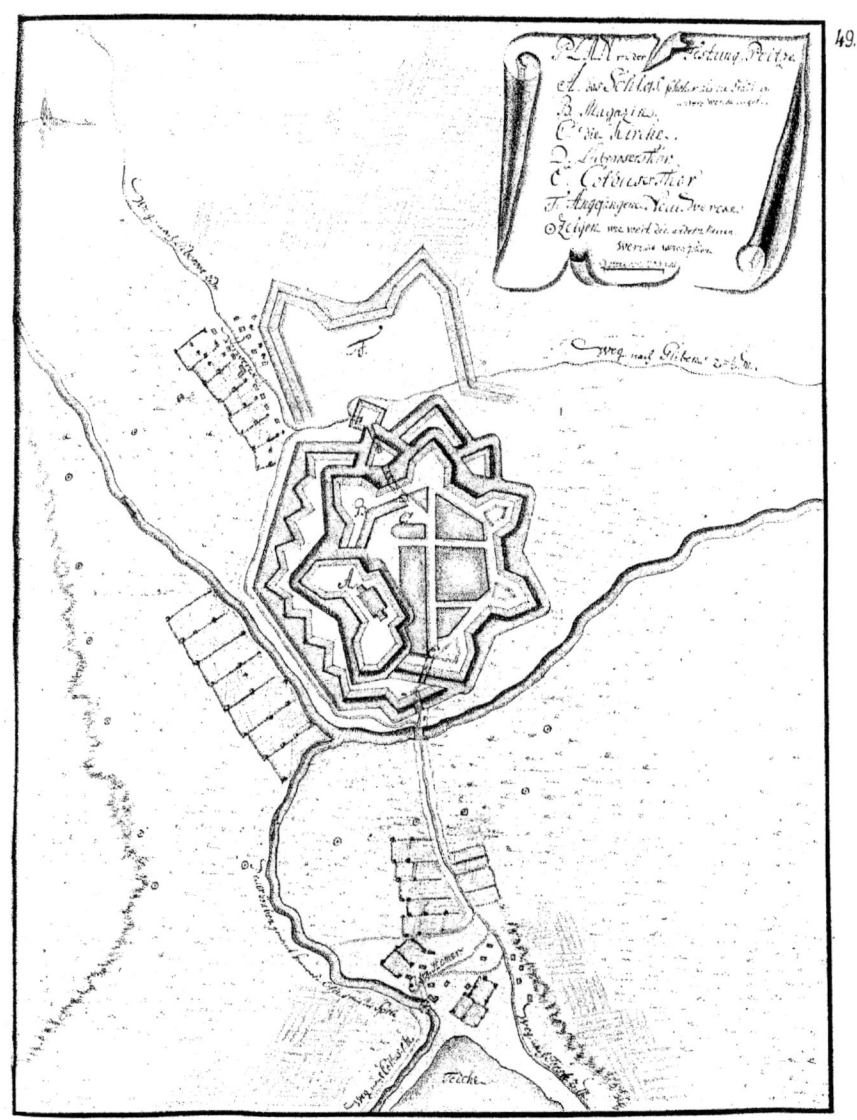

Abb. 5: „PLAN von der Festung Peitze", Sec. Leutnant von Kracht

21 Ebd., Blatt 49 zu Blatt 47 gehörig, Bemerkung zu dem von Sec. Leutnant von Kracht gezeichneten (?) Plan. Von Interesse ist hierzu ein identischer Plan in Berlin SBPK SX 31958-15. Der Plan Blatt 49 ist unmaßstäblich und die Neuen Werke (F) sind nur als Kronwerk und die Lage der geplanten Redoute als Punktreihe dargestellt.

22 Ebd., Blatt 59, auszugsweise. Als Anhang an den Bericht des Obersts von Pirch vom 7. Juli 1744 aus Bautzen an den Herzog. Vermutlich andere Schreibweise für Jean Remy de Ponsar.

12. Bericht Oberst Wolf von Bolberitz vom 1. August 1744 aus Lübben an den Herzog:[23]

An der Festung Peitz gehet die Arbeit noch täglich fort, und soll anietzo der Anfang auf der Seite nach Cottbus zu, allwo es am meisten Sumpffe und Morastig ist, gemacht werden, und sind die Brücken zu dieser Arbeit und Fortkommen allbereit fertig. Arbeiter sind in allen, die Zimmerleute mit darunter gerechnet, nicht viel über 200 Mann vorietzo alda befindlich, weile in voriger Woche über 500 Mann abgegangen sind.

Außer der Garnison arbeitet von Soldaten kein Mann an der Festung, es heißet aber daselbst nunmehro gewiß, daß noch diesen Sommer commandirte von denen Regmentern und zwar über etliche 1000 Mann dahin kommen sollen, damit die Arbeit ihren Fortgang habe. Und will man sagen, daß dieses Jahr der Wall und Graben auf der Seite nach Cottbus noch bis zum Eisenhammer aufgeworffen und in Stand gebracht Werden sollte.

13. Bericht Oberst Wolf von Bolberitz vom 8. August an den Herzog:[24]

Der Hauptmann von Sternstein in Lieberose hat Nachricht, daß der gantze Bau an der Vestung Peitz anietzo lieget: es wären aber noch 2 Ingenieurs – Capitains allda, welche noch auf ordre warteten: ob das Werck völlig liegen bleiben, oder sie von neuen wieder anfangen sollen.

14. Bericht Oberst von Pirch an den Herzog (unbekanntes Datum):[25]

3. Schlesien hält 54000. Pferde und 58000. Ochsen vor die Armee parat, und gibt 13. Peitz wird gar sehr verproviantieret, also, daß man den Proviant nicht mehr lagern weiß wie man den auch in Schlesien an etlichen Orten Magazins aufgerichtet werden. An denen Vestungswerken von Peitz wird wenig gearbeitet, weile die sämtliche Miliz marschieren müßen, und der Landmann iezo im Felde zu thun hat. Wenn die Fortifikation von Peitz also continuiret wird, wie sie angefangen, so wird es eine Royal Vestung werden. Die Leute lamentieren sehr, daß sie ihre schöne Felder und Obstgärten zur Fortifikation hergeben mussten, jedoch wird denen Eigenthümern alles sehr wohl taxirt und bezahlet. Es befinden sich in Peitz vier Ingenieurs, und werden deren noch mehrere daselbst erwartet. Die woche vor Ostern diesen Jahres sind Se. Majtl. der König in Cottbus gewesen, von da aber sehr miß vergnügt nach Peitz gekommen, allwo Selbte

23 Ebd., Blatt 61 und Rückseite, auszugsweise.
24 Ebd., Blatt 66 und Rückseite, auszugsweise.
25 Ebd., Blatt 67 u. Rückseite, Blatt 68 u. Rückseite, Blatt 70, Plan von Peitz und Umgebung und erweiterte Pro Memoria. Der Plan und die erweiterte Pro Memoria wurden von Ponsard auf seiner Rückreise nach seinem zweiten Besuch angefertigt. Vgl. Groger

1913, Teil1 (wie Anm. 4), S.191 Zitat: *der gar nicht bis Frankfurt/O. gereist war, sondern bereits in Neuzelle umgekehrt und mit seinem Passierschein in der Festung Peitz Einlaß erhielt.* Der Plan ist deutlich umfassender als der erste und enthält nur wenige Fehler, so zeichnet er drei statt vier Saillants der Neuen Werke.

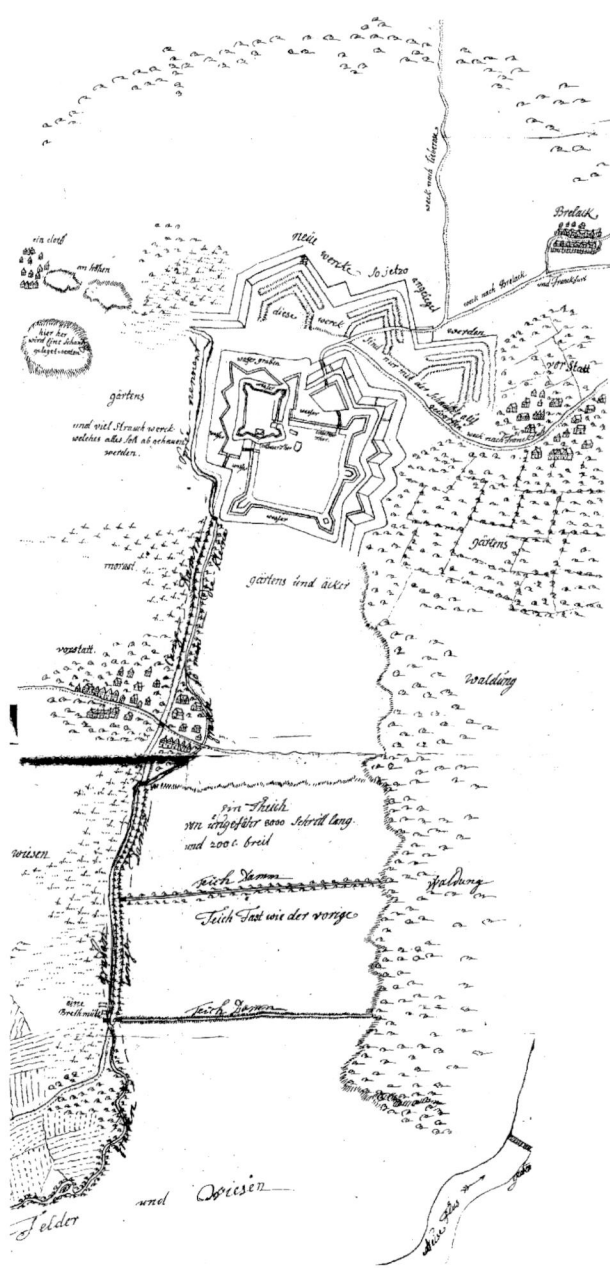

Abb. 6: Plan der Festung und Umgebung von Peitz, Capitän Pousard

ein sonderbares Vergnügen über dieses kleine Städtgen und deßen Situation bezeiget, auch fast alle Winkel der Vestung in Augenschein genommen haben. (Abb. 6)

Schlussbetrachtung

Der sächsische Generalstab hatte bis August 1744 eine Vielzahl an Informationen zu den preußischen Rüstungen, zu den Truppenverlegungen und dem Ausbau der Festung Peitz gesammelt. Diese deckten sich mit den tatsächlichen Aktivitäten auf preußischer Seite. Die vom sächsischen Militär gesammelten Informationen unterscheiden sich deutlich in Qualität und Quantität. Die von Einwohnern und Reisenden erbrachten Berichte stammten teilweise wohl vom Hörensagen und waren mit Vorsicht zu betrachten. Von den örtlichen Beamten und Militärs verfasste Schreiben sind größtenteils detaillierter und umfangreicher. Von besonderer Bedeutung sind die Berichte und Pläne des Capitäns von Ponsard und des Leutnants von Kracht, welche bewusst entsendet wurden, um die Aktivitäten der Preußen in Peitz auszukundschaften. Die von Ponsard angefertigten Pläne der Festungswerke und der Umgebung enthalten im Abgleich mit den Festungsplänen und topographischen Karten nur wenige Fehler. Die Qualität der Zeichnungen ist Beleg für eine solide militärische Ausbildung. „Am 5. August 1744 erschien der preußische Staatsminister Wallenroth beim sächsischen Kurfürsten Friedrich August II. (König August III. von Polen) und forderte für 50.000 bis 60.000 preußische Soldaten als Kaiserliche Hilfstruppen freien Durchmarsch durch Sachsen. Das 30.000 Mann starke sächsische Heer befand sich größtenteils in den Garnisonen und konnte nicht rechtzeitig mobilisiert werden. Am 7. August erteilt August II. notgedrungen die Zustimmung zum Durchmarsch, woraufhin Preußen am 10. August 1744 Österreich den Krieg erklärt."[26]

Die zweite Heersäule des Generals Leopold von Anhalt-Dessau mit 16.000 Mann begann ihren Vormarsch durch sächsisches Gebiet nach Böhmen in Peitz.[27] Warum die sächsische Armee trotz der vorhandenen Informationen nicht vorbereitet war, darüber lassen sich nur Vermutungen anstellen. Entscheidungsfindend könnte hier die Meinung des Generals von Armin gewesen sein, welcher annahm der preußische Angriff würde von Schlesien aus ins österreichische Mähren erfolgen.[28]

Abbildungsnachweis

Abb. 1: SBPK. SX 31958-10-2, alt VIII696-2 III
Abb. 2: SBPK. SX 31958-10-5, alt VIII696-10, 191b
Abb. 3: Museum Weißenfels, Schloss Neu-Augustusburg
Abb. 4: StA-D, 11338 Generalfeldmarschallamt. Loc.10974/09, Blatt 40
Abb. 5: StA-D, 11338 Generalfeldmarschallamt. Loc.10974/09, Blatt 49
Abb. 6: StA-D, 11338 Generalfeldmarschallamt. Loc.10974/09, Blatt 70

---

26 Groeler 1966 (wie Anm. 3), S. 43.
27 Vgl. Anl. 3 u. 25 bei Groeler 1966 (wie Anm. 3), S. 41 u. Tabelle S. 45.
28 Vgl. Anl. 5 bei Groger 1914 (wie Anm. 9), S. 191 u. 192 zum Schreiben des Generals von Armin aus Lübben 12. Juli 1744 (Orig. auf Französisch).

Anne-Simone Rous

Gouverneure im Jagdfieber

Spione in Sachsens Festungen im Augusteischen Zeitalter (1697–1763)

Während der Sächsisch-Polnischen Union hatten die Regenten August II. und August III. für das Metier der Sicherheitspolitik versierte Männer der zweiten Reihe, ihre Gouverneure. Nach 300 Jahren sollen sie nun aus dem Schatten treten. Zunächst wird ihre Tätigkeit in die politischen und institutionellen Rahmenbedingungen eingebettet, um danach wichtige Akteure und Spionagefälle vorzustellen. Hierbei wird Beobachtung, Enttarnung, Haft und Entlassung von Spionen thematisiert. Abschließend wird kurz das Verhältnis von Spionage und Festungsmalerei am Beispiel Sachsens problematisiert.

1. Geheimdiplomatie in der Augusteischen Ära

1696 war ein teures Jahr für die kursächsische Kasse. Der sächsische Kurfürst Friedrich August I. kämpfte sowohl in Ungarn für den Kaiser gegen die Osmanen als auch in Polen um Wahlstimmen für die bevorstehende Königswahl. Sein Generaladjutant Jacob Heinrich von Flemming überzeugte mit finanziellen Argumenten die Wahlmänner und gab zugleich auf dem Kriegsschauplatz auch das Fünffache des Üblichen für Bestechungen aus (Abb. 1). Diese Gelder stehen möglicherweise mit der Einnahme von ungarischen Festungen und dem Abfangen von 16 türkischen Briefen in Zusammenhang.[1] Die Einnahme der Festung Temesvar scheiterte aber. Es war der erste, der Verlust der polnischen Krone 1706 infolge der Altranstädter Konvention ein weiterer Tiefpunkt des Monarchen, der sich als polnischer König August III. nannte und als „August der Starke" Berühmtheit erlangte. Aber mit Geheimdiplomatie und russischer Hilfe gelang 1709 die Rückkehr auf die internationale Bühne, und er hinterließ 1733 ein kulturell aufgeblühtes und europaweit geachtetes, gut verwaltetes, wenn auch verschuldetes Sachsen. Im Polnischen Thronfolgekrieg, der eigentlich ein Stellvertreterkrieg zwischen Bourbonen und Habsburgern war, setzte sich sein Sohn

---

1 Vgl. Sächsisches Staatsarchiv – Hauptstaatsarchiv Dresden (im Weiteren: SächsHStAD), 10024 Geheimer Rat (Geheimes Archiv) (im Folgenden GA), Loc. 09333/25.

Abb. 1: Die nachweisbaren Ausgaben für Geheimdiplomatie 1695–1697

gegen den französischen Kandidaten Stanislaus Leszczyński durch und führte die Personalunion zwischen Sachsen und Polen bis zu seinem Tod 1763 fort.

August II. und August III. nutzten im bellizistischen Zeitalter zur Machtsicherung routiniert Spionage, Korruption und Interzeption.[2] Das Spionagewesen erreichte im Siebenjährigen Krieg seinen Höhepunkt. Das ist auch an den immer komplexer werdenden Chiffrentafeln ersichtlich. Der geheimdiplomatische Apparat, der sonst zu Friedenszeiten in eine Art Winterschlaf verfiel, kam nicht mehr zur Ruhe. Die Chiffrensekretäre waren an der Postfront des „Stillen Kriegs"[3] beschäftigt, während an der Sicherung des Raumes die Gouverneure arbeiteten.

Im Kampf der Höfe um Prestige und Macht brauchten die Monarchen für die Verteidigung und Machtsicherung extrem vertrauenswürdige und gewandte Minister mit Risikobereitschaft, Weitsicht und Cleverness. Somit war das Gouvernement eine entscheidende Schaltstelle und die Gouverneure bis heute unterschätzte Stabilisatoren.

2. Das Gouvernement als Zentrum der Sicherheitspolitik

Das Amt des Gouverneurs von Dresden hatte der König 1697 neu geschaffen, um die Sicherheit und Verteidigung der Städte und des Landes abzusichern. Zuvor war für die Verteidigung der Stadt Dresden der Stadtkommandant zuständig gewesen. Mit dem von August II. neu geschaffenen Gouverneursposten für die Residenzstadt war die Sicherstellung der öffentlichen Ordnung und auch die Oberaufsicht über sämtliche Festungen verbunden.[4] Sachsen

---

2   SächsHStAD, 10026 Geheimes Kabinett (im Folgenden GK), Loc. 01447/10, f. 49, 184; Loc. 01453/2, f. 2.

3   Publius Cornelius Tacitus, Historien, übers. und hrsg.

von Helmuth Vretska, Stuttgart 1984, III. c. 54, n. 2.3.4.5.

4   Vgl. SächsHStAD, 11254 Gouvernement Dresden (im

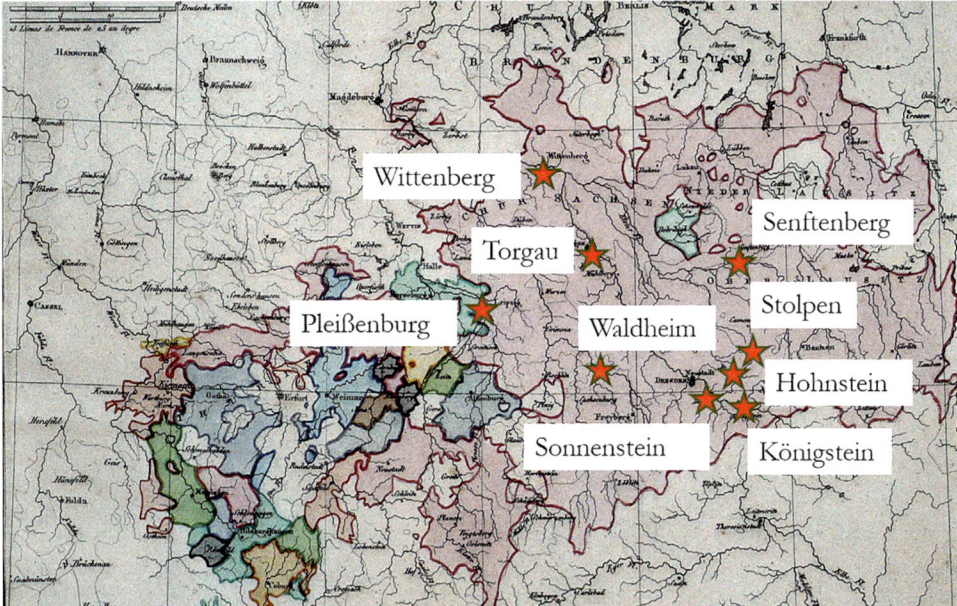

Abb. 2: Karte Sachsens von 1675 mit den wichtigsten kursächsischen Festungen

verfügte mit den Bergfestungen Königstein und Sonnenstein über zwei große und sichere Haftanstalten. Hinzu kamen die Burgen Stolpen und Hohnstein, die Festungen Senftenberg und Torgau sowie die in der Stadtfestung Dresden befindlichen Kerker für die Festungsbaugefangenen (Abb. 2). Zum Gouvernement Dresden gehörten nur die Festungen Dresden, Königstein, Sonnenstein und Stolpen

In jeder dieser Festungen gab es einen eigenen Kommandanten oder Hauptmann, die alle direkt dem Gouverneur unterstellt waren. Leipzig und Wittenberg wurden seit 1662 bzw. 1708 unabhängig organisiert, um den Dresdner Gouverneur zu entlasten.

Dieser musste oft den Widerspruch zwischen Sicherheitsbedarf der Stadt auf der einen und Repräsentationsbedürfnis des Fürsten auf der anderen Seite ausgleichen. Bestes Beispiel ist der Zwinger. Als für den Bau der Wall durchbrochen wurde, regte sich „heftiger Widerstand der Militärs". Das hohe Risiko für die städtische Sicherheit beklagten insbesondere die drei während der Bauzeit nacheinander amtierenden Dresdner Gouverneure Jacob Heinrich von Flemming, Leberecht Gottfried Jahnus von Eberstädt und August Christoph von Wackerbarth, wobei Flemming auch Präsident des Geheimen Kriegsrats und Eberstädt

Folgenden GD), Bestandsgeschichte. Die Gouverneure waren gegenüber dem Justizamtmann und dem Stadtrat weisungsbefugt. Die Verordnungen behandelten u. a. die Reinhaltung der Straßen und Plätze, Instandhaltung des Straßenpflasters, baupolizeiliche

Maßnahmen und Aufsicht über Einwohner, Fremde und Gesellen. Vgl. Otto Schuster u. Friedrich August Francke, Geschichte der sächsischen Armee von deren Errichtung bis auf die neuste Zeit, Teil 2, Leipzig 1885, S. 235.

Vizepräsident des Geheimen Kriegsratskollegiums war. Dieser Protest konnte „nur durch die Übernahme der alleinigen Verantwortung durch den König gebrochen werden".[5] Der König bescheinigte ihnen pflichtgemäßes Handeln, bestand aber auf seinen Bauplänen. Das einzige Zugeständnis war die Holzbrücke, die im Angriffsfall schnell beseitigt werden konnte.[6]

Der Gouverneur war nicht nur für Dresden zuständig, er machte auf allen übrigen Festungen regelmäßige Kontrollbesuche und hatte die oberste Entscheidungsgewalt in allen Verteidigungsfragen. Zum Stab des Gouverneurs gehörten 16 Mann, die den Dienstbetrieb organisierten.[7] Aufgrund der Einbindung verschiedener Institutionen und Personen liegen zahlreiche Berichte, Verhörprotokolle und Gesuche vor, so dass sich der Amtsbetrieb gut nachvollziehen lässt.[8]

Das Gouvernement zu leiten, bedeutete Management unter Stressbedingungen, da möglichst rasch und geräuschlos gearbeitet werden musste und die Stabilität der Herrschaft von ihrer Arbeit abhing. Ihr Aufgabenspektrum reichte von Führung der ihnen unterstellten Garnison, Wachmannschaft und Landmiliz und Festungsbau bis hin zur Waffenlagerung und zum Zivilschutz. Da sie zugleich einen hohen Rang im Generalstab innehatten, oblag ihnen auch die militärische Aufklärung in Form von Spionage mit Sicherstellung des geheimen Nachrichtentransports. Als Gouverneure hatten sie defensiv die Sicherheit der Residenz und des Landes zu gewährleisten, verteidigten somit faktische und mentale Räume, während sie als Generäle offensiver agierten und (Spiel-)Räume erschlossen. Gouverneure und Generalfeldmarschälle arbeiteten, wie in den Instruktionen zu lesen ist, auch im Tagesgeschäft sehr eng zusammen und vertraten sich gegenseitig.[9] Eine strikte Zuordnung einer Entscheidung als Militär oder als Gouverneur ist bei Gouverneuren, die ja zugleich hohe Militärämter innehatten, kaum möglich.

3. Die Gouverneure

Während der Augusteischen Ära amtierten in Dresden insgesamt acht Gouverneure, und es waren hochrangige Militärs aller Truppengattungen vertreten.[10] Zwei Gouverneure sollen etwas genauer betrachtet werden. Neben dem schon erwähnten Grafen von Flemming, der

5   Stefan Hertzig, Das barocke Dresden. Archäologie einer Metropole des 18. Jahrhunderts, Petersberg 2013, S. 77.

6   Vgl. Uwe Schieferdecker, Wälle, Gräben, Mauern. Geschichte der Stadtbefestigung in Dresden, Ulm 2022, S. 116.

7   Vgl. ebd., S. 231. Im Hauptstaatsarchiv existiert für jede Festungskommandantur bzw. Gouvernement ein eigener Bestand: 11254 Dresden, 11263 Königstein, 11264 Pleißenburg, 11265 Sonnenstein, 11266 Stolpen, 11268 Wittenberg, 11256 Leipzig, 11257 Wittenberg. Zudem sind die Bestände 11237 Geheimes

Kriegsratskollegium sowie 11345 Ingenieurkorps relevant. Jede Festung führte Gefangenenlisten und Besucherbücher, so dass sich die Arbeit der Gouverneure gut nachvollziehen lässt.

8   Vgl. Andrea Tonert, Adelstitel im Zellengrundriss – die Festung als Gefängnis, in: Die Festung der Neuzeit in Historischen Quellen, hrsg. v. der Deutschen Gesellschaft für Festungsforschung e. V. (Festungsforschung 9), Regensburg 2018, S. 267–280.

9   Vgl. SächsHStAD, 10026 GK, Nr. 237 f. 25.

10 Seit 1697 Cuno Christoph von Birkholz, 1701 Otto Christian Graf von Zinzendorf, 1708 Jacob Hein-

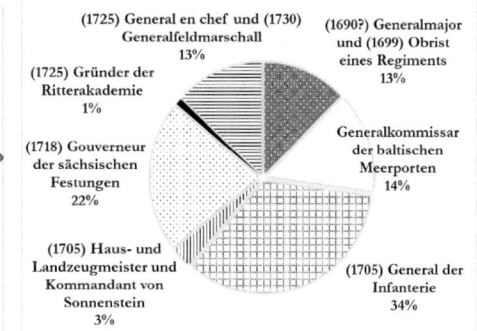

AKTEN GESAMT

Generalintendant für Bauten (Bauminister) 18%

Militär 57%

Gutsbesitzer 2%

Minister 12%

Gesandter 11%

AKTEN ZU MILITÄRISCHEN FUNKTIONEN

(1725) General en chef und (1730) Generalfeldmarschall 13%

(1690?) Generalmajor und (1699) Obrist eines Regiments 13%

(1725) Gründer der Ritterakademie 1%

Generalkommissar der baltischen Meerporten 14%

(1718) Gouverneur der sächsischen Festungen 22%

(1705) Haus- und Landzeugmeister und Kommandant von Sonnenstein 3%

(1705) General der Infanterie 34%

Abb. 3: Aktenüberlieferung zu August Christoph von Wackerbarth im Hauptstaatsarchiv Dresden

1708–12 Gouverneur war, genoss auch der Graf August Christoph von Wackerbarth das besondere Vertrauen Augusts II. und übte das Amt 1718–34 aus. Darüber hinaus gründete Wackerbarth – wohl nach Turiner Vorbild, das er über seine Gemahlin kennengelernt hatte[11] – die Ausbildungsstätte der Ritterakademie für adelige Kadetten. Schon 1712 hatte er das Ingenieurkorps aus der Artillerie herausgelöst und als eigenständige Formation gegründet, was den Grundstein für die spätere Militärakademie legte. Nicht zuletzt war er federführend beim Bau der Warschauer Verteidigungsanalage tätig. Mindestens 12 % aller vorhandenen Wackerbarthschen Papiere betreffen Gouverneursangelegenheiten (Abb. 3).[12]

Von beiden sind zeitgenössische Porträts überliefert (Abb. 4, 5).[13] Wackerbarth wurde sogleich nach seinem Tod vom „erfolgreichsten Journalisten seiner Zeit" sogar für zwei seiner erfolgreichen „Totengespräche" auserkoren, in deren Verlauf auch auf seine Leistungen für die Landesverteidigung, also als Gouverneur, eingegangen wurde.[14] Auch anhand der

---

rich Graf von Flemming, 1712 Leberecht Gottlob Janus von Eberstädt, 1718 August Christoph Graf von Wackerbarth, 1734 Heinrich Friedrich Graf von Friesen, 1740 Friedrich August Graf Rutowski, 1763 Johann Georg Chevalier de Saxe.

11 Vgl. Norbert Conrads, Ritterakademien der Frühe Neuzeit. Bildung als Standesprivileg im 16. und 17. Jahrhundert, Göttingen 1982, S. 254.

12 Eine detaillierte Durchsicht aller Quellen des Augusteischen Zeitalters steht noch aus. Die genannten Zahlen können sich nach einer ersten Sichtung nur auf die Aktentitel beziehen.

13 Vgl. zu Flemming: Martin Bernigeroth, undat., Staatliche Kunstsammlungen Dresden (im Folgenden SKD), Kupferstichkabinett (KK), A 25292; Ders., 1709, A 25550; Louis de Silvestre, um 1720, Gemäldegalerie

Alte Meister, Inv.-Nr. 75/61; Vgl. zu Wackerbarth: Martin Bernigeroth, 1710, SKD, KK, A 25552; Ders., 1716, A 25551. Anonym, undat., SKD, Gemäldegalerie Alte Meister, Inv.-Nr. 60/10.

14 Michael Nagel, WikiLeaks 1699. Seitdem es Zeitungen gibt, locken sie mit echten und angeblichen Enthüllungen, in: Die Zeit 51 (2010), 16. Dezember 2010, S. 21; David Fassmann, Gespräche in dem Reiche derer Todten ... zwischen Dem Königlichen Pohlnischen und Churfürstl. Sächsischen General-Feldmarschall, Grafen von Wackerbarth, Und Dem Königl. Schwedischen General-Feldmarschall, Grafen Steinbock, Leipzig 1735. Desw. vgl. Gespräche in dem Reiche derer Todten zwischen zweyen grossen Krieges Helden, dem Printzen Ludewig von Würtemberg Ihro Kayserl. Majest. Feld Marschall, der bey der letzten

Links:
Abb. 4: Heinrich Jacob von Flemming, anonymer Künstler, 1720er-Jahre, Öl auf Leinwand

Rechts:
Abb. 5: August Christoph von Wackerbarth, Titelbild aus der Wochenschrift „Gespräch im Reich der Toten", Ausgabe Januar 1737

häufigen Widmungen wird deutlich, dass diese zwei Generalfeldmarschälle und Gouverneure von außergewöhnlichem Format waren. Von den anderen sechs Gouverneuren des Augusteischen Zeitalters sind weniger Quellen überliefert, und sie wurden noch weniger in der Historiografie berücksichtigt.[15]

4. Spionage und Gegenspionage

Beide Könige hatten unterschiedliche Ausgangssituationen und Gegner. Stand unter August II. der Große Nordische Krieg gegen Schweden im Fokus, so war während der Regentschaft von August III. das Augenmerk eher Richtung Preußen gerichtet, von wo eine unmittelbare Bedrohung wahrnehmbar war.

Action mit denen Frantzosen bey Guastalla auf dem Bette der Ehren geblieben, und Ihro Excell. Dem Königl. Pohlnischen und Churfürstl. Sächß. General Feld-Marschall etc. Christoph Heinrich Grafen von Wackerbarth, darinnen dieser beyder Herren besondere Lebens-Geschichte auf eine anmuthige Art vorgetragen werden, Leipzig 1735.

15 Vgl. SächsHStAD, 11241 Musterungslisten, Nr. 3739; 10026 GK, Loc. 01073/01; 10025 Geheimes Konsilium, Loc. 05577/17; 11254 GD, Nr. 0415; ebd., Loc. 14511/17. Insgesamt sind zu den sechs Namen über 1043 Aktenbände im Hauptstaatsarchiv verzeichnet: Birkholz (148), Zinzendorf (184), Eberstädt (78), Friesen (389), Rutowski (115), Chevalier de Saxe (129).

4.1. Regentschaft König Augusts II. (1697–1733)

Im März 1700 löste August II. den Großen Nordischen Krieg aus, indem er in einer Allianz mit Dänemark und Russland das schwedische Livland angriff, um sein Wahlversprechen für den polnischen Adel einzulösen. Der größte Widersacher Augusts II. auf militärischem Gebiet wurde Karl XII., der junge schwedische König. Auf diplomatischem Parkett hingegen kämpfte er gegen den von Frankreich unterstützten Polen Stanislaus Leszczyński, da dieser Ansprüche auf den Thron stellte. Die Jagd auf gegnerische Spione war stets gekoppelt mit der eigenen Spionage im Feindgebiet. August II. ließ ihn und sein Personal ständig überwachen, und die Gouverneure suchten fieberhaft und fanden zahlreiche Spione von Leszczyński (Abb. 6). Manche, wie ein herumschleichender Spion mit dem Namen Blendowski, wurden nie ergriffen.[16] Während des Pommernfeldzugs wurde 1713 ein schwedischer Spion auf die Festung Sonnenstein verbracht.[17] 1713 und 1735 wurden angeblich von Leszczyński beauftragte Attentatsversuche vereitelt. Im ersten Fall musste Johann Stanislaus Jablanowsky, der Paladin von Russland, Woiwode und Kronfähnrich von Polen, eine dreijährige Haft auf der Festung Königstein absitzen, im zweiten Fall kam der Attentäter Daniel Trützschler auf die Festung Sonnenstein, floh und wurde in Danzig gefasst, wo er in der Festung an der Weichselmündung in sicheren Gewahrsam kam, bevor er später abermals nach Sonnenstein kam und dort starb.[18] Auch plante der König 1713 seinerseits ein Attentat auf Leszczyński, das aber vorzeitig verraten wurde.[19] Zehn Jahre später ließ August II. den Emissär Leszczyński ausspionieren, ohne das wesentliche Nachrichten zu Tage traten.[20] Allerdings nahm man einen Parteigänger, Andreas de Part, genannt Buczynski, fest und entließ ihn nach Fürsprache der französischen Königin wieder. Gouverneur Flemming indes schlug vor, ihn beiseite zu schaffen, indem ihm ein Unfall zustoße oder er allmählich krank werde.[21] Der sächsische Gesandte in Paris riet jedoch davon ab, um kein schlechtes Licht auf Sachsen-Polen zu werfen. Ein Jahr darauf, 1724 wurde Kapitän Löwenburg verhaftet, der nachweisbar mit Leszczyński per Chiffre korrespondiert hatte. Auch er wurde nach drei Monaten wieder entlassen. Mehrere andere Vertraute nahm man fest, u. a. einen Medicus, der chemische Mixturen für einen Anschlag herstellte.[22] Alle kamen nach einiger Zeit mit Landesverweis davon. Diese gehäuften Freilassungen überführter Spione könnten vielleicht damit erklärt werden, dass sie als Doppelspione angeworben wurden. Ein Gefangenenaustausch ist nicht dokumentiert. Weitere Forschungen könnten hier Klarheit bringen.

---

16 Vgl. Anne-Simone Rous, Geheimdiplomatie in der Frühen Neuzeit. Spione und Chiffren in Sachsen 1500–1763, Stuttgart 2022, S. 491–498.

17 Vgl. SächsHStAD, 11254 GD, Loc. 14516/25.

18 Vgl. SächsHStAD, 11254 GD, Loc. 14607/3. Der König sollte durch eine vergiftete Schokolade umgebracht werden.

19 Vgl. Friedrich Christoph Förster, Die Höfe und Cabi-

nette Europas im achtzehnten Jahrhundert. Dritter Band: Friedrich August II., König von Polen und Kurfürst von Sachsen, seine Zeit, sein Cabinet und sein Hof, Potsdam 1839, S. 206.

20 Vgl. SächsHStAD, 10026 GK, 701/4.

21 Vgl. ebd., Loc. 00691/1, f. 49.

22 Vgl. ebd., Loc. 01392/4.

Abb. 6: Verhaftung eines Spions im Nordischen Krieg

Nebenbei bemerkt nutzten die allgemeine Unruhe auch Abenteurer aus, um gefälschte oder gestohlene Informationen zu Geld zu machen. So warnte 1714 ein gewisser Valvasor August II. vor einem erdachten Attentat durch Leszczyńskis Männer und 1719 der berüchtigte Klement den preußischen König vor einem angeblichen Anschlag durch den Grafen Flemming, was fast einen Krieg verursachte.[23]

4.2. Regentschaft König Augusts III. (1733–1763)

Bereits durch den ersten Schlesischen Krieg 1740 hatte Friedrich II. von Preußen deutlich gemacht, dass mit ihm eine offensivere Außenpolitik zu erwarten war als noch unter seinem Vater. August III. etablierte eigene sächsischen Spione. In dieser angespannten Atmosphäre

---

23 Vgl. ebd., Loc. 01392/1; Joachim Scholze, Gefangen auf dem Königstein, in der Sächsischen Bastille, in: Offizielles Mitteilungsblatt des Festungsvereins Königstein e.V. 16 (1999), S. 23–31, hier S. 26; Alexander Schunka, Wein und falsche Freunde. Abwege eines Hofpredigers in der internationalen Diplomatie des ungarischen Aufstands im frühen 18. Jahrhundert, in: Martin Mulsow (Hrsg.), Kriminelle, Freidenker, Alchemisten. Räume des Untergrundes in der Frühen Neuzeit, Berlin 2014, S. 179–202.

war vieles möglich, und Graf Brühl vertraute einem Abenteurer namens Maubert de Gouvest, der mit gefälschten Informationen und dem allgegenwärtigen Misstrauen gegenüber Preußen handelte.[24] Auf die Enttarnung folgte eine fünfjährige Haft auf der Festung Königstein, der sich der Filou geschickt wieder entzog und weiter in Europa sein Unwesen trieb.[25] Solche Abenteurer sind stets ein Indiz für Krisen, allerdings traten echte Spione in größerer Zahl auf.

Im März 1742 wurde dem preußischen Residenten in Dresden eine Schatulle mit Geld, wichtigen Papieren und Chiffren gestohlen. Der Hofjäger Gottfried Heintze fand sie nach einigen Tagen im Vorkeller des Hauses mit einer Wünschelrute „hinter zusammen gesetzten Steinen, unter einem Fasse", und man geht wohl nicht fehl in der Annahme, dass es sich hier um einen Fall ungeschickter sächsischer Spionage handelte.[26] Da der Resident eine neue Chiffre erhielt, wurden alle Verdächtigen Ende Mai freigelassen. Während des Zweiten Schlesischen Krieges 1745 rückten Sachsen und Preußen deutlich voneinander ab. Bei Ausbruch des Krieges verließ der preußische Vertreter Cagnoni Dresden, woraufhin auch der sächsische Gesandte Bülow aus Berlin abreiste. Die Gouverneure erhielten Order, besonders Fremde visitieren zu lassen; sinnbildlich gesprochen begann die Jagdsaison erneut.[27] Der erste gefangene preußische Spion war Ernst Wilhelm von Üchtritz, der sich verdächtig verhalten hatte und im Dresdner Stockhaus arretiert worden war.[28] Schon einige Monate zuvor war er zusammen mit einem Leutnant von Kottwitz verhaftet worden. Beiden konnte eine enge Verbindung mit den preußischen Gesandten nachgewiesen werden, aber sie wurden mit Landesverweis freigelassen, um die Beziehungen nicht zu belasten. Für die Gegenspionage entstand die „Geheimen Expedition" zum Abfangen der Post der preußischen Gesandten.[29] Die sächsische Regierung gelangte darüber hinaus in den Besitz von Interzepten französischer Gesandter, polnischer Adeliger und Danziger Kaufleute.[30] Allerdings waren chiffrierte Briefe ohne Schlüssel nicht lesbar, doch die Sekretäre schrieben nur die preußischen Chiffren sämtlich ab, während sie sonst nur die Anzahl der chiffrierten Seiten notierten. Friedrich II. gelang im Gegenzug die Bestechung des sächsischen Kanzlisten Menzel, der von 1752 bis zum Beginn des Siebenjährigen Krieges fleißig Abschriften aller wichtigen Dokumente lieferte und dafür geschätzt 7000–8000 Reichstaler kassierte.[31] Allerdings rettete er seinen Großspion nicht rechtzeitig, so dass Menzel und sein involvierter Schwager Benjamin Erfurth bis zu ihrem Tod in scharfer Kerkerhaft saßen. Menzel wurde in Prag festgenommen, saß auf den Festungen Spielberg und Olmütz ein, bevor er 1763 auf den Königstein kam. Ihnen wurde keine Gnade zuteil, denn zu schwer wog das Verbrechen und zu verfeindet

24 Rous 2022 (wie Anm. 17), S. 585–590.

25 Vgl. SächsHStAD, 10026 GK, Johann Heinrich Maubert de Gouvest, welcher auf dem Königstein gesessen (1747), schriftstellerische Tätigkeit, Lebensbeschreibung, 1757-67, Loc. 00589/53.

26 SächsHStAD, 10025, Geheimes Konsilium, Loc. 05594/09, f. 18.

27 Vgl. SächsHStAD, 11254 GD, Loc. 14614/15, f. 3.

28 Vgl. Rous 2022 (wie Anm. 17), S. 605–607.

29 Vgl. Anne-Simone Rous, Eine Staatsfabrik für „riskante Post". Die „Geheime Expedition" des Grafen Brühl 1736–50, in: Mulsow 2014 (wie Anm. 24), S. 265–280.

30 Vgl. Rous 2022 (wie Anm. 17), S. 609–620.

31 Vgl. ebd., S. 621–624.

waren Sachsen und Preußen durch den Überfall 1756. Diesen ahnte die Generalität, drang aber bei dem König und dem Grafen Brühl mit ihren Warnungen nicht durch.

Generalfeldmarschall Friedrich August Rutowski sandte einen Hallenser Klempner, als Fleischer verkleidet, nach Magdeburg, Berlin und ins preußische Lager und erfuhr so zahlreiche Details zu den preußischen Vorhaben.[32] So äußerte er auch immer wieder seine Bedenken, als Premierminister Heinrich von Brühl das Militär zusammenkürzte und die Finanzen überwiegend in Hofhaltung, Feste und Kunstwerke flossen. Gouverneur Friesen hatte 1755 wenigstens zahlreiche Felder vor der Dresdner Festung aufkaufen lassen, um eine Allee um die Festung zu ziehen.[33] Ein zusätzlicher Schutzring für die Altstädter wie auch für die Neustädter Seite schien ihm notwendig angesichts der Bedrohung von Norden.

Der preußische Einfall 1756 mündete in die Kapitulation der ausgehungerten sächsischen Armee am Fuße der Festung Königstein – auf der oben August III. Schutz gesucht hatte.

Weitere preußische Spione tauchten auf. 1758 wurde der Geheime Kabinettskanzlist Jacob Low verdächtigt, mit dem preußischen Residenten zu verkehren. Da in Warschau kein Platz im Gefängnis zur Verfügung stand, wurde er kurzerhand in Brühls Landhaus in Wola arretiert und dann auf die Festung Königstein überführt.[34] Für die Jahre 1760–62 führte das Gouvernement 26 Personen auf, die der Spionage verdächtigt wurden, teilweise von der kaiserlichen Miliz eingeliefert worden waren und nun dem Stadtgericht vorgeführt wurden.[35] Der Generalmajor Albrecht Friedrich von Wilmsdorf-Prebendow kam 1760 in Haft, und da ihn preußische Papiere und Zeugen belasteten, blieb er bis Kriegsende mangels Platz auf einer Festung in einem Zimmer der Kaserne arretiert und dann des Landes verwiesen.[36] Weitere sächsische Militärs ließen sich vom preußischen General Winterfeldt als Kundschafter rekrutieren, und vermutlich konnten nicht alle entlarvt werden.[37] Preußen verstand sich darüber hinaus auch auf die Interzeption und sammelte 14 Konvolute mit Abschriften sächsischer Korrespondenzen.

Mit dem Ende des Krieges brach der aufgeblähte Spionagebetrieb Europas in sich zusammen. Fortan erholten sich die Höfe von ihrer Aktivität der letzten Jahre und Jahrzehnte. Erst in den Napoleonischen Kriegen sollte es wieder zu ähnlich großer Spionagehysterie kommen.

5. Die Haftbedingungen auf den Festungen

Die Gouverneure bemühten sich, zu vermeiden, mehrere gefährliche Staatsverbrecher auf einer Festung zu verwahren. Immer wieder wurden Häftlinge nach Ausbruchsversuchen oder verbotener Kommunikation umquartiert. Vor dem nächsten Häftling wurden noch

---

32 Vgl. Geheimes Staatsarchiv Preußischer Kulturbesitz, I. HA, GR, Rep. 41, Nr. 846, f. 5.

33 Vgl. SächsHStAD, 10026 GK, Loc. 00413/02.

34 Vgl. ebd., Loc. 00784/3.

35 Vgl. SächsHStAD, 11254 GD, Nr. 574.

36 Vgl. SächsHStAD, 10024 GA, Loc. 09688/1.

37 Vgl. Rous 2022 (wie Anm. 17), S. 627–629.

Abb. 7: Zeichnung der Burg Stolpen, Maria Antonia von Sachsen, um 1760

mögliche Schlupflöcher zugemauert. Von einem Häftling, Hofrat Ludovici, ist es überliefert, dass es ihm gelang, allen Maßnahmen zum Trotz Mitteilungen nach außen zu schmuggeln.[38] Er wurde mehrfach verlegt und saß in Dresden, Stolpen, Sonnenstein, Waldheim und Leipzig ein. Die Festung Stolpen war ab 1716 mit der gefallenen Mätresse Gräfin Cosel besetzt, die wegen Geheimnisverrats lebenslang auf Stolpen verbrachte. Die Burg war seinerzeit sehr baufällig, dass sogar zwei Pferde durch das morsche Holz der Zugbrücke gebrochen waren.[39] Deshalb wurde Ludovici ein Notzimmer der Kommandantenwohnung zugewiesen. Wackerbarth erkannte die Unmöglichkeit, einen solch versierten Verbrecher in Stolpen zu halten und ließ ihn auf die Festung Sonnenstein bringen.[40] Zugleich musste er irgendwie Geld für die Reparaturen in Stolpen auftreiben. Nicht baufällig, sondern eher idyllisch zeigt sich 1760 die Burg Stolpen in einer Pinselzeichnung (Abb. 7).[41]

Adelige hatten oft gute Haftbedingungen, da sie Bedienstete bei sich hatten, lesen, schreiben, Zeitungen und Besuche empfangen und recht gut tafeln konnten. Sie genossen teilweise

38 Vgl. SächsHStAD, 10024 GA, Loc. 09687/2; 11254 GD, Loc. 14503/9.

39 Vgl. SächsHStAD, 11254 GD, Loc. 14503/9, Bericht des Obristen Boblick vom 17. Dezember 1733, unfol.

40 Vgl. ebd., Wackerbarth an Castell, undat.

41 SKD, Kupferstichkabinett Dresden, C 1963-1660.

sogar geliefertes Gemüse, Rebhühner, Krebse, Kirschen und Champagner und lebten gewissermaßen in einem bewachten Appartement.[42]

Andere Häftlinge litten schwer in der Haft oder starben gar an den Folgen.[43] Der Kanzlist Gottlieb Vogel war 1716 wegen Geheimnisverrats „mit Steinschürze und Schlagfüßen" belegt. Der erwähnte bestochene Kanzlist Menzel klagte, er sitze in einem „ganz steinern gewölbten Behältnisse" von 15x15 Ellen auf einem Strohsack ohne Decke, als ein „in unerträglichen Ketten und Banden liegender Sklave" mit einem Eisenstab zwischen den Beinen.[44] Er werde von Ungeziefer fast aufgefressen und die Kleider fielen ihm vom Leibe. Seinem Helfer wurde die Haft noch erschwert, nachdem verdächtige Gegenstände in seiner Zelle gefunden worden waren.[45] Insbesondere im Winter und bei Krankheit war es auf den Festungen wohl furchtbar.

6. Der Stellenwert von Festungen

Um Festungen vor Spionen besonders zu schützen, durften sie innerhalb einer Bannmeile nicht gemalt werden.[46] Dennoch war ihre Architektur nicht nur militärisch, geopolitisch und wissenschaftlich wertvoll, sondern auch künstlerisch attraktiv. Als eine Art von Repräsentationsarchitektur waren sie oft Motiv von Malern, natürlich ohne Details zu verraten. Insbesondere die Darstellungen von Canaletto sind hier zu nennen.[47] Wie eine Auswertung der Bildobjekte in der Deutschen Fotothek offenlegt, wurde die Festung Königstein besonders in Krisen- und Kriegszeiten abgebildet (Abb. 8). Deutlich sichtbar sind Peaks im Schmalkaldischen Krieg (1546/47), zu Beginn des Dreißigjährigen Krieges (1618), im Polnischen Thronfolgekrieg (1734) und Ersten Schlesischen Krieg (1740) und Bayerischen Erbfolgekrieg (1778/79). Andere Anlässe für eine Festungsdarstellung waren der Ausbau der Festung und Umbauten (1589, 1676) und der Besuch des Zaren (1712). Nicht nur aus Gründen der Abschreckung, sondern auch aus Repräsentationsgründen ließ man die Festungen zeichnen, z. B. zum Regierungsantritt. Die Einsparungen im Militär, die mit der Regierung Augusts III. und der Beratung durch Heinrich von Brühl ab 1738 einhergingen, spiegeln sich

42 Vgl. beispielhaft SächsHStAD, 11254 GD, Loc. 14610/15; Loc. 14609/1; 10026 GK, Loc. 00972/7.

43 Vgl. Rous 2022 (wie Anm. 17), S. 225. Hinweise zur Todesrate von Festungsgefangenen in Tonert, 2018, (wie Anm. 8) S. 267–280.

44 SächsHStAD, 10026 GK, Loc. 1406/5, f. 51.

45 Vgl. SächsHStAD, 11254 GD, Loc. 14510/10.

46 Vgl. Ulrike Boskamp, „Märtyrer des Zeichenstifts". Britische Künstler und Spionageverdacht im habsburgischen Lombardo-Venetien des 19. Jahrhunderts,

in: Uwe Fleckner u. a. (Hrsg.), Der Künstler in der Fremde. Migration – Reise – Exil, Berlin 2015, S. 191–217.

47 Werner Schmidt (Hrsg.), Bernardo Bellotto genannt Canaletto in Pirna und auf der Festung Königstein, Pirna 2000; Angelo Walther, Bernardo Bellotto genannt Canaletto. Ein Venezianer malte Dresden, Pirna und den Königstein, Husum 2006; Letizia Treves, Bellotto. The Königstein views reunited, London 2021.

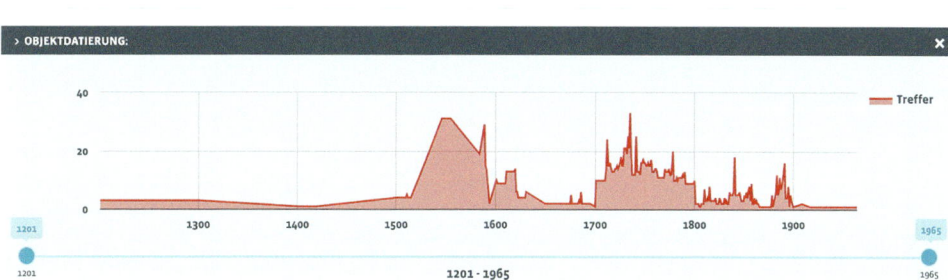

Abb. 8: Objektdatierung von Darstellungen zur Festung Königstein bis 1965 (Datenabfrage: SLUB/Deutsche Fotothek)

auch in den deutlich nachlassenden Darstellungen von Verteidigungsarchitektur wider. Der Sicherheitszustand des Landes könnte mithin durchaus stellenweise auch von der künstlerischen Thematisierung dieser Schutz- und Abwehranlagen abgeleitet werden.

Fazit

Die Gouverneure waren als Sicherheitspolitiker von zentraler Bedeutung für die Stabilisierung der Macht. Sie bedienten sich in ihrem Aufgabengebiet verschiedener Sicherungsstrategien. Aufgrund ihrer Ämterkumulation konnten sie gleichzeitig multifunktional agieren: In der Funktion des Gouverneurs war ihre Ausrichtung defensiver und auf die Verteidigung von Räumen orientiert, und in Personalunion als hohe Militärs richtete sich ihr Fokus auf die Erlangung und Ergreifung von Personen, Räumen, Informationen. Ein Gouverneur ohne militärisches Amt war nicht denkbar. Insofern sind Gouverneure nur in ihrer Janusköpfigkeit zu verstehen. Es gelang ihnen die Ergreifung zahlreicher Spione und auch wiederholt die Ausspionierung der Gegenseite, aber sie scheiterten auch, wenn Abenteurer bis zum König oder Grafen Brühl durchdrangen oder wenn ihre Warnungen vor einer Demobilisierung oder Schwächung der Fortifikation ungehört blieben. Das Denken als Gouverneur und als Militär ging ineinander über. Landesverteidigung und (Gegen-)Spionage mögen auf dem Papier zwei verschiedenen Ämtern und Institutionen zugeordnet werden – in der Praxis gehörten sie zusammen und waren in der Person des Gouverneurs gebündelt. Die Spione hatten je nach Rang unterschiedliche Haftbedingungen und kamen häufig nach Kriegsende wieder in Freiheit. Die Festungen waren Aufbewahrungs-, Abwehr-, Schutz- und auch Repräsentationsräume, die in Friedenszeiten von höfischen Gästen besucht und in Kriegszeiten militärisch genutzt und ikonografisch als Machtsymbol zur Schau gestellt wurden.

Kateřina Pražáková

Veröffentlichte Geheimnisse

Die Belagerung der Stadt Budweis zu Beginn des Dreißigjährigen Krieges im Spiegel der damaligen Zeitungen

Die Studie befasst sich mit Veröffentlichungen von militärischen Geheimnissen in den Zeitungen, die während den ersten Jahren des Dreißigjährigen Krieges erschienen. Es wird untersucht, welche Informationen aus einer belagerten Festung zu Herausgebern der Zeitung gelangten. Als konkretes Beispiel wurde die Belagerung von Budweis (České Budějovice) während des Böhmischen Ständeaufstandes gewählt. Da sich seine Bürger nicht den aufständischen Ständen anschlossen, die seit dem 23. Mai 1618 den Sturz der habsburgischen Regierung anstrebten, und die Stadt stattdessen zu einer wichtigen Stütze und Festung der kaiserlichen Truppen in Böhmen wurde, wurde sie zweimal vom ständischen Heer belagert. Den ersten Versuch unternahm im Sommer der Graf Heinrich Matthias von Thurn, musste ihn aber abbrechen, um das kaiserliche Heer des Grafen von Dampierre abzuwehren, der nach Mittelböhmen vorrückte. Die zweite Belagerung von Budweis, auf die auch diese Studie fokussiert, begann im November 1618 unter dem Kommando des Generals Georg Friedrich von Hohenlohe.

Während der relativ langen Belagerung, die bis Juni 1619 dauerte, berichteten sowohl handgeschriebene als auch gedruckte Zeitungen häufig sehr detailliert über die Situation in der Stadt sowie im Militärlager vor ihren Toren. Die erste Aufgabe dieser Studie besteht daher in der Erläuterung des Entstehungsprozesses der damaligen Zeitungen und in der Darstellung der Art und Weise, in der geheime Informationen gesammelt und übermittelt wurden. Es werden handgeschriebene und gedruckte Zeitungen vorgestellt, die in den ersten Jahrzehnten des 17. Jahrhunderts in Mitteleuropa kursierten. Ebenfalls wird die Arbeit der Agenten und anderer Personen erörtert, die durch das Versenden von Nachrichten ihre soziale Stellung verbessern und ihren Besitz vermehren wollten. Anschließend wendet sich die Aufmerksamkeit der Schlüsselfrage zu, welche Typen von vertraulichen Informationen besonders gefragt waren und in Zeitungen veröffentlicht wurden. Dabei wird zunächst das Vorkommen von Nachrichten über verfeindete Armeen, ihre Größe, Führung und Bewaffnung behandelt. Dann werden auch Informationen über den Gesundheitszustand der Söldner und die Versorgung mit Proviant und Geld analysiert. Und schließlich werden auch Berichte über kleinere Scharmützel sowie ernste Eroberungsversuche untersucht.

1. Zeitungen zu Beginn des Dreißigjährigen Krieges

Um 1618 verbreiteten sich in der Gesellschaft mindestens drei Haupttypen von Nachrichtenmedien. Es waren Nachrichtenbriefe sowie handgeschriebene und gedruckte Zeitungen. Alle
diese Medien beeinflussten sich natürlich gegenseitig. Die erste und zuverlässigste Informati-
onsquelle stellten in der Regel die Nachrichtenbriefe oder Relationen dar, denn ihre Verfasser
waren üblicherweise Gesandte, Agenten oder gut informierte Personen, die einen wichtigen
Teil ihres Lebensunterhaltes durch die Beschaffung und Vermittlung von zuverlässigen Informationen verdienten. Sie schrieben detaillierte Berichte, die sie dann an ihre einflussreichen
Patrone schickten oder gegen Entlohnung an Zeitungsherausgeber weitergaben. In Prag lebte
zu Beginn des Dreißigjährigen Krieges eine Vielzahl solcher Personen. Unter ihnen ragte
Friedrich Lebzelter heraus, der im Herbst 1618 vom sächsischen Kurfürsten Johan Georg I.
hierhergeschickt wurde, um ihn mit zuverlässigen Nachrichten zu versorgen.[1] Dem Agenten
Lebzelter gelang es wirklich, in das böhmische Milieu einzudringen und zahlreiche Kontakte
zu knüpfen, dank derer er mindestens einmal pro Woche ausführliche und sachkundige
Relationen nach Dresden schickte.

Neben den Berichten von Agenten wie Friedrich Lebzelter, die in ihrer ursprünglichen
Form nur einen kleinen Personenkreis erreichten, wurden an der Wende des 16. und 17. Jahrhundert die handgeschriebenen Zeitungen zu einem der wichtigsten Nachrichtenmedien.[2]
Obwohl ihr Abonnement relativ teuer war, stieg die Zahl ihrer Leser stetig. Neben den
einflussreichsten Adeligen, begüterten Klöstern und Bistümern wurden sie auch von einigen
Stadträten bestellt. Dabei wurden sie nicht nur von den Abonnenten selber, sondern auch
von den Mitgliedern ihrer Haushälter sowie von einiger ihrer Diener gelesen. Dazu entstanden von manchen Exemplaren Kopien, die von den Bestellern an ihre Verwandten und
Freunde verschickt wurden.[3]

Die riesige Anzahl der handgeschriebenen Zeitungen, die im Umlauf war, wird durch
einige bedeutende Sammlungen belegt. Neben den Fuggerzeitungen, die schon gut bekannt
und erforscht sind, befindet sich eine noch größere Sammlung von handgeschriebenen
Zeitungen in Dresden. Sie wurde von den Beamten des Geheimen Rates versammelt und

---

1   Ausführlich Frank Müller, Kursachsen und der Böhmische Aufstand 1618–1622, Münster 1997, S. 107–
113; Johannes Kleinpaul, Der Nachrichtendienst des
sächsischen Hofes vom 15. bis 18. Jahrhundert. Ein
Beitrag zur Geschichte der geschriebenen Zeitungen,
in: Zeitschrift für die gesamte Staatswissenschaft 82
(1927), H. 2, S. 394–436.

2   Zdeněk Šimeček, Geschriebene Zeitungen in den böhmischen Ländern um 1600 und ihr Entstehungs- und
Rezeptionszusammenhang mit den gedruckten Zeitungen, in: Presse und Geschichte II. Neue Beiträge zur
historischen Kommunikationsforschung, München/
London/New York/Oxford/Paris 1987, S. 71–82.

3   Zur Weiterverbreitung von Nachrichten aus den
bekannten Fuggerzeitungen unter Verwandten und
Freunden der Kaufmannsfamilie Oswald Bauer,
Zeitungen vor der Zeitung. Die Fuggerzeitungen
(1568–1605) und das frühmoderne Nachrichtensys-
tem, Berlin 2011, S. 142–147. Zur Diskussion über
Neuigkeiten bei den Herren von Rosenberg und anderen einflussreichen böhmischen Familien Kateřina
Pražáková, Obraz Polsko-litevského státu a Ruska
ve zpravodajství české šlechty (1450–1618), České
Budějovice 2015, S. 61–63.

beinhaltet Tausende von Zeitungen aus allen großen Nachrichtenzentren Europas. Allein an Zeitungen mit Nachrichten über Böhmen haben sich aus dem Jahr 1618 ungefähr 1.270 Seiten erhalten, von 1619 sogar mehr als 2.400 Seiten und vom Jahr 1620 etwa 1.700 Seiten.[4]

Das dritte der untersuchten Nachrichtenmedien stellen gedruckte Zeitungen dar, die gerade in den ersten Jahrzehnten des 17. Jahrhunderts anfingen, regelmäßig veröffentlicht zu werden. Einige Unternehmer entdeckten nämlich das Handelspotenzial des Vertriebs von Hunderten von Zeitungen, die nicht nur vom hohen Adel bestellt, sondern auf den Stadtmärkten oder durch Trödler auch an Handwerker, Kaufleute, Gelehrte und andere Angehörige des Bürgertums verkauft wurden.[5] In einigen Fällen wurde natürlich die Produktion und Entwicklung von Zeitungen durch Plünderungen und die damit verbundene wirtschaftliche Schäden behindert. Doch andererseits trug die Situation des Dreißigjährigen Krieges zur Entwicklung der Berichterstattung bei, denn jeder wollte über die neuesten Ereignisse auf dem Schlachtfeld und die Armeezüge informiert werden, um sich vor ihnen zu schützen. Daher wurde die Mehrheit der Nachrichten den Aktivitäten von einzelnen Armeen, der Kriegsdiplomatie sowie Verhandlungen über potenzielle Bündnisse gewidmet Diese Angaben stammten häufig aus geschriebenen Zeitungen oder Nachrichtenbriefen, die die Herausgeber der gedruckten Zeitung angeschafft hatten.

Ein Beispiel hierfür ist die Zeitung, die Johannes von den Birghden in Frankfurt am Main publizierte. Als kaiserlicher Postmeister hatte er einen guten Zugang zu umlaufenden handgeschriebenen Zeitungen und Berichten. Auf Grundlage dieser Informationen verfasste er dann seine eigene gedruckte Zeitung.[6] Diese erschien ab 1615 zunächst ohne Titel, ab 1621 nannte er sie „Unvergreifliche continuirende Post Zeitungen".[7] Sie gehörte zu den meist zuverlässigsten Zeitungen seiner Zeit, was zwei Tatsachen zu verdanken ist. Erstens nahm Jacob von Birghden nur minimale Änderungen an der Vorlage vor. Die Leser seiner Zeitung erhielten also Nachrichten in einer Form, die dem originalen Bericht sehr nahe war. Darüber hinaus beschaffte und druckte dieser Zeitungsunternehmer Beschreibungen der Situation von beiden gegnerischen Seiten. So erschienen in einer Ausgabe seiner Zeitung zur Zeit des böhmischen Ständeaufstandes sowohl die Beobachtungen von kaiserlichen Offizieren als auch von Mitgliedern des ständischen Widerstands, die das gleiche Ereignis völlig unterschiedlich beurteilten.[8] Der Leser konnte also beide Aussagen selber vergleichen und berücksichtigen.

---

4 Sächsisches Staatsarchiv-Hauptstaatsarchiv Dresden (im Folgenden HStA-D), 10024 Geheimer Rat (Geheimes Archiv), Loc. 10729/01–04.

5 Eine hervorragende Analyse der wichtigsten gedruckten Zeitungen bei Frauke Adrians, Journalismus im 30jährigen Krieg. Kommentierung und „Parteylichkeit" in Zeitungen des 17. Jahrhunderts, Konstanz 1999.

6 Mehrere dieser gedruckten Zeitungen sind unter den handgeschriebenen Zeitungen im Hauptstaatsarchiv Dresden überliefert: 10024 Geheimer Rat (Geheimes Archiv), Loc. 10729/01, 03–04, Loc. 10730/02.

Weitere Nummern, die sich in anderen Sammlungen erhielten, wurden von der Staats- und Universitätsbibliothek Bremen digitalisiert: https://brema.suub.uni-bremen.de/zeitungen17/periodical/titleinfo/934741 (aufgerufen am 15.5.2023).

7 Karl Heinz Kremer, Johann von den Birghden 1582–1645. Kaiserlicher und königlich-schwedischer Postmeister zu Frankfurt, Bremen 2005, S. 128–136.

8 Vgl. Kateřina Pražáková, České stavovské povstání v německých tištěných novinách z let 1618–1620, in: Český časopis historický 118 (2020), Nr. 4, S. 1079–1111.

2. Anzahl und Führung der Truppen um Budweis im Winter 1618/1619

Zum ersten Mal schickten die Direktoren das ständische Kriegsvolk zu Budweis bereits im Juni 1618. Ihr Führer Heinrich Matthias von Thurn sollte entweder die Budweiser Bürger einschüchtern und zur Unterstützung des Aufstandes bewegen oder die größte Stadt Südböhmens erobern (Abb. 1).[9] Daher belagerte er die Stadt, aber unternahm im Sommer 1618 fast keine wirklich ernsten Versuche, sie mit vollem Einsatz zu stürmen.[10] Im Herbst 1618 musste Graf von Thurn die Belagerung aufgeben, um den in Mittelböhmen einmarschierenden kaiserlichen Truppen Widerstand zu leisten. Dabei gelang es ihm unter anderem, die kaiserliche Armee unter Karl Bonaventura von Buquoy am 9. November 1618 in Lomnitz an der Lainsitz (Lomnice nad Lužnicí) zu besiegen. Nach der Niederlage fand die geschwächte Armee von Graf Buquoy eine Zuflucht in Budweis. Sie wurde jedoch von den ständischen Truppen unter der Führung von Georg Friedrich von Hohenlohe verfolgt, die sich daraufhin um Budweis, insbesondere in Rudolfstadt (Rudolfov), konzentrierten, und so begann die zweite Belagerung.[11]

Sie wurde sowohl von den Führungskräften beiden gegnerischen Seiten als auch von den Neutralen scharf beobachtet, weil man davon ausging, die Eroberung von Budweis hätte große taktische sowie moralische Auswirkungen auf die Situation der kaiserlichen Truppen.[12] Zu den Informationen, die nachgefragt wurden, gehörten in der ersten Linie Angaben über die Größe der einzelnen Armeen insgesamt, aber auch ihrer Unterabteilungen, über ihre Ausrüstung und Erfahrung sowie die Namen der Kommandanten. Besonders die Angaben über die Truppenstärken kamen in den Zeitungen aus den Jahren 1618–1620 immer wieder vor. Die Befehlshaber wussten offensichtlich, dass sie deren Veröffentlichung nicht verhindern konnten. Daher versuchten sie, dies zu ihrem Vorteil zu nutzen und die Feinde mit überhöhten Zahlen einzuschüchtern. Dies kam beispielsweise höchstwahrscheinlich im Bericht vom 17. August 1618 vor, den Johann von den Birghden in seine gedruckte Zeitung aufnahm. Ein unbekannter Berichterstatter zählte die Truppen der böhmischen Stände auf, wobei er unwahrscheinlich hohe Zahlen nannte und noch behauptete, die Söldner seien „außerlesen" und „wohl bewehrt".[13] Dabei übertrieb er jedoch nicht nur die Anzahl und Fähigkeiten der

---

9 Die Vedute von Jan Willenberg aus 1602 ermöglicht es, sich eine gewisse Vorstellung vom Aussehen dieser Stadt zu machen.

10 Tomáš Sterneck, Věrnost a zrada v ohroženém městě. Prameny k politické komunikaci Českých Budějovic na počátku stavovského povstání (1618), Praha 2019, S. 12–14.

11 Miloslav Volf, Válka v jižních Čechách v zimě a na jaře 1618–1619, in: Jihočeský sborník historický 30 (1961), S. 24–34 und 102–114.

12 Informationen über die Belagerung erschienen regelmäßig in den Berichten von Fridrich Lebzelter sowie in den gedruckten Zeitungen. Zum Beispiel HStA-

D, 10024 Geheimer Rat (Geheimes Archiv), Loc. 10729/01, fol. 624–625. Ebd., Loc. 10729/03, fol. 43, 107, 169, 360 und viele andere. Národní archiv České republiky (im Folgenden NA ČR), Sbírka přepisů Drážďany 1376–1737, Kart. 6, Nr. 1379, 1493, 1522, 1614, 1757 und viele andere.

13 „Wir haben jetzt beysammen 3 Regiment zu Fuß, 2 000 Pferdt, außerlesene Soldaten, wol bewehrt, un[d] liegen im Feld,…" Titellose Zeitung (Frankfurter Postzeitung) Johanns von den Birghden, 1618, Nr. 33, Bericht vom 17. 8. 1618 aus Prag, digitalisiert von der SuUB (wie in Anm. 6)

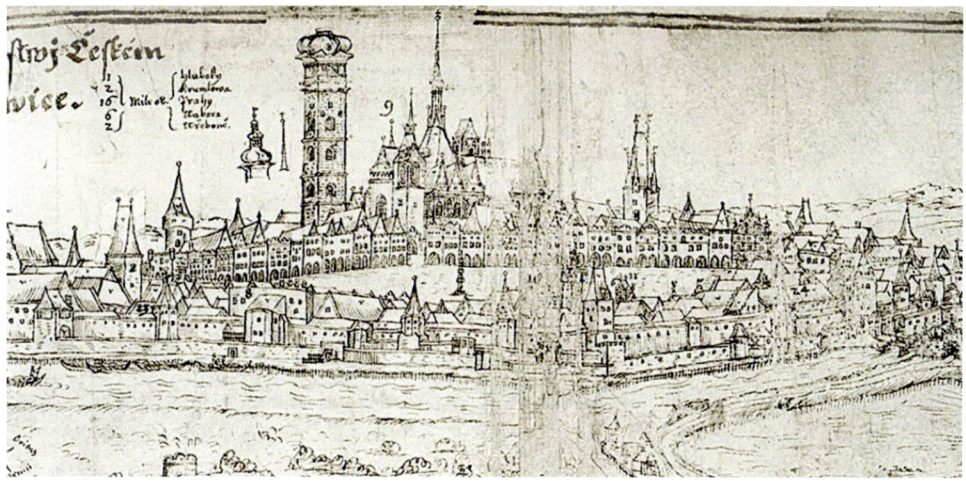

Abb. 1: Budweis im Jahr 1602. Ausschnitt aus der Vedute von Jan Willenberg (Autor von graphischen Darstellungen der böhmischen Städte um 1600)

Soldaten, sondern behauptete noch, dass die böhmischen Stände bald Hilfe aus Schlesien erhalten würden, die bereits an der Grenze bereitstehe.[14]

Die optimistischen Einschätzungen der Armeen erschienen jedoch nicht nur in gedruckten Zeitungen, die einem breiteren Leserkreis zugänglich waren, sondern die böhmischen Stände wollten davon auch erfahrene Agenten überzeugen. Als Friedrich Lebzelter in den ersten Tagen des Dezembers 1618 in Prag eintraf, zeigte ihm ein Vertreter des böhmischen Direktoriums die Listen der gemusterten Soldaten. Der sächsische Agent schrieb daraufhin aufgeregt nach Dresden, dass die Aufständischen bis zu 25.000 erfahrene Soldaten und weitere 30.000 Rekruten ins Feld führen könnten.[15] In der Tat schätzen heute Geschichtsforscher, dass die Aufständischen im Winter 1618/1619 über eine Armee von höchstens 20.000 Mann verfügten, von denen nur eine Minderheit ein längeres Training absolviert hatte.[16] Allerdings zu optimistisch beurteilten ihre militärische Stärke auch die Verteidiger von Budweis. In einem Bericht, der am Anfang Dezembers 1618 in die gedruckte Zeitung integriert wurde, behaupteten sie, dass sie bald „5000 außerlesene Soldaten" erwarteten.[17]

Neben den Anzahlen von Soldaten verrieten die Berichte auch oft die Namen der Befehlshaber. Den Zeitungen oder Nachrichtenblättern wurden Verzeichnisse der Kommandeure beigelegt, die einzelne kleinere Militäreinheiten führten. Dass man solche Übersichte hoch

---

14 „darnach 2 000 zu Fuß und 1 000 Pferdt, als das Schlesische Volck laut ihrer Verbündinuß, ist auch auff der Gränz beysammen,…" Ebd.

15 NA ČR, Sbírka přepisů Drážďany 1376–1737, Kart. 6, Nr. 1367, Friedrich Lebzelter an Caspar von Schönberg, Prag, 11.12.1618.

16 Dušan Uhlíř, Drama Bílé hory, Praha 2015, S. 34–35.

17 Titellose Zeitung (Frankfurter Postzeitung) Johanns von den Birghden, 1618, Nr. 50, Bericht vom 2.12.1618 aus Budweis, in: HStA-D 10024 Geheimer Rat (Geheimes Archiv), Loc. 10729/01, fol. 624–625.

schätzte, zeigt der Stolz, mit dem Friedrich Lebzelter in seiner Relation vom 21. Januar 1619 einführte, dass er für den sächsischen Kurfürsten „ein Verzeichnus aller Obristen, Haubt-leuth, und anderer Beuelchshaber ÿber alles von den Herrn Ständen in Behemben geworben Volkh zue Roß und Fueß" beschaffte.[18] Die Berichterstatter fokussierten dann auf alle Akti-vitäten der Kommandeure, zum Beispiel über ihre Reisen nach Prag und Beratungen mit den Direktoren.[19] Dabei bemühten sie sich, nicht nur den Inhalt der Treffen, sondern auch die Stimmung der Teilnehmer und ihre Beziehungen zueinander festzustellen. Vor Weihnachten 1618 berichtete Friedrich Lebzelter zum Beispiel über Spannungen zwischen Georg Friedrich von Hohenlohe und Johann Georg von Jägerndorf. Das Heer von Graf von Hohenlohe, das Budweis seit Mitte November 1618 belagerte, wurde nämlich von schlesischen Truppen des Markgrafen Johann Georg von Jägerndorf unterstützt, aber es kam zu einigen Streitigkeiten im Kommandostab. Die Nachrichten über diese Meinungsverschiedenheiten erregten bei den Kaiserlichen große, teils übertriebene Aufmerksamkeit. Friedrich Lebzeleter bemerkte mit erkennbarem Spott, dass „davon zwar die babisten gross geschrai machen", auch wenn der Streit zwischen den Befehlshabern längst überwunden sei.[20]

Während im Fall der aufständischen böhmischen Stände die Zeitungen und Nachrichten-briefe über die Handlungen mehrerer Personen berichteten, konzentrierten sie sich bei den Kaiserlichen im Winter 1618/1619 fast ausschließlich auf die Person von Karl Bonaventura von Buquoy. Der General galt offensichtlich als starker Gegner und Stratege, und daher berichteten die Zeitungen über jedes Scharmützel, an dem er sich beteiligte oder das von ihm geplant wurde.[21] In den ersten Dezemberwochen des Jahres 1618 druckte zum Beispiel Johann von den Birghden in seiner Zeitung einen Bericht über einen erfolgreichen Angriff auf Budweis ab, bei dem Graf Buquoy eine starke Truppe der Ständischen in die Flucht trieb.[22] Eine handgeschriebene Zeitung aus Prag vom 25. Januar 1619 berichtete darüber, wie Graf Buquoy einen ständischen Fähnrich gefangen nahm.[23]

Die Berichterstatter beschränkten sich jedoch nicht nur auf die bereits vergangenen Ereig-nisse, sondern bemühten sich darüber, Informationen über die Befehle und Pläne Buquoys zu gewinnen. Dabei waren sie so erfolgreich, dass es ihnen mitunter gelang, Kopien eini-ger von den Haburgern an ihn gerichteter Befehlsbriefe zu beschaffen. Dies betraf zum

---

18 NA ČR, Sbírka přepisů Drážďany 1376–1737, Kart. 8, Nr. 1522, Friedrich Lebzelter an Caspar von Schön-berg, Prag, 21.1.1619.

19 Zum Beispiel die Nachricht über die Ankunft von Georg Friedrich von Hohenlohe in Prag, der am Landtag teilnahm – Titellose Zeitung (Frankfurter Postzeitung) Johanns von den Birghden, 1619, Nr. 12, Bericht vom 17. 3. 1619 aus Prag, in: HStA-D, 10024 Geheimer Rat (Geheimes Archiv), Loc. 10729/03, fol. 257–258.

20 NA, Sbírka přepisů Drážďany 1376–1737, Kart. 7, Nr. 1415, Friedrich Lebzelter an Caspar von Schön-berg, Prag, 21.12.1618.

21 Zu Nachrichten über die Aktivitäten von Graf Buquoy während des Winters 1618–1619 Josef Čížek, Komu-nikativní obraz vojenských střetů za českého stavov-ského povstání, České Budějovice 2017 (Diplomarbeit Südböhmische Universität in České Budějovice), S. 37–48.

22 Titellose Zeitung (Frankfurter Postzeitung) Johanns von den Birghden, 1618, Nr. 50, Bericht vom 8.12.1618 aus Prag, in: HStA-D, 10024 Geheimer Rat (Geheimes Archiv), Loc. 10729/01, fol. 625.

23 HStA-D, 10024 Geheimer Rat (Geheimes Archiv), Loc. 10729/03, fol. 43, die handgeschriebene Zeitung vom 25.1.1619 aus Prag.

Beispiel ein Schreiben, in dem Ferdinand II. am 3. November 1618 die Verteidigung von Budweis behandelte. Eine Abschrift erreichte dann unter anderem die kurfürstliche Kanzlei in Dresden.[24] Zwei Monate später ermahnte der sächsische Kurfürst Johann Georg I. seinen Gesandten in Prag, falls er eine Abschrift des kaiserlichen Befehlsbriefes an Buquoy erhalte (womit er rechnete), solle er sie sofort mit einem besonderen Boten nach Dresden schicken.[25]

3. Gesundheitszustand, Proviantversorgung und Verstärkungen

Obwohl es natürlich wichtig war, mit welcher Truppenstärke und unter welchem Kommando die Belagerung von Budweis begann, spielten während des langen und kalten Winters die Versorgung mit Proviant und der Gesundheitszustand der Soldaten eine immer wichtigere Rolle. Daher kamen auch Informationen über die Versorgung und Gesundheit von Soldaten in den Nachrichtenbriefen sowie in den Zeitungen immer häufiger vor. In den ersten Wochen der Belagerung herrschte auf beiden Seiten des Konflikts großer Optimismus. In einem Bericht aus Budweis vom 8. Dezember 1618, der in der Zeitung Johanns von den Birghden abgedruckt wurde, lobte der Korrespondent die neuen Befestigungsanlagen und die Versorgung: „Der Feldmarschlck hat diese Statt mit stattlichen Battarien und Schantzen umb die Statt stattlich befestigen, Stück drauff führen, unnd mit aller nottürfftigen Proviandt versehen lassen." (Abb. 2)[26] Diese Behauptung wurde allerdings fast zugleich durch eine Nachricht aus dem ständischen Lager bezweifelt, nach der „der Feind uberauß grosse Noth in Budweiß leiden solle."[27] Aus der Nachricht ging daneben hervor, dass sie zunächst von einem speziellen Kurier der ständischen Truppen nach Prag gebracht wurde, wo sie nicht nur den Direktoren und anderen einflussreichen Personen mitgeteilt wurde, sondern auch einem Berichterstatter, dessen Mitteilung später in Frankfurt am Main in die gedruckte Zeitung aufgenommen wurde.[28]

Obwohl beide Kriegsparteien Anfang Dezember 1618 mit Optimismus an den Krieg in Südböhmen herangingen, war der Winter für sie sehr hart. Der sächsische Agent übersandte dem Kurfürsten wiederholt Berichte viele krankheitsbedingte Todesfälle unter den Soldaten, die durch schlechte Verpflegung und Unterbringung verursacht wurden. Insbesondere litten die Truppen der böhmischen Stände, die nicht in den festen Häusern der Stadt unterkommen konnten, und daher den Winter in provisorischen Lagern oder in den Dörfern verbrachten.

---

24 HStA-D, 10024 Geheimer Rat (Geheimes Archiv), Loc. 10729/03, fol. 5, Abschrift des Briefes von Ferdinand II. an Karl Bonaventura von Buquoy, Original Wien, 3.11.1618.

25 NA ČR, Sbírka přepisů Drážďany 1376–1737, Kart. 8, Nr. 1491, Johan Georg I. an Jacob von Grünthal, Dresden, 4.1.1619.

26 Titellose Zeitung (Frankfurter Postzeitung) Johanns von den Birghden, 1618, Nr. 50, Bericht vom

2.12.1618 aus Budweis, aufbewahrt HStA-D, 10024 Geheimer Rat (Geheimes Archiv), Loc. 10729/01, fol. 625. Siehe eine spätere Darstellung der Belagerung von Budweis auf einem Stich des 19. Jahrhunderts hier als Abb. 2.

27 Titellose Zeitung (Frankfurter Postzeitung) Johanns von den Birghden, 1618, Nr. 49, Bericht vom 2.12.1618 aus Prag, digitalisiert von SuUB (wie Anm. 6).

28 Ebd.

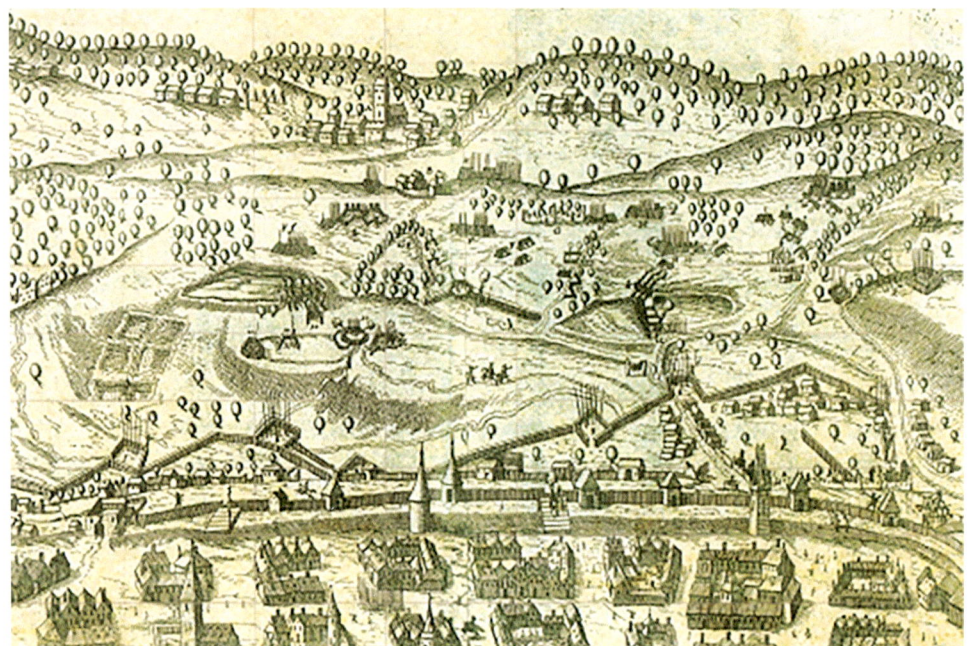

Abb. 2: Die Belagerung von Budweis im Jahr 1619 auf einem Stich des 19. Jahrhunderts, Staatliches Bezirks-archiv České Budějovice (Státní okresní archiv České Budějovice)

Gerüchte über ihre Schwierigkeiten wurden zu einer der Ursachen, die Friedrich Lebzelter dazu bewogen, sich Anfang Januar 1619 auf eigene Faust in das ständische Hauptlager in Rudolfstadt aufzumachen.[29] Am 21. Januar 1619 schickte er dann einen detaillierten Bericht über den Zustand der dortigen Truppen nach Dresden, der ihn offensichtlich schockierte. Er behauptete, die ständische Armee verlor seit der Musterung mindestens 3.000 Männer, von denen die Mehrheit an „eingerißene graßirende hizige Krankheit" verstarb (Abb. 3).[30] Die Unterkunft der Soldaten in den Dörfern um Budweis schilderte er: „…die quartir den mehrentheil gar unbequem, unnd oft in einem geringen Losament 25 auch 30 und mehr Personen sich behelfen müßen, als wirdt einer von dem andern durch die obangedeute eingerißene Kranckheit noch mehrers angesteckht und inficirt, weiln auch gar schlechte fürsehung, als sterben vil gutter leuth hinweg, wie dann fast taglich 20 Personen."[31]

Da sich die schlechte Situation lange nicht verbesserte, starben laut dem sächsischen Agenten die Soldaten haufenweise noch Anfang März 1619. Friedrich Lebzelter behauptete,

---

29 Kateřina Pražáková, Saští zpravodajové a diplomaté ve vzbouřené Praze v zimě 1618/1619, in: Opera historica 24 (2023), Nr. 1, S. 26–51.

30 NA ČR, Sbírka přepisů Drážďany 1376–1737, Kart. 8, Nr. 1522, Friedrich Lebzelter an Caspar von Schönberg, Prag, 21.1.1619.

31 Ebd.

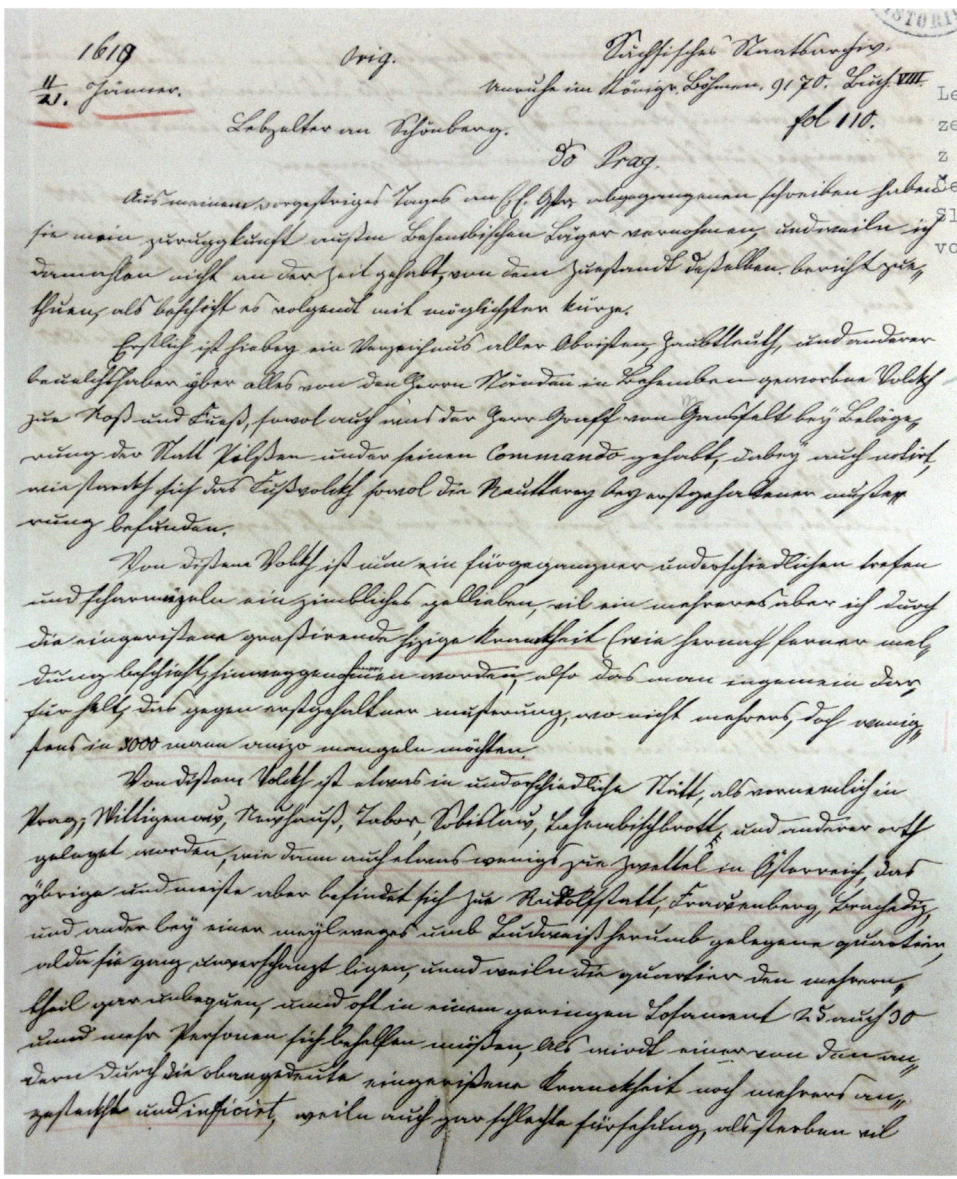

Abb. 3: Abschrift der Relation Friedrich Lebzelters an Caspar von Schönberg, Original aus Prag, 21.1.1619, aufbewahrt in Národní archiv České republiky (Nationalarchiv der Tschechischen Republik), Sbírka přepisů Drážďany 1376–1737 (Sammlung der Abschriften von Dresden 1376-1737), Kart. 8, Nr. 1522

dass in der Stadt „wegen der daselbst grahsirenden Pest ẏber 1400 Soldaten und 1000 Burger-leuth" umkamen.[32] Die Verluste der Belagerer führte er nicht so genau an, erhielt aber vom Sekretär eines der Hauptkommandeure ein Schreiben, nach dem der Großteil der Soldaten krank war und viele im Sterben lagen. Die meisten von ihnen sollten so geschwächt sein, dass sie „die shilt und scharwachen nicht versehen khönnen".[33] Um Schlüsselposten in Rudolf-stadt zu sichern, mussten schlesische Truppen aus anderen Orten herangezogen werden.

Die Informationen über die zunehmenden Schwierigkeiten der Belagerer sowie Verteidi-ger mit Proviant und Krankheiten blieben jedoch nicht auf solche vertraulichen Briefe der eingeweihten Agenten beschränkt, sondern sickerten schnell in handgeschriebene als auch gedruckte Zeitungen. Schon um Weihnachten 1618 erschien in der Zeitung Johanns von den Birghden die Nachricht, dass einige der Budweiser Verteidiger wegen der Hungersnot die Seiten wechselten.[34] Doch bald tauchten Berichte auf, aus denen hervorging, dass die Armee der böhmischen Stände mehr unter Hunger, Kälte und Krankheiten litt. Ein unbekannter Autor einer handgeschriebenen Zeitung suchte nach dem 20. Januar 1619 den Feldschreiber auf, der aus dem Militärlager in Prag ankam, und verbreitete gleich Berichte darüber, wie die ständischen Soldaten „so hauffenweÿß hin sterben".[35] Seiner Behauptung nach verloren dort seit Weihnachten 1618 4.225 Soldaten ihr Leben.[36] Über hohe Verluste der ständischen Armee informierten dann mehrmals auch die gedruckten Zeitungen. Mitte Januar stand dort zum Beispiel: „Im Läger sterben die Soldaten noch immer hinweg, etliche Fendel sollen über 100 mann nicht mehr starck seyn."[37] Und noch in der zweiten Hälfte des Februars 1619 regte sich ein Informant, der sich offensichtlich direkt im Läger vor Budweis befand: „Das Kriegsvolck allhie stirbt noch ziemlich, entgegen stärckt sich der Graff Tampier, hat in Oesterreich 4 000 Man[n] zusammen bracht." Neben der grassierenden Krankheit deutete sein Bericht eigentlich einen Niedergang der Kampfmoral an. Der Autor und seine Kampf-gefährten waren offensichtlich von den Nachrichten über die Verstärkungen beunruhigt, die ihre Feinde bekommen sollten.[38]

Wohl gerade wegen der Steigerung der Kampfmoral erwähnten die Berichterstatter oft mögliche Verstärkungen. Im Winter 1618/1619 kündigten viele Zeitungen an, dass neue Soldaten geworben werden sollten, oder sich sogar nähern. Dies minderte jedoch die Bedeu-tung solcher Berichte, da die Leser ahnen mussten, dass solche Meldungen übertrieben sein

---

32 NA ČR, Sbírka přepisů Drážďany 1376–1737, Kart. 8, Nr. 1614, Friedrich Lebzelter an Caspar von Schön-berg, Prag, 3.3.1619.

33 Ebd.

34 „…gar viel seindt auß Hungersnoth zu der Stände Volck gefallen unnd theils gar entlauffen." Titellose Zeitung (Frankfurter Postzeitung) Johanns von den Birghden, 1618, Nr. 52, Bericht vom 23.12.1618 aus Prag, digitalisiert von der SuUB (wie Anm. 5).

35 HStA D, 10024 Geheimer Rat (Geheimes Archiv), Loc. 10729/03, fol. 43, handgeschriebene Zeitung vom 25.1.1619 aus Prag.

36 „…sollen seither den 25. Decembrÿ 4 225 gestorben sein." Ebd.

37 Ein Bericht über einen ähnlichen Ausfall von Buquoy – Titellose Zeitung (Frankfurter Postzeitung) Johanns von den Birghden, 1619, Nr. 3. Bericht vom 13.1.1619 aus Prag, digitalisiert von der SuUB (wie Anm. 5).

38 Titellose Zeitung (Frankfurter Postzeitung) Johanns von den Birghden, 1619, Nr. 10, Bericht vom 24.2.1619 aus Rudolfstadt, in: HStA-D, 10024 Gehei-mer Rat (Geheimes Archiv), Loc. 10729/03, fol. 169.

konnten. Als zum Beispiel im Februar 1619 ein niederländischer Gesandter Prag besuchte, erschienen sofort stark aufgebauschte Berichte darüber, wie viel Hilfe die rebellischen böhmischen Stände erhalten würden.[39] Obwohl noch kein Vertrag unterzeichnet worden war, redete man bereits darüber, dass „gewiß zweÿ Regiment Fußwolck, 2000 Pferdt und 1000 Tragones aus Niderlandt herein khommen werden."[40] Nach einigen sollten sie schon „theils allbereit uf den Gränzen sein".[41]

Während die Berichterstatter oft ihre Meldungen über Verstärkungen übertrieben, war dies bei den Angaben über Geld und Munition offenbar anders. Diese kamen nicht so häufig vor, aber dafür schienen sie zuverlässiger zu sein. So druckte Johann von Birghden in seiner Zeitung die Beobachtungen eines unbekannten Korrespondenten aus Prag ab, der erklärte, dass die aufständischen Stände wirklich vorhätten, Budweis zu erobern. Er belegte seine Behauptung mit der Information, dass „man dieser tagen etliche Wägen mit Munition von hinnen ins Läger geführt."[42] Dann meldete er weiter, dass man gerade von der Hauptstadt „4 schwer Wägen mit Gelt" nach Rudolfstadt abgefertigt habe.[43] Es schien, dass er seine Relation über den Geldtransport ursprünglich noch in der Zeit schrieb, als dieser noch unterwegs war und von einem gut koordinierten Angriff bedroht sein konnte.

4. Scharmützel und ernste Eroberungsversuche

Obwohl sich die Armee des Generals Hohenlohe bereits Mitte November 1618 vor Budweis in Stellung brachte, unternahm sie bis April 1619 keine ernsthaften Versuche, die Stadt zu erobern. Die verfeindeten Truppen begegneten sich jedoch häufig in kleinen Scharmützeln, deren Ergebnisse über die Versorgung mit Proviant, Waffen und neu geworbenen Soldaten entschieden. In der Berichterstattung gewannen solche Zusammenstöße viel Aufmerksamkeit. Beispielsweise druckte Johann von Birghden Ende 1618 in seiner Zeitung einen Bericht aus Prag ab, in dem ein misslungener Ausfall der kaiserlichen Truppen aus Budweis geschildert wurde. Sie konnten zurückgeschlagen werden und verloren 150 Mann, während auf der Seite der Stände 100 Mann gefallen sein sollten.[44] Fast zugleich kam es angeblich zu einem weiteren Zusammenstoß, bei dem die Stände „40 Centner Pulffer, 2 grosse Fassz mit Muszketkugeln, 12 Truhen mit Säcken eyngefasten Pulver und kleine Kugeln" und andere militärische Ausrüstung beschlagnahmten, „welches alles in Budweis hat sollen gebracht

39 NA ČR, Sbírka přepisů Drážďany 1376–1737, Kart. 8, Nr. 1601, handgeschriebene Zeitung vom 26.2.1619 aus Prag.

40 NA ČR, Sbírka přepisů Drážďany 1376–1737, Kart. 8, Nr. 1599, Friedrich Lebzelter an Caspar von Schönberg, 26.2.1619.

41 Ebd.

42 Titellose Zeitung (Frankfurter Postzeitung) Johanns von den Birghden, 1619, Nr. 2, Bericht vom 6.1.1619 aus Prag, digitalisiert von der SuUB (wie Anm. 5).

43 Ebd.

44 Titellose Zeitung (Frankfurter Postzeitung) Johanns von den Birghden, 1618, Nr. 51, Bericht vom 16.12.1618 aus Prag, digitalisiert von der SuUB (wie Anm. 6).

werden."[45] Mitte Januar berichtete diese gedruckte Zeitung wieder über einen Zusammen-stoß, bei dem beiden Seiten wohl relativ viele Soldaten verloren.[46]

Da die Herausgeber der gedruckten und geschriebenen Zeitungen die Nachrichten über die Belagerung von Budweis hauptsächlich aus dem Lager der ständischen Armee erhiel-ten, waren sie natürlich optimistischer, was die Chancen des Heeres von Graf Hohenlohe anging. Dennoch musste man seit Ende Januar 1619 immer öfter zugeben, dass die Stadt nicht ausreichend abgeschnitten war, sondern dass Lebensmittelladungen und neue Solda-ten die Belagerten erreichen konnten.[47] Was die Soldaten betrifft, wurde die Stadt von den Truppen des Obristen Otto Heinrich Fugger beträchtlich gestärkt.[48] Darüber, dass 2000 Fugger-Musketiere den Böhmerwald überquerten, informierte die Zeitung Johanns von den Birghden schon Anfang Februar 1619.[49] Am 13. Februar 1619 meldete dann ein Autor einer handgeschriebenen Zeitung aus Wien, dass die Soldaten schon Budweis erreichten.[50] Die Tatsache, dass Graf Hohenlohe das Eintreffen von Verstärkungen nicht verhinderte und in den ersten Monaten des Jahres 1619 keine ernsthaften Schritte unternahm, wurde ihm später vorgeworfen.[51]

Jedenfalls fing seine Armee, mit den ernsten Versuchen, die Stadt zu erobern, erst Ende April 1619 an. Dabei kündigte die gedruckte Zeitung schon am 3. März 1619 an, die Direk-toren entschieden bei ihrer Sitzung, dass man Budweis angreifen soll, „weiln so grosser Schaden auß Budweiß beschicht."[52] Die Veröffentlichung des Plans gab den Kaiserlichen die Gelegenheit, sich auf die Kämpfe vorzubereiten. Zugleich wusste ihre Führung, dass die ständische Armee vor Budweis bleiben und nicht anderswo auftauchen würde.

Seit Anfang Mai 1619 kamen von Budweis Nachrichten über die Eroberungsversuche. Friedrich Lebzelter beschrieb zum Beispiel in seiner Relation vom 9. Mai 1619 den Bau von Schanzen und anderen Befestigungs- und bzw. Eroberungsbauten: „Außn feldt Läger vor budweiß hat man, d[a]ß der Herrn Rande Volckh ein große Raczen neben des feindts schan-zen aufgeworfen, welihe albereit so hoch, d[a]ß man verhofft, in ein paar Tagen des feindts

45 Ebd.

46 Titellose Zeitung (Frankfurter Postzeitung) Johanns von den Birghden, 1619, Nr. 3, Bericht vom 13.1.1619 aus Prag, digitalisiert von der SuUB (wie Anm. 6).

47 Zum Beispiel: „Die Key[serlichen] haben eine[n] geheimen Passz von Budweiß durchs Gehölz an die Thonaw bekommen, dadurch sie nicht allein gnug-same Munition, sondern auch frisch Volck zu sich bringe[n] können." Titellose Zeitung (Frankfurter Postzeitung) Johanns von den Birghden, 1619, Nr. 5, Bericht vom 27.1.1619 aus Prag, digitalisiert von der SuUB (wie Anm. 6).

48 Zum Obristen Otto Heinrich Fugger, Graf zu Kirch-berg und Weißenhorn, ausführlich Antonio Schmidt-Brentano, Die kaiserlichen Generale 1618–1655. Ein biographisches Lexikon, Wien 2022, S. 168–171.

49 Titellose Zeitung (Frankfurter Postzeitung) Johanns von den Birghden, 1619, Nr. 7, Bericht vom 6. 2. 1619 aus Wien, in: HStA-D, 10024 Geheimer Rat (Gehei-mes Archiv), Loc. 10729/03, fol. 107.

50 NA ČR, Sbírka přepisů Drážďany 1376–1737, Kart. 8, Nr. 1575, handgeschriebene Zeitung vom 13.2.1619 aus Wien.

51 Die Nachricht über die lange Passivität des ständischen Heeres auch in der gedruckten Zeitung – Titellose Zeitung (Frankfurter Postzeitung) Johanns von den Birghden, 1619, Nr. 8, Bericht vom 14.2.1619 aus Prag, digitalisiert von der SuUB (wie Anm. 6).

52 Titellose Zeitung (Frankfurter Postzeitung) Johanns von den Birghden, 1619, Nr. 10, Bericht vom 3.3.1619 aus Prag, digitalisiert von der SuUB (wie Anm. 6).

Abb. 4: Nachricht aus Budweis publiziert in Titellose Zeitung (Frankfurter Postzeitung) Johannes von den Birghden, 1619, Nr. 20, Bericht vom 8.5.1619 aus Prag, digitalisiert von der Staats- und Universitätsbibliothek Bremen

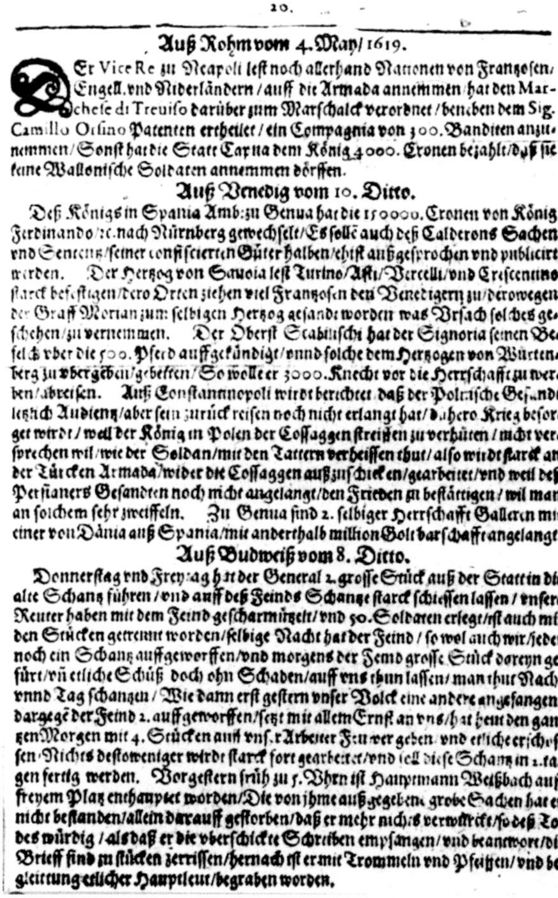

20.

Auß Rohm vom 4. May/ 1619.

Er Vice Re zu Neapoli lest noch allerhand Nationen von Frantzosen/ Engell. vnd Niderländern/ auff die Armada annemmen/ hat den Marschese di Treuiso darüber zum Marschalck verordnet/ beneben dem Sig. Camillo Orsino Patenten ertheilet/ ein Compagnia von 300. Banditen anzunemmen/ Sonst hat die Statt Cajeta dem König 4000. Cronen bezahlt/ daß sie keine Wallonische Soldaten annemmen dörffen.

Auß Venedig vom 10. Ditto.

Deß Königs in Spania Amb: zu Genua hat die 15000. Cronen von König Ferdinando rc. nach Nürnberg gewechselt/ Es solle auch deß Calderons Sachen vnd Sentens/ seiner confiscierten Güter halben/ ehist außgesprochen vnd publicirt werden. Der Hertzog von Sauoia lest Turino/ Asti/ Vercelli/ vnd Crescentino starck befestigen/ dero Orten ziehen viel Frantzosen den Venetigern zu/ derowegen der Graff Morian zum selbigen Hertzog gesandt worden was Vrsach sol deß geschehen/ zu vernemmen. Der Oberst Scabitsch hat der Signoria seinen Besel vber die 300. Pferd auffgekündigt/ vnnd solche dem Hertzogen von Würtenberg zu vbergeben gebetten/ So wolle er 3000. Knecht vor die Herrschafft zu werben/ abreisen. Auß Constantinopoli wird berichtet/ daß der Polnische Gesandte leglich Audientz/ aber sein zurück reisen noch nicht erlangt hat/ dahero Krieg besorget wird/ weil der König in Polen die Cossaggen streiffen zu verhüten/ nicht versprechen will/ wie der Soldan/ mit den Tattern verheissen thut/ also wird starck an der Türcken Armada/ wider die Cossaggen außzuschicken/ gearbeitet/ vnd weil deß Persianers Gesandten noch nicht angelangt/ den Frieden zu bestättigen/ wil man an solchem sehr zweiffeln. Zu Genua sind 2. selbiger Herrschafft Galleren mit einer von Dania auß Spania/ mit anderthalb million Golt bar schafft angelangt.

Auß Budweiß vom 8. Ditto.

Donnerstag vnd Freytag hat der General 2. grosse Stück auß der Statt in die alte Schantz führen/ vnd auff deß Feinds Schantz starck schiessen lassen/ vnsere Reuter haben mit dem Feind gescharmützelt/ vnd 50. Soldaten erlegt/ ist auch mit den Stücken getrennt worden/ selbige Nacht hat der Feind/ so wol auch wir/ seder noch ein Schantz auffgeworffen/ vnd morgens der Feind grosse Stück dareyn geführt/ vn etliche Schüß doch ohn Schaden/ auff vns thun lassen/ man thut Nacht vnnd Tag schantzen/ Wie dann erst gestern vnser Volck eine andere angefangen/ dargegen der Feind 2. auffgeworffen/ setzt mit allem Ernst/ hat heut den gantzen Morgen mit 4. Stücken auff vns.r Arbeiter Feur geben/ vnd etliche erschossen. Nichts destoweniger wirdt starck fort gearbeitet/ vnd iel diese Schantz in 2. tagen fertig werden. Vorgestern früh zu 5. Vhren ist Hauptmann Weißbach auff freyem Platz enthaupt worden/ Die von ihme außgegeben grobe Sachen hat er nicht bestanden/ allein darauff gestorben/ daß er mehr nichts verwürckt/ so deß Todes würdig/ als daß er die vberschickte Schreiben empfangen/ vnd beantwort/ die Brieff sind zu stücken zerrissen/ hernach ist er mit Trommeln vnd Pfeiffen/ vnd begleittung etlicher Hauptleut/ begraben worden.

schanz gar einzuschießen."[53] Es kam zu einer Reihe von Scharmützeln und die Belagerer und Belagerten beschossen sich gegenseitig. Dank der Verstärkungen, die im Frühjahr eintrafen, konnte aber die Stadt der Armee der böhmischen Stände erfolgreich widerstehen.

Die Stadtbürger nutzten die Tatsache aus, dass die Belagerer nicht imstande waren, Budweis zu umschließen und abzuschneiden, nicht nur zur praktischen Verteidigung, sondern auch zu Propagandazwecken. Durch Kuriere verschickten sie Berichte, in denen sie den Lesern die Belagerung aus ihrer Sicht beschrieben. Mehrere dieser Berichte wurden auch in den Zeitungen abgedruckt. Ein Beispiel stellte die Schilderung von einem Zusammenstoß vom Anfang Mai 1619, in dem angeblich 50 Soldaten der böhmischen Stände getötet

---

53 NA ČR, Sbírka přepisů Drážďany 1376–1737, Kart. 9,
   Nr. 1810, Friedrich Lebzelter an Caspar von Schön-
   berg, 9.5.1619.

wurden. Darüber hinaus rühmten sich die Verteidiger, wie gut es ihnen gelang, die Angreifer zu beschießen (Abb. 4).[54] Dennoch behaupteten die Belagerer immer noch, dass sie die Stadt bald einnehmen würden. Mitte Mai 1619 wurde die Belagerung von Budweis in den Zeitungen von der Expedition der böhmischen Stände nach Mähren in den Hintergrund gedrängt. Viele gingen davon aus, dass der Aufstand nun siegen würde, wenn sich die böhmischen und mährischen Truppen zusammenschlössen. Am 10. Juni 1619 erlitten aber die Aufständischen im Südböhmen von Graf Buquoy eine Niederlage in der Schlacht bei Sablat (Záblatí), nach der sie auf die Eroberung von Budweis verzichten mussten.

5. Resultat

Während des Böhmischen Aufstandes wurden viele geheime Informationen nicht nur durch vertrauliche Briefe und Berichte von Agenten, sondern auch in gedruckten Zeitungen veröffentlicht. Ihre Käufer, die sie bestellten oder auf einem Markt in einer deutschen Stadt kauften, konnten erstaunlich viele detaillierte Angaben über die Kriegsvölker erhalten, die im Winter 1618/1619 in Böhmen operierten. Die publizierten Angaben betrafen in der ersten Linie die Größe von den Armeen, ihre Führung und Aussichten auf mögliche Hilfen. Da es im Winter besonders wichtig war, befassten sich die Berichterstatter auch viel mit dem Gesundheitszustand, der Proviantversorgung und den Quartieren der Kriegsvölker. Weiter gehörten zu den beliebten Themen die Beschreibungen von verschiedenen Scharmützeln. In etlichen Fällen berichtete man sogar über Geldtransporte oder verriet etliches von den Angriffsplänen. Auf der anderen Seite beschrieb man in den Zeitungen fast nie, wie die Stadtmauer aussehen, welche Schwächen sie haben, wie viele Tore es gab und was für Befestigung neu errichtet wurden. Es ist wahrscheinlich, dass die Belagerer über Informationen zu den Befestigungsanlagen der Feinde verfügten, aber nicht in den Berichten publik machten. Dagegen überrascht es, dass die Verteidiger einige Informationen über ihre Befestigungen, Schanzen und Geschütze preisgaben. Sie taten dies allerdings erst dann, wenn ihre Situation sehr gut war und sie ihre Erfolge propagieren wollten.

Abbildungsnachweis

Abb. 1: aus: http://www.encyklopedie.c-budejovice.cz/clanek/veduty
Abb. 2: aus: http://m.ns-usilne-rudolfov.cz/naivni-schema-oblehani-ceskych-budejovic-stavovskym-vojskem-roku-1619-na-rytine-z-19-stoleti-statni-okresni-archiv-ceske-budejovice/g-1184
Abb. 3: Kateřina Pražáková
Abb. 4: aus: https://brema.suub.uni-bremen.de/zeitungen17/periodical/titleinfo/934741

---

54 Titellose Zeitung (Frankfurter Postzeitung) Johanns
   von den Birghden, 1619, Nr. 20, Bericht vom 8.5.1619
   aus Prag, digitalisiert von der SuUB (wie Anm. 6).

Martin Wilhelm Roelen

Der Bau der ersten Weseler Festung (1583–1614)

Wenn man von der Festung Wesel spricht, meint man stets die bedeutende preußische Festungsanlage, deren Bau am Ende des 17. Jahrhunderts begann und deren Überreste noch heute in Wesel zu sehen sind. Dass es tatsächlich zwei Festungen gab, eine ältere und eine jüngere – die erwähnte preußische –, war bislang nicht bekannt bzw. ist nie thematisiert oder untersucht worden, obgleich zahlreiche Stiche des 17. Jahrhunderts Wesel als Festungsstadt zeigen. Der Zustand wurde quasi als gottgegeben hingenommen und nicht weiter beachtet, so dass es eine mehr als einhundert Jahre umfassende Lücke in der Geschichte Wesels als befestigter Stadt gibt.

Der Begleitband zur im Herbst 1981 in Wesel gezeigten Ausstellung „Die Festung Wesel" befasst sich im ersten Kapitel mit der befestigten Stadt von 1582 bis 1610. Da hier bei der Beschreibung der befestigten Stadt nur vom vorhandenen und falsch datierten Kartenmaterial ausgegangen wurde, keine Untersuchungen zu diesem Zeitraum vorhanden waren und die Archivalien des Stadtarchivs zum Festungsbau nicht benutzt wurden, ist dieses Kapitel obsolet.[1]

Eine die Breite der Quellen vorbildlich nutzende und in extenso vorstellende Arbeit über die 1568 errichtete Flesgentorbastion verfasste Dieter Kastner. Anzumerken ist lediglich die Fehleinschätzung bezüglich der Rondelle bei Mercator und Hammelmann, die er für jünger hielt, obgleich sie aber teilweise schon in der Dissertation von Doris Bellebaum[2] erwähnt werden.[3] Diese neuartige Bastion, die 1568 eher disparat wirkte, wurde als einziger moderner Bestandteil der bestehenden Stadtbefestigung in die neue Festung integriert, während die Rondelle allesamt zur Disposition standen und durch Bastionen ersetzt werden sollten. Der Beitrag von Kastner beruht ausschließlich auf Weseler Quellen, die reichlich vorhanden

1 Werner Arand, Volkmar Braun u. Josef Vogt, Die Festung Wesel. Darstellung ihrer Entwicklung anhand historischer Karten und Pläne (Weseler Museumsschriften 3), Köln/Bonn 1981.

2 Doris Bellebaum, Die Befestigungen der Stadt Wesel in ihrer Entwicklung 1349–1552, dargestellt auf Grund der Stadtrechnungen, Diss. phil. Köln 1961.

3 Dieter Kastner, Johann Pasqualini und die Anfänge der Festung Wesel – Der Bau der Flesgentorbastion im Jahre 1568, in: Jutta Prieur (Hrsg.), Wesel. Beiträge zur Stadtgeschichte (Studien und Quellen zur Geschichte von Wesel 7), Wesel 1985, S. 83–121; Bellebaum 1961 (wie Anm. 2), S. 33.

sind. Es gibt neben den üblichen Amtsbüchern wie Ratsprotokolle, Stadtrechnungen und Briefbücher auch Akten zum Festungsbau, die die Finanzierung und die Abrechnungen von 1568 enthalten. Neben einer bedeutenden Akte zum frühneuzeitlichen Festungsbau gibt es zahlreiche weitere Festungsbaurechnungen der 1570er- und 1580er-Jahre, die bislang nicht beachtet wurden. Die genannte bedeutende Akte hingegen ist wohlbekannt aufgrund zahlreicher hervorragender Darstellungen der Festung des 16. Jahrhunderts sowie wegen der Pläne des jüngeren Pasqualini. Das dazugehörige Gutachten Pasqualinis sowie der Vertrag mit einem Festungsbau-Unternehmer fanden bislang keine Beachtung.[4]

Im Folgenden werden die Gründe für den ersten Festungsbau und der Bauplan erläutert, die involvierten Personen vorgestellt und anhand der Festungsrechnungen die grundlegende Umwallung beschrieben und anhand der Stadtrechnungen und Ratsprotokolle der weitere Ausbau der Festung bis zur Einstellung der Arbeiten im Jahre 1614 in Folge der Übergabe der Stadt an die Spanier vorgestellt.

Vom Bau der Flesgentorbastion (1568) bis zum Baustopp 1581

Im Mai 1568 beschloss der Magistrat angesichts der Drohungen des Fernando Alvarez de Toledo (1507–1582), Herzog von Alba und Statthalter der spanischen Niederlande, die Befestigungsanlagen in einen ordentlichen Zustand zu versetzen (Abb. 1). Dazu bestellte man den herzoglichen Landesbaumeister Johann Pasqualini den Älteren nach Wesel, damit er sich die Befestigungen anzusehen und Vorschläge zu deren Verbesserung machen konnte. Sein Vorschlag, vor dem Flesgentor, einem der Schwachpunkte der Befestigungen, eine Bastion in neuitalienischer Manier zu bauen, wurde umgesetzt. Pasqualini wird auch die übrigen Schwächen erkannt haben, denn knapp ein Jahrzehnt später wurde an diesen gearbeitet. Am 17. Mai 1568 begannen die Baumaßnahmen. Die Stadt hatte keinen Wallmeister, also einen Festungsbauunternehmer, sondern einen Weseler Maurermeister, Peter van Hoeke-lom, mit dem Bau betraut. Dieser war zugleich städtischer Vertragsmaurermeister. Das war ungewöhnlich, weil man dann selbst erfahrene Arbeiter anstellen musste. Diese heuerte der städtische Werkmeister in Orsoy an, wo Pasqualini lebte und den Bau der dortigen Festung leitete. Werkmeister war, wie lange Zeit üblich, mit Derich Hertogs ein erfahrenes, älteres Magistratsmitglied; erst 1590 wurde mit Johann Hollandt erstmals ein baukundiger Fachmann zum städtischen Werkmeister bestellt.[5] Die Nähe von Orsoy zu Wesel und die häufige Inspektion durch den herzoglichen Landesbaumeister waren vielleicht der Grund für den Verzicht auf einen Wallmeister. Wegen des hohen Bedarfs an Ziegeln ließ die Stadt diese auch in zwei Orsoyer Ziegeleien herstellen. Ziegel benötigte man für das Fundament der Bastion

---

4 Beide wurden 2022 publiziert, vgl. Martin Wilhelm Roelen, Quellen und Karten zur Geschichte der älteren Festung Wesels, in: Martin Wilhelm Roelen (Hrsg.), Pioniere, Kartographen, Festungsbauer – Aufsätze und Quellen zur Weseler Rechts-, Festungs-

und Wirtschaftsgeschichte (Studien und Quellen zur Geschichte von Wesel 43), Wesel 2022, S. 111–144.

5 Stadtarchiv Wesel (im Folgenden StAW), A7/205, fol. 55v.

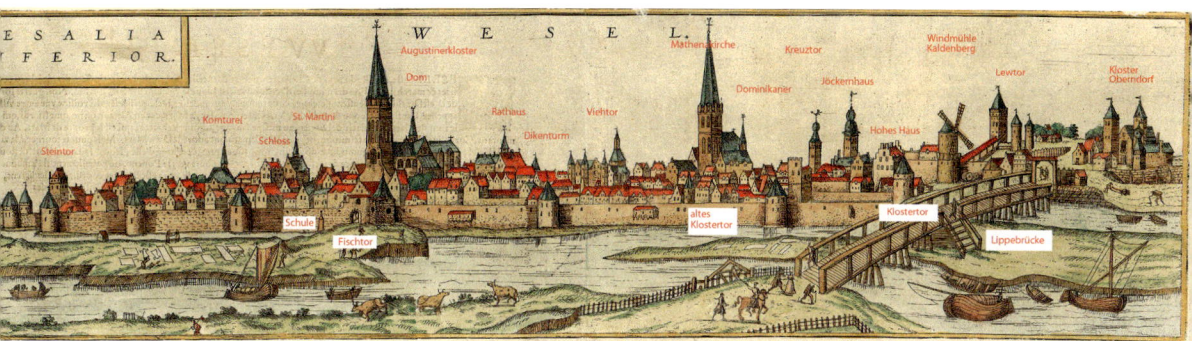

Abb. 1: Ansicht von Wesel aus dem Städtebuch von Braun/Hogenberg 1572 mit Kennzeichnung der dargestellten Gebäude (StAW, K2/2012)

sowie für die Grabenwände und den unterirdischen Gang von der Stadt zur Bastion. Die Außenwand der Bastion war etwa sechs Meter hoch und im Fuß zweieinhalb Meter dick gemauert; dahinter war ebenso gestampfte Erde aufgeschüttet wie auf der Mauerkrone für die Brustwehr, die mehr als mannshoch und breit genug war, um einen Kanonenschuss aufzuhalten. Zwischen Flanke und Wall befanden sich links und rechts des Gangs Kasematten, von denen aus Wallrand und Graben bestrichen werden konnten. Abgebrochen wurde das äußere Flesgentor und eingeebnet der alte Wall nebst Graben. Neben der Bastion errichtete man eine Zugbrücke. Auf die Wälle wurden zahlreiche Schanzkörbe gesetzt.

Die Gesamtausgaben für die Bastion im Rechnungsjahr 1568 betrugen 11.328 Gulden 9 Albus 1½ Heller. Bezahlt haben die Arbeiten natürlich die Einwohner der Stadt, die mit einer vermögensabhängigen Steuer belegt wurden, die die Stadt in der zweiten Hälfte des Jahres 1568 insgesamt sechs Mal einzog. Die Steuer erbrachte mit 5.582 Gulden 13 Albus 1 Heller knapp die Hälfte der Ausgaben. Zudem wurden Bürger wie die Beiwohner genannten Nichtbürger viertels- und vorstadtweise zu Hand- und Spanndiensten aufgeboten. Fuhrdienste leisteten zwölf umliegende Bauerschaften und Dörfer.[6]

Am Kreuztor wurde 1573 ein Rondell nebst Mauer gebaut. Die Arbeiten begannen in der achten Woche und zogen sich bis zur 36. Woche hin.[7] Finanziert wurde die Maßnahme zwei Jahre später durch die verdoppelte Kornakzise bei der neuen Mühlenwaage genannten Getreide- bzw. Mahlsteuer, wovon 3.159 Gulden für das Rondell verwendet wurden.[8]

Es dauerte einige Jahre, bis die Stadt erneut und dann über viele Jahre die Befestigungen modernisierte. Diese Arbeiten sind teilweise sehr gut dokumentiert, da die dafür geführten Sonderrechnungen mehrheitlich erhalten blieben und sowohl die Ratsprotokolle als auch die Akten zur Stadtbefestigung mitunter detailliert über die Baumaßnahmen informieren.

---

6   Kastner 1985 (wie Anm. 3), S. 83–121.
7   StAW, A7/191, fol. 36v–40v.
8   StAW, A7/193, fol. 53r f.

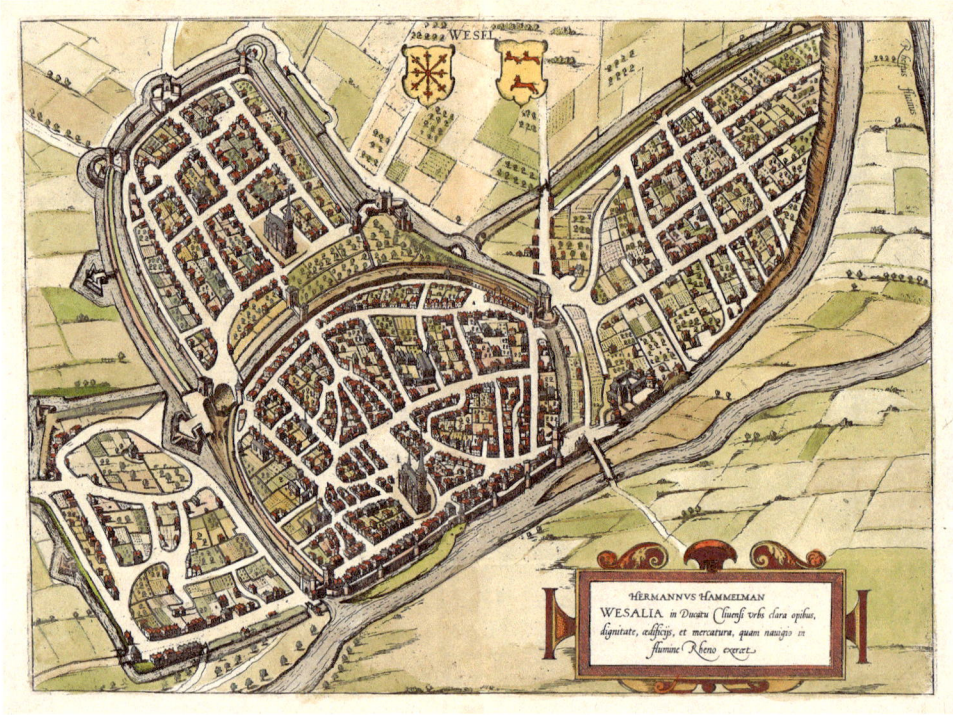

Abb. 2: Die 1588 erstmals bei Braun/Hogenberg erschienene Vogelschauansicht Wesels, der sogenannte Hammelmann-Plan (StAW, K2/2135)

Von 1577 bis 1581 erfolgten Arbeiten an einem weiteren Schwachpunkt der Befestigungsanlagen (Abb. 2). Wir wissen nicht, wer für die Planung zuständig war und kennen den Wallmeister, der die Baumaßnahmen von 1577 bis 1579 durchführte, nur mit Vornamen: Meister Jelis.[9] Die 1580/81 vornehmlich ausgeführten Maurerarbeiten standen unter der Leitung des schon genannten Meisters Peter van Hoekelom.[10] Der Informationsgehalt der drei vorhandenen Rechnungen ist im Vergleich zu dem der jüngeren Rechnungen (1583–1588) dürftig, da es weder die im Weseler Rechnungswesen sonst üblichen einleitenden Projektbeschreibungen noch die häufigen Detailangaben innerhalb der Rechnungen gibt. Meister Jelis ließ im genannten Zeitraum die Befestigungsanlagen zwischen Kreuz- und Lewtor teilweise abtragen und durch neue Bauten ersetzen. Die alte Mauer zwischen beiden Toren wurde abgebrochen und durch eine neue ersetzt.[11] Vor beiden Toren wurden neue Rondelle errichtet und dazwischen wurde 1580 ein weiteres Werk, *Berchtes Rondelken* genannt, gebaut; die

---

9   StAW, A1/253,8.3, fol. 2v; ebd. 8.4, fol. 2r.

10 StAW, A1/253,8,5, fol. 6r.

11 StAW, A1/253,8.3, fol. 2r und 5r f. (Rondell am Kreuztor; Abbruch der Mauer); ebd. 8.5, fol. 6r (Rondell am Lewtor; Neubau der Mauer).

alten Brücken brach man ab und ersetzte sie durch Zugbrücken an anderer Stelle.[12] Zwischen beiden Toren wurde ein neuer Graben ausgehoben, der innen beiderseits ausgemauert und an den Enden mit Holz versperrt und anschließend gewässert wurde.[13] Den Arbeiten fielen einige Gärten vor dem Kreuztor zum Opfer; andere mussten nach dem Abschluss der Arbeiten neu eingemessen werden.[14] Finanziert wurden die Bauarbeiten zu mehr als 85 Prozent über die erwähnte Mühlenwaage. Das übrige Geld kam von den abgegangenen Stadtrentmeistern, die ihre Rechnungsschulden beglichen, und von den sogenannten Kornherren, die für die Beschaffung von Brotgetreide zuständig waren.

Die altniederländische Festung des Johannes Corputius (1582–1590)

Im Frühjahr 1582 forderte der Landesherr, Herzog Wilhelm V. von Jülich-Kleve-Berg, die Stadt auf, die Befestigungsanlagen wegen der anhaltenden Bedrohungen verteidigungsbereit („in erheischender noetfeste gebracht") zu machen. Wegen der Lage an Rhein und Lippe mit wichtigen Flussübergängen, zur Deckung der wichtigen Handelsstraßen sowie als größte, bevölkerungsreichste und vermögendste Stadt in den Vereinigten Herzogtümern hatte der Herzog ein großes Interesse an der Sicherheit der nach Köln größten Handelsmetropole am Niederrhein. Das in der Stadt erwirtschaftete Geld kam auch ihm zugute. Die Stadt war somit genötigt, entsprechend zu bauen und beschloss am 7. Mai 1582, für ein halbes Jahr eine Steuer (Schatzung) bei den Bürgern und Einwohnern zu erheben. Wer dazu nicht in der Lage war, musste seinen Beitrag durch Erdarbeiten ableisten. Den sonstigen Bedarf hatte die neue Mühlenwaagekasse zu decken. Die Bauaufsicht lag bei den von der Gemeinde gewählten Deputierten, die wiederum nur mit Zustimmung des Rates bauen durften. Die Bauarbeiten sollten unverzüglich fortgesetzt werden.[15] Letzteres wollte der Herzog jedoch nicht.[16] Es muss einen Briefwechsel zwischen der Stadt und dem Herzog gegeben haben, in dem das genaue Vorgehen vorgegeben oder diskutiert wurde. Anders ist das Geschehen im Sommer 1582 nicht zu erklären.

Am 2. Juli 1582 erschien auf Einladung der Stadt und wahrscheinlich nach Aufforderung durch den Landesherrn der Festungsbaumeister Johannes Corputius in Wesel und besichtigte gemeinsam mit dem Rat und den Gemeinsfreunden, den jährlich von der Bürgerschaft gewählten Wahlmännern, die Befestigungen. Er erklärte sich anschließend bereit, einen Entwurf für eine moderne Festung nach altniederländischer Manier anzufertigen und auch

---

12 StAW, A1/253,8.5, fol. 2r (Zwischenwerk), 11v (Rondell vor dem Lewtor); ebd. 8.4, fol. 7v f. (Brückenabbruch), 10r (Zugbrücke). Zur Bezeichnung des Zwischenwerks vgl. den Mercator-Plan (Abb. 8).

13 StAW, A1/253,8.5, fol. 8r ff. (Grabenmauern), 11v (Grabensperrung und -wässerung).

14 StAW, A1/253,8.4, fol. 13r und 14r.

15 Martin Wilhelm Roelen u. Erich Wolsing (Bearb.), Weseler Edikte 1324–1600, 2 Bde., Wesel 2005, Bd. 2, Nr. 707. Der letzte Satz kann nur bedeuten, dass 1582 immer noch oder aber wieder an der Festung gebaut wurde, die Rechnung oder Rechnungen jedoch nicht mehr vorhanden sind.

16 StAW, A3/60, fol. 102r: 20. August 1582.

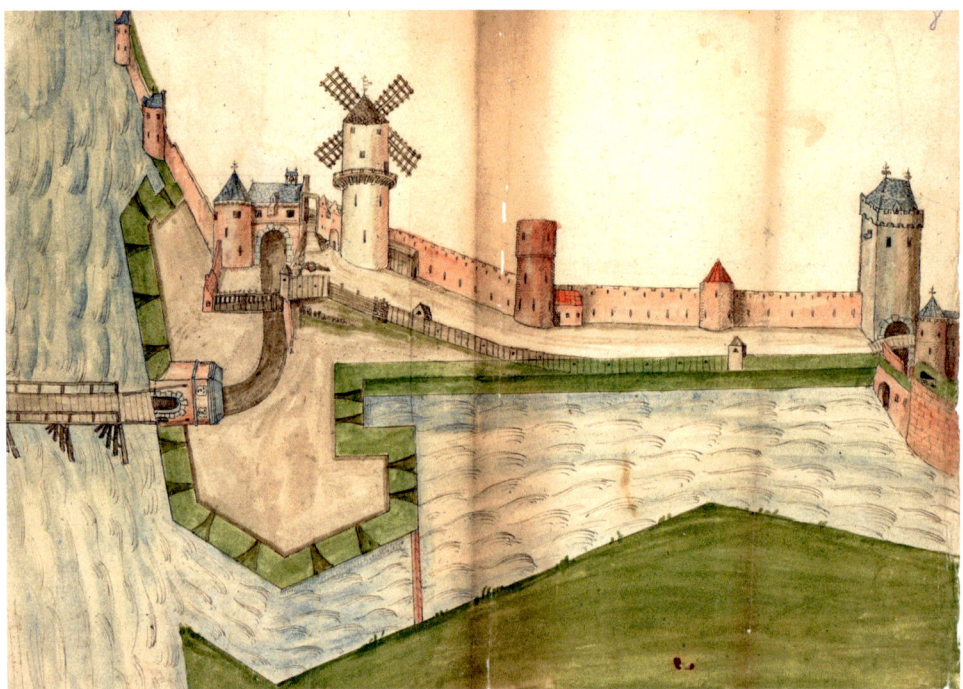

Abb. 3: Farbiger Entwurf für eine Bastion vor dem Klostertor (um 1600); die detaillierte Ansicht zeigt links das Klostertor mit der Alarmglocke von 1588, rechts daneben das Nebentor zum Rahmenwall, auf dem sich einige Gebäude unmittelbar an der Stadtmauer befinden, darunter wohl eine Färberei; zum Graben hin gibt es die Palisade; vor dem Klostertor ist eine hölzerne Sperre, die Hameide, zu erkennen, deren Errichtung Johannes Corputius anregte (vgl. Anm. 17); der Graben ist durch eine Schleuse vom Rheinarm getrennt; das Lewtor rechts hat noch seine Vortore, um die herum ein steinernes Rondell gebaut worden war; im oberen Bereich des Durchgangs ist eine Brücke zu sehen, die den Rahmenwall mit dem nächsten Wall verbindet. Bei diesem Entwurf bleiben Klostertor, das relativ neue Torgebäude vor der Brücke zum Hafen und die Brücke selbst erhalten (StAW, K2052)

eine Notordnung zu erstellen (Abb. 3).[17] Dass mit Johannes Corputius ein Festungsbaumeister der für ihre Freiheit kämpfenden Niederländer mit Wissen des Landesherrn eingeladen wurde, ist bemerkenswert. Da Johann Pasqualini der Ältere gerade verstorben war,[18] musste

---

17 StAW, A3/60, fol. 98r: 2. Juli 1582: „Besichtigung Noetveste: Die obg. Hern wie oick die Gemeintzfrunde und verordnete sindt vortgegaen und hebn in gegenwurdicheitt des verschenen und geforderten festungsmeisters Johannis Korenputii deser statt welle mit flit besichtigett und alsdan befunden, dat inige nodich disser statt in ene noetveste tobrengen, so heft Er, fortressmeister, sich erbaden nae form und manier

der Noetveste to bedencken und vortobrengen und seindt Ihm tot gehulpen bygeordnet Joekeren und Rolinxwert und wol oick der fortessmeister op einer guder noitordnung verdacht sein. Und ist einhellig verdragen vor der Brunschen Demschen Cloister und Stenporten Hammeien Inhangen."

18 Guido von Büren, Pasqualini, Johann (I.) von, in: Neue Deutsche Biographie, Bd. 20, Berlin 2001, S. 88.

jemand anderes gesucht werden und die Wahl fiel auf den im Klevischen aufgrund seines Aufenthalts und Wirkens in Duisburg bekannten Corputius.[19] Am 14. August lagen drei Entwürfe und die gewünschte Not- und Wachtordnung vor.[20] Seine Vorschläge wurden vom Rat und der Gemeinde wohl akzeptiert, es musste jedoch die Zustimmung des Landesherrn abgewartet werden. Die Stadt schrieb inzwischen den Wallmeister von Hamm an, um ihn und 21 geschickte Gräber, die er mitbringen sollte, für die Festungsarbeiten zu verdingen.[21] Die Baumaßnahmen begannen laut Rechnung erst am 3. März 1583. Dafür hatte der Weseler Schreinermeister Johannes Kistensnider die von Corputius konzipierte Bastion als Holzmodell angefertigt, das auch erst im März 1583 fertig war.[22]

Der älteste Sohn Gerhard Mercators, Arnold Mercator (1537–1587), war allem Anschein nach an den Planungen beteiligt. Johannes Corputius, der in seiner Duisburger Zeit in dessen Elternhaus gelebt hatte, kannte er. Mercator wird zwar mit keinem Wort in den Stadtrechnungen, Ratsprotokollen oder Briefbüchern erwähnt, hat aber für Wesel einen auf den 1. Juli 1582 datierten Grundriss der Stadt Wesel inklusive der Vorstädte angefertigt – wahrscheinlich im Auftrag von Corputius – so wie später Alexander Pasqualini die Zeichnungen für seinen Bruder Johann den Jüngeren anfertigte, ohne in den Quellen erwähnt zu werden. Der Originalplan hing lange Zeit im Flur des gotischen Rathauses und ging im 20. Jahrhundert verloren; es gibt heute nur noch eine Kopie des 19. Jahrhunderts, die vom Festungsbüro in Wesel angefertigt worden war und wohl zu den Unterlagen gehörte, die vor dem Abzug der Reichswehr im September 1920 dem Weseler Museum für Orts- und Heimatkunde geschenkt wurde.[23] Mercator lieferte mit dem Grundriss also eine Bestandsaufnahme der Befestigungswerke, vor allem genau der Anlagen, die von 1577 bis 1582 gebaut worden waren (Abb. 4).

Am 25. April 1583 schloss die Stadt mit dem Werkmeister Arndt Rayerschen (auch Reyers), von dem wir nicht wissen, ob er mit dem namenlosen Wallmeister aus Hamm identisch ist, einen Vertrag über den Bau einer Bastion („Bolwerck") auf dem Wylichschen Kamp zwischen Flesgentor und Brüner Tor. Der dazugehörige Graben hatte oben eine Breite von 140 Fuß und an der Sohle von 100 Fuß, die wiederum in der Mitte auf einer Breite von 70 Fuß auf das Niveau des Fundaments der Flesgentorbastion vertieft werden musste. Unten vor dem Wall sollte Meister Arndt einen vier Fuß breiten Niederwall (Fausse-braie) anlegen, der zwei Fuß über dem normalen Wasserstand lag. Um das Rondell bzw. die Bastion und den Niederwall besser zu schützen, musste der Niederwall zum Wasser hin mit einem

19 Zu Corputius, der die 1566 erschienene und die nach ihm benannte exakte Vogelschauansicht Duisburgs fertigte und stach, vgl. Jan P.J. Postema, Johannes Corputius (1542–1611); Kriegsmann, Kartenzeichner, Festungsbauer, in: Duisburger Forschungen 35 (1987), S. 26–50; Joseph Milz u. Günter von Roden (Bearb.), Duisburg im Jahre 1566. Der Stadtplan des Johannes Corputius (Duisburger Forschungen 40), Duisburg 1993.

20 StAW, A3/60, fol. 101r/v. Abdruck der Not- und Wachtordnung: Roelen/Wolsing 2005 (wie Anm. 15), Bd. 2, Nr. 717.

21 StAW, A3/60, fol. 103v: 29. August 1582, Noetveste.

22 StAW, A3/61, fol. 6v: 28. März 1583. Der Schreiner erhielt dafür zwölf Taler.

23 Bericht über die Verwaltung und den Stand der Gemeinde-Angelegenheiten der Stadtgemeinde Wesel für die Rechnungsjahre 1913/26, Wesel 1928, S. 152

Abb. 4: Plan des Arnold Mercator vom 1. Juli 1582 (StAW, K1/2038)

Mäuerchen versehen werden. Die Höhe der Bastion wurde mit 21 Fuß über dem Erdboden vorgegeben. Auf die Bastion und den dahinterliegenden Erdwall kam eine 16 Fuß hohe Brustwehr, auf die zwei Treppen führten. Mit einer Gesamthöhe von 37 Fuß waren Bastion bzw. Wall – je nach Fuß – zwischen 9,25 und 11 Meter hoch. Die Brustwehr war wohl ab einer Höhe von acht Fuß auf der Innenseite zur Verteidigung begehbar und mit Grassoden bedeckt, da Bastion, Wall und Brustwehr aus Erde gemacht waren. Meister Arndt musste eine 36 Fuß tiefe Kasematte (*Khamer*) mit einem steinernen Boden in die Bastion einbauen. Die Kasematte sollte eine acht Fuß breite irdene Brustwehr erhalten, die mit Soden gedeckt wurde, und an der Brustwehr 18 Fuß breit sein und zum Wall hin drei Fuß breiter, um besser mit dem Geschütz hantieren zu können; am hinteren Ende betrug die Breite 29 Fuß. Nach der Abnahme der Baumaßnahme erhielt Meister Arndt 4.000 Carolusgulden à 20 Stüber, die ihm wöchentlich anteilig ausgezahlt wurden, damit er seine Arbeiter bezahlen konnte.[24] Meister Arndt erstellte mit seinen Leuten auch alle weiteren Werke bis mindestens 1588.

---

24 StAW, A1/253, 2, fol. 15r–17v. Abdruck bei Roelen
   2022 (wie Anm. 4), S. 112–114.

Es gibt zwar keine weiteren Verträge, aber er wurde weiterhin wöchentlich für seine Arbeit bezahlt.[25] Er selbst starb im Juni 1587, doch scheinen seine Vorarbeiter („beide walmeisters knecht") die Arbeiten erst einmal fortgeführt zu haben.[26]

Beschrieben wird im Vertrag eine Festungsanlage in altniederländischer Manier, die natürlich nur Sinn macht, wenn sie die gesamte Stadt umgibt. Die mittelalterliche Stadtmauer wurde nicht angetastet, da sie als Ringmauer ein wichtiger Bestandteil der Festung war. Die Doppelgräben vor der Stadt mussten zugunsten der gewaltigen, über vierzig Meter breiten Gräben weichen.

Der Vertrag enthält natürlich die Vorgaben des Johannes Corputius, dessen Plan es demnach war, die Stadt mit einem gut dreitausend Meter langen Wall zu umgeben, in die die vorhandene Bastion und die Rondelle integriert werden. Vor den Erdwall an der Landseite sollten zusätzlich enorme Gräben die Stadt schützen. An der Wasserseite, im Westen, wurde der Wall hinter die Stadtmauer verlegt und es gab wegen des Rheinarmes keinen Graben. Corputius' Augenmerk lag in der schnellen Sicherung der Stadt mittels eines durchgehenden Erdwalls. Der Bau von Bastionen wurde auf das Notwendigste beschränkt, um Wall und Graben so schnell als möglich anzulegen.

Meister Arndt arbeitete 1583 nicht nur an der Bastion zwischen Flesgentor und Brüner Tor, sondern auch am Lewtor und dem davor gelegenen Rondell, am Dämmer Tor wie auch am Steintor. Ziegelsteine lieferten auch, wie schon beim Bau der Flesgentorbastion, Ziegelbrenner aus Orsoy.[27] Für die Transporte von Baumaterialien wie Erde, Soden oder Holz standen – auch in den folgenden Jahren – zahlreiche Hausleute aus der Umgebung, aus Flüren, Spellen, Drevenack und Hünxe, zur Verfügung (Abb. 5).

Finanziert wurden die enormen Baukosten durch eine Reihe von Sonderabgaben, die natürlich in erster Linie die Weseler Bevölkerung trafen. Da die Stadt zu den Festungsarbeiten durch den Herzog genötigt wurde, stimmte die Gemeinde den zur Bezahlung vorgeschlagenen Sonderabgaben zu. Es wurde nicht nur die Mühlenwaage genannte Getreidesteuer für die Dauer der Arbeiten verdoppelt, sondern auch die Abgaben an der Fettwaage erhöht, bei den Einwohner eine Sondersteuer, die Schatzung, erhoben und erhebliche Kredite aufgenommen.[28] Die Getreidesteuer trug mit fünfzig bis siebzig Prozent am meisten zu den Baukosten bei.

---

25 Vgl. die Baurechnungen StAW, A1/253,8.3 bis 8.10; der erste Posten in den wöchentlichen Abrechnungen betrifft die Bezahlung des Wallmeisters.

26 StAW, A3/63, fol. 27r. Die besonderen Festungsrechnungen enden im März 1588. Die weiteren Ausgaben stehen in den Stadtrechnungen und zwar die Baumaterialien unter „Van Gemeine Timmerung", die Perso-

nalkosten unter „Van Daghur und Arbeidt" und das benötigte Eisen unter „Van dat Smedewerck"; zu den Vorarbeitern vgl. z.B. StAW, A7/203, fol. 53v und 54r.

27 StAW, A1/253,8.6, fol. 44r.

28 Roelen u. Wolsing 2005 (wie Anm. 15), Nr. 707; vgl. StAW, A1/253,3, 8.6 bis 8.10.

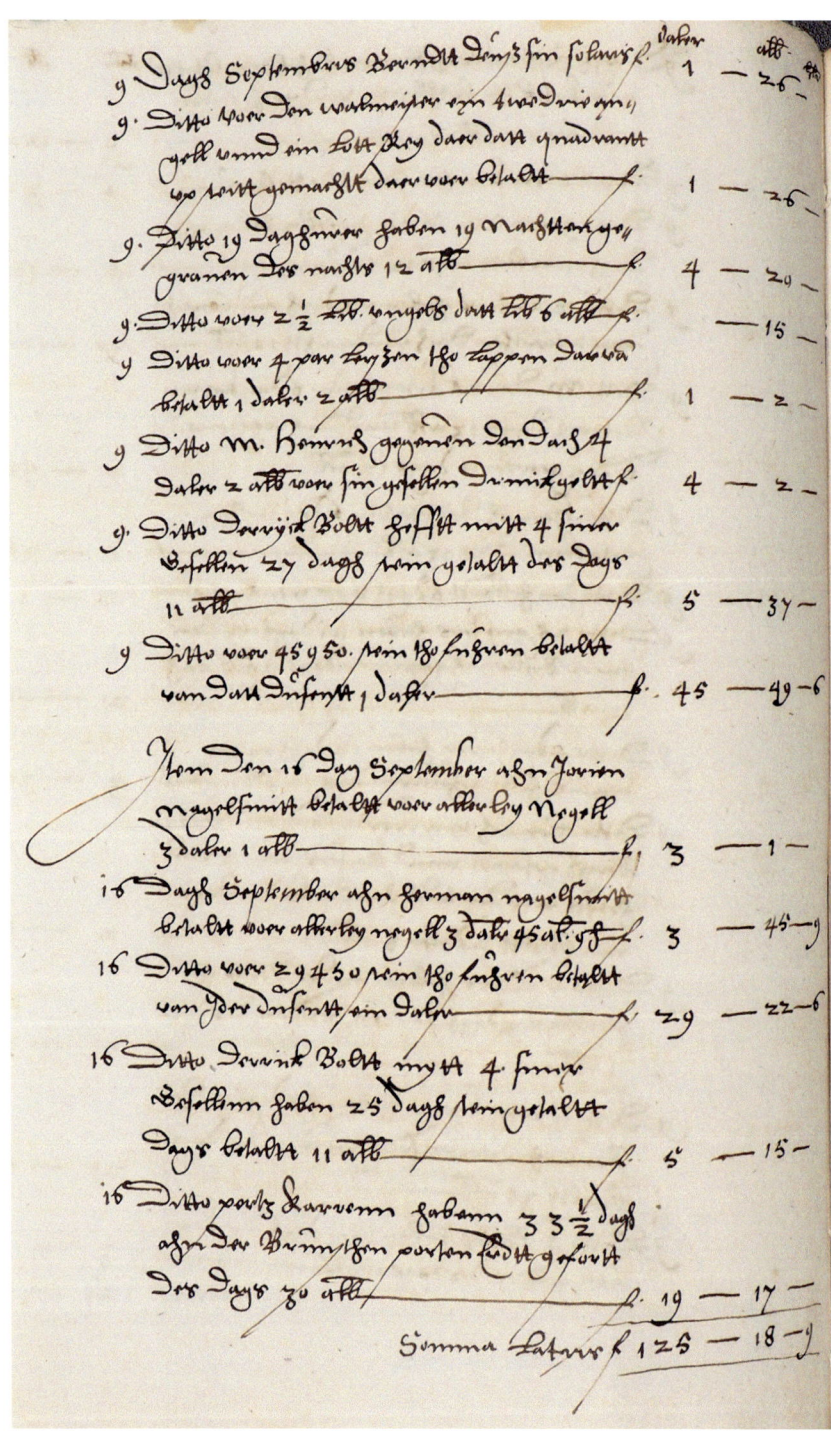

Abb. 5: Rechnung zum Festungsbau vom 4./5. April 1584 bis zum 22. April 1585
(StAW, A1/253,8.7, fol. 45v)

Einnahmen und Ausgaben laut Festungsrechnungen

Jahr	Einnahmen	Ausgaben
1577	04344-09-03 G	04283-19-07 G
1578/79	07432-23-09 G	07076-12-06,5 G
1580/81	09520-07-00 G	09442-06-11 G
SA	**21297-16-00 G**	**20802-15-0,5 G**
SA	**09829-36-00 T**	**09607-44-0,5 T**
1583/84	17733-05-06 T	17777-43-00 T
1584/85	21512-16-08 T	21549-35-02,5 T
1585/86	12719-36-08 T	12719-41-02 T
1586/87	14155-24-03 T	15421-26-09 T
1587/88	07499-09-05 T	08264-43-11 T
SA	**73619-40-06 T**	**75733-34-0,5 T**
Gesamt	**83451-25-00 T**	**85341-26-01 T**

(StAW A1/253,8.3 bis 8.10)
Angaben in Gulden, Albus und Heller bzw. Taler, Albus und Heller Silbergeld, der Gulden zählt 24 und der Taler 52 Albus.

Die Übersicht der Einnahmen und Ausgaben zeigt nicht nur an, was elf Jahre Festungsbau in Zahlen bedeutete, sondern verdeutlicht auch, warum ein Festungsbaumeister wie Corputius benötigt wurde. In einer Notsituation, dem auch die Vereinigten Herzogtümer bedrohenden Spanisch-Niederländischen Krieg (1568–1648), plante er eine Festungsanlage, die mit erheblichen Kosten in einem überschaubaren Zeitrahmen, nämlich fünfeinhalb Jahren, errichtet werden konnte. Die zuvor getätigten Ausgaben beliefen sich auf gerade einmal elf Prozent der Gesamtsumme, die angesichts der ständigen Münzverschlechterung des Silbergeldes real etwas höher waren.

Gearbeitet wurde 1583/84 nicht nur an der neuen Bastion, sondern auch am Rondell und am alten Rondell beim Lewtor.[29] 1584/85 gab es zahlreiche Großbaustellen, da nicht nur an einer, sondern gleich an mehreren Stellen Bastionen, Wälle und Gräben entstanden. Gebaut wurde vor allem am Lewtor, wo am alten Bollwerk und an der neuen Bastion wie auch am neuen Wall zum Klostertor hin, dem sogenannten Rahmenwall, die Arbeiten vorangetrieben wurden.[30] Gegraben wurde am Brüner Tor, am Flesgentor, wo auch ein Mauerturm abgebrochen und eine neue Bastion errichtet wurde, am Kreuztor und am Klostertor.[31] Die bei dem Brüner Tor gelegene Wassermühle des Derich Hertogs wurde für 900 Taler gekauft (Abb. 6). Die Mühle der Familie Kedgen hingegen blieb in privater Hand.[32] Das Brüner

---

29 StAW, A1/253,8.6, fol. 37v, 40v und 43v.

30 StAW, A1/253,8.7, fol. 15r–18r, 20r und 31r.

31 Ebd., fol. 18v f., 22r f., 26r, 27r, 28r und 41r.

32 Ebd., fol. 25r, 57v und 60r.

Abb. 6: Die 1585 abgebrochene Wassermühle des Derich Hertogs zwischen dem Brüner und dem Dämmer Tor (StAW, K2/2135, Ausschnitt)

Tor galt wegen seiner Ecklage und dem auf der gegenüberliegenden Seite einmündenden Isselkanal als neuralgischer Punkt.

Zum Transport wurden jetzt auch Hausleute aus Brünen eingesetzt. Für den Transport von Wartholz aus Wallach und Ossenberg konnte wie auch im Jahr darauf die Büdericher Fähre eingesetzt werden.[33] Das Holz kam wie die Unmengen an gestochenen Grassoden auch auf die Wälle, die zusätzlich mit Hafer und einmal mit Roggen besät wurden.[34]

1585/86 wurden die Arbeiten fortgesetzt, jedoch mit erheblich weniger Geld. Der extrem hohe Bedarf an Soden führte dazu, dass ganze Weiden ausgestochen wurden und aus einem größeren Umkreis das Material herangekarrt werden musste.[35] Ziegelsteine für das Brüner Tor und das neue „Rondellchen" wurden wieder aus Orsoy angeliefert.[36] Probleme bereiteten die freilaufenden Schweine, die von den Erdwällen abgehalten werden mussten.[37] Ein bislang nicht in Erscheinung getretener Meister Herbert van Loisen, wohl aus Wesel, fertigte zwei Entwürfe an, einen zum neuen Werk am Brüner Tor und einen vom alten Rondell bis zum Steintor.[38] Gearbeitet wurde im Jahr darauf vor allem an diversen Zugbrücken vor den Toren.[39] An den verschiedenen Wällen wurden Scharwachthäuschen angebracht, zahlreiche

33 Ebd., fol. 33r und 34r.
34 Ebd., fol. 38r, 47r, 59v, 61v (Hafer) und 61r (Roggen).
35 StAW, A1/253,8.8, fol. 21v, 24v und 62v.
36 Ebd., fol. 37r.
37 Ebd., fol. 30v und öfter.

38 Ebd., fol. 62r.
39 StAW, A1/253,8.9, fol. 17r (Flesgentor), 20r (Lewtor), 34v (Kreuztor, Abbruch Steinbrücke), 36v, 44v, 65r (Steintor) und 72r f. (Steintor, auch Abbruch der Steinbrücke).

Schildwachhäuschen wurden auf der Stadtmauer wie auch auf dem Großen, dem Korn- und dem Entenmarkt errichtet.[40] Über den Rheinarm vor der Stadtmauer wurde eine neue Brücke errichtet, Schleusen in den Gräben erneuert und in den Rondellen einige Abtritte eingebaut, da die alten in der Stadtmauer durch die Umbauten nicht mehr zu nutzen waren.[41] Schließlich begann man, Alarmglocken in einen Turm und im Jahr darauf in Aufbauten auf den Dächern der Stadttore aufzuhängen.[42] Gearbeitet wurde unter erschwerten Bedingungen, da sich in unmittelbarer Nähe der Stadt feindliche Truppen aufhielten, die die Arbeiten behinderten. Baumaterial konnte nur mit Begleitschutz eingeholt werden und in einem Fall gelang es Anfang 1587 drei Rotten Schützen, die an der Ziegelei von wem auch immer weggenommenen Steinwagen zu befreien.[43] Spanische, niederländische und englische Truppen streiften umher. Die Spanier errichteten 1586 Schanzen auf der Grav-Insel und auf der gegenüberliegenden Rheinseite bei den Egerschen Höfen, die mit einer Schiffsbrücke verbunden waren.[44] Besonders bedrohlich wurde die Lage, als sich im September 1586 spanische Truppen unter dem Kommando des Oberst Philibert de Rye, Herr zu Balançon, in Oberndorf, festsetzten. Dieser residierte im dortigen Kloster und ließ Schanzen vor dem Kloster- und dem Lewtor sowie auf der Grav-Insel, wo er das Kartäuserkloster plünderte, bauen. Wie die Bevölkerung der Umgebung flohen auch die Kartäuser nach Wesel, wo sie zuerst im leeren Augustiner- und anschließend im Dominikanerkloster unterkamen. Der Magistrat reagierte im März 1587 mit harten Maßnahmen. Er befahl die Niederlegung eines Teils der Vorstadt Steinweg und der kompletten Vorstadt Wilaken inklusive Haus Wilaken und ließ sich auch durch Eingaben nicht erweichen.[45] Als Ersatz wurden den Betroffenen Parzellen auf der Mathena vor dem Flesgentor zugewiesen.[46] Der Steinweg verlor 14 Häuser, weil sie zu nahe am Steintor standen, darunter acht, aus denen die Stadt Pacht erhielt. Die meisten Häuser und Teile der Befestigungen inklusive Gort- und Deichtor blieben stehen.[47] Der Abriss von Haus Wilaken, dem Stammsitz der Herren von Wylich zu Diersfordt, lief geordnet vonstatten. Das Haus wurde vor dem Abriss zwecks Entschädigung vermessen sowie Grund- und Aufrisse angefertigt. Die Bewohner, die mit den Diersfordter Erbhofmeistern verwandten von Wylich zu Wylich, konnten ihr Haus ungestört verlassen. Alle Maßnahmen waren mit dem klevischen Landtag abgestimmt.[48] Die Entschädigungssumme betrug 1.000 Reichstaler sowie ein jährliches Legat von 150 Talern zugunsten der Hausarmen und armen Studenten. Den Betrag erhielt 1607 Dietrich von Wylich zu Pröbsting, Enkel

---

40 Ebd., fol. 23v, 25r, 34r f., 42r, 43r; Schildwachhäuser: fol. 24r, 25r, 35v, 49r, 52r, 56r.

41 Ebd., fol. 68r.

42 Ebd., fol. 47v; StAW A1/253,8.9, fol. 42r, 43r und 45v.

43 StAWA1/253,8.9, fol. 90r.

44 StAW, A5 Missiven/29, fol. 158r f., Schreiben an die Stadt Rees.

45 Vgl. Jutta Prieur, Wesels große Zeit – Das Jahrhundert in den Vereinigten Herzogtümern, in: dies. (Hrsg.), Geschichte der Stadt Wesel, 2 Bde., Düsseldorf 1991,

hier Bd. 1, S. 166–212, S. 187; dies., Die Klöster und Konvente in der Stadt Wesel, in: dies., Geschichte der Stadt Wesel, 2 Bde., Düsseldorf 1991, hier Bd. 2, S. 11–70, S. 184 ff.; Roelen u. Wolsing 2005 (wie Anm. 15), Bd. 2, Nr. 781. StAW A3/61, fol. 134vf.

46 StAW, A3/62, fol. 7r, 24r und 26v.

47 StAW, A3/61, fol. 134v; A3/62, fol. 20r; A7/202, fol. 10v (Einnahmeverlust durch den Abbruch der acht Häuser).

48 StAW, A3/62, 8v ff.

des eigentlich geschädigten gleichnamigen klevischen Erbhofmeisters.[49] Der nach Osten hin durch den Abbruch von Wilaken ungeschützte Steinweg wurde 1598 durch einen Graben östlich des Gorttores geschützt.[50]

Ab 1586 wurde auch an der Westseite gebaut; man begann am Klostertor, wo zum einen ein kleines Rondell und zum anderen hinter der Stadtmauer, wo ein Wall zum Fischtor errichtet wurde.[51] Vor den Mauern war wohl wegen des Rheinarmes kein sicherer Platz für einen Erdwall. Der Binnenwall vom Fisch- zum Steintor wurde im Folgejahr angelegt.[52] Von 1585 bis 1588 wurden neben den neuen Anlagen im Westen vor allem Reparaturen wie die Erneuerung abgerutschter Wälle durchgeführt, Schanzkörbe zumindest auf den Rahmenwall gebracht und gefüllt sowie letzte Arbeiten an allen Baustellen rund um die Stadt erledigt. Zudem wurde am Gorttor sowie an den Brustwehren auf dem kleinen Bollwerk vor dem Steintor und auf dem Wall zwischen Steintor und dem alten Rondell gearbeitet.[53] 1589 schließlich begann die Stadt vor dem Brüner Tor mit dem Bau eines „Bolwercksgen".[54] Letzte Arbeiten an der Festung gab es 1590, als mit Meister Herman van Velthuisen ein neuer Wallmeister kam und Johann Hollandt als erster fachlicher Werkmeister angestellt wurde, mit der Verkleidung des hölzernen Bollwerks vor dem Steintor.[55]

Zur Verteidigung in der Stadt wurden an allen Straßen entweder Sperrketten angebracht oder bei schmalen Straßen Schlagbäume aufgestellt.[56] Die Ketten, die zwischen 48 und 322 Pfund wogen, wurden zwischen zwei gegenüberliegenden Häusern gespannt. Erwähnt werden sie erstmals 1585 und dann aber jedes Jahr.[57] Ketten muss es aber schon vorher gegeben haben, da auch ältere Ketten bearbeitet wurden.[58] Straßenketten wurden auch in den folgenden Jahrzehnten ausweislich der Stadtrechnungen sowohl repariert als auch neu angefertigt. Ebenso wurden weitere Schlagbäume aufgestellt (Abb. 7).

Die Stadt schrieb am 10. Mai 1587 den neuen klevischen Festungsbaumeister Johann Pasqualini den Jüngeren an, er möge am nächsten oder übernächsten Tag nach Wesel kommen, um die Festung zu begutachten.[59] Es ist nicht überliefert, ob er kam, aber aufgrund seiner Stellung ist anzunehmen, dass er der Einladung folgte. Wegen der überaus brenzligen Situation, in der sich die Stadt befand, hatten auch andere Fachleute die Festung besichtigt und vermutlich auch Vorschläge zur Verbesserung der städtischen Sicherheit gemacht.[60]

---

49 StAW, A7/232, fol. 33v.

50 Peter Theodor Anton Gantesweiler, Chronik von Wesel, Wesel 1880 (Nachdruck Wesel 1972/73), S. 32; Arbeiten am Graben sind nicht in den Stadtrechnungen dokumentiert!

51 StAW, A1/253,8.9, fol. 40v, 42r, 44r und 57r.

52 StAW, A1/253,8.10, fol. 15v und 18v.

53 StAW, A7/202, fol. 49r, 51r und 53r–56r.

54 StAW, A7/204, fol. fol. 51r.

55 StAW, A7/205, fol. 52v und 55v.

56 StAW, A1/253,8.8, fol. 44r (Kramperstraße), 50v (Mühlenstraße), 55r (Fischtor, Klostertor).

57 StAW, A1/253,8.7, fol. 61r; 8.8, fol. 19v, 25v, 42v, 44r, 51r; 8.9, fol. 82v; 8.10, fol. 19v, 37v, 43v.

58 StAW, A1/253,8.9, fol. 82v.

59 StAW, A5/30, fol. 43r f.

60 StAW, A3/62, fol. 7r (21. März 1587), 12r (8. April), 17r (5. Mai), 18r (6. Mai), 19r (11. Mai), 19v (12. Mai), 20r (15. Mai), 2v (25. Mai), 2r (1. Juni), 25v (24. Juni), 26r (25. Juni), 26v (1. Juli), 28r (14. Juli), 30v (29. Juli), 31v (3. August), 32v (11. und 13. August), 33v (24. August), 36r (17. September), 36v (23. September), 38v (30. Oktober), 42r (9. Dezember), 42v (11. Dezember), 44r (30. Dezember).

VESALIA.   Wesel.

Rhenus   Fluvius

Abb. 7: Die 1641 bei Matthäus Merian gedruckte Ansicht Wesels von Wenzel Hollar (StAW, K2/2093)

Am 7. Juli 1587 zog Balançon ab. Zwei Tage später entlud sich die in der protestantischen Stadt aufgestaute Wut über die einjährige Bedrohung durch die katholischen Spanier. Eine aufgebrachte Menge stürmte das Kloster Oberndorf, bedrohte den ihn zur Mäßigung aufrufenden Magistrat und brannte das Kloster komplett nieder. Dem Magistrat gelang es gerade noch, das dort noch befindliche Gepäck des spanischen Obristen zu retten. Der Gewaltakt bescherte dem Magistrat eine Menge Ärger mit der klevischen Regierung, da die einzelnen Mitglieder für ihr Verhalten Rechenschaft ablegen mussten. Zerstört wurden auch die Hütten der Marketender sowie die Schanzen vor den Stadttoren. Die Häuser in Oberndorf hingegen wurden regulär analog zu den Vorgängen in den Vorstädten Steinweg und Wilaken niedergelegt und den Einwohner Wohnplätze zugewiesen.[61] Nicht betroffen war die kleine, angrenzende Lew-Vorstadt. Ebenfalls abgebrochen wurde einige Monate später die Kalvarienbergkapelle außerhalb des Kreuztores.[62] Wie weitreichend die Sicherungsmaßnahmen für Wesel waren, zeigt die Zerschlagung der privaten Keller in der unweit des Kartäuserklosters gelegenen und sehr dünn besiedelten Bauerschaft Flüren im Jahre 1590.[63] Wenn es für notwendig befunden wurde, am äußersten Rand des Amtes und Kirchspiels Wesel solche Zerstörungen vorzunehmen, um einem Feind die Möglichkeit der rheinnahen Verschanzung zu erschweren, dann war auf Dauer das Kartäuserkloster auf der Grave, die Grablege der Herzöge von Kleve, nicht zu retten. Als am 13. Oktober 1590 die Geusen genannten niederländischen Aufständischen die Schanzen bei Eger und auf der Grav-Insel gegen eine Geldzahlung abtraten und auch Büderich räumten, zogen Weseler Bürger am selben Tag mit einbestellten Bauern zur Schanze bei Eger und rissen sie vollständig nieder. Drei Tage

61 Vgl. Prieur, Zeit (wie Anm. 45), S. 187; Prieur, Klöster (wie Anm. 45), S. 20; Klaus Bambauer, Hermann Kleinholz (Bearb.), Geusen und Spanier am Niederrhein. Die Ereignisse der Jahre 1586–1632 nach den zeitgenössischen Chroniken der Weseler Bürger Arnold von Anrath und Heinrich von Weseken (Studien und Quellen zur Geschichte von Wesel 14), Wesel 1992, S. 23; StAW, A3/62, fol. 27rff.

62 StAW, A3/62, fol. 30r und fol. 44r.

63 StAW, A3/64, fol. 40v.

später verfuhr man ebenso mit der anderen Schanze, wobei Wesel auch Hilfe von anderen klevischen Städten wie Kalkar oder Goch erhielt. Am 28. Oktober schließlich begann gegen den Willen der fürstlichen Räte der Abriss des Kartäuserklosters auf der Grav-Insel, nachdem am selben Tag die Gebeine der herzoglichen Familie feierlich in die Weseler Dominikanerkirche, die mittlerweile von den Kartäusermönchen bezogen worden war, überführt worden waren.[64] Das alte Kloster wurde nicht sofort eingeebnet, sondern diente etwa zwei Jahrzehnte der Stadt Wesel als Steinbruch und wurde inklusive der Fundamente abgetragen.[65]

Der Bau weiterer Bastionen und eines Tores nach den Plänen des Johann Pasqualini der Jüngere (1592–1611)

Am 28. August 1592 fasste der klevische Festungsbaumeister Johann Pasqualini der Jüngere ein Gutachten über die Festung Wesel ab.[66] Er beschrieb sie als eine zu zwei Zeiten gebaute und erweiterte Anlage – gemeint sind die mittelalterlichen Befestigungen und die der letzten Jahrzehnte –, nicht planvoll errichtet, sondern unter Rücksichtnahme der baulichen Gegebenheiten, und hielt sie angesichts der Kriegstechnik nicht mehr für zeitgemäß (Abb. 8). Die mehrseitigen Ausführungen zum Sinn und Zweck einer modernen Festung sollten den Magistrat von der Notwendigkeit eines Ausbaus überzeugen. Dabei appellierte Pasqualini an die den Magistrat dominierenden Kaufleute mit dem stets ziehenden Argument, dass, wenn man schon vorher viel Geld zum Festungsbau in die Hand genommen hat, genau dann man erneut investieren muss, wenn die Festungsbauten nicht die erstrebte Sicherheit bieten, um nicht alles zu verlieren, sollte der Feind die unzureichenden Anlagen überwinden und die Stadt einnehmen (Abb. 9).

Für die Weseler Festung hielt er wegen der Gestalt der Stadt zehn Bastionen für notwendig. Erforderlich war in jedem Falle eine Bastion am Brüner Tor, wo es keine gute Anbindung zwischen Stadtmauer und alter Bastion wegen der Ecklage gab; dazu hatte er eine nicht mehr vorhandene Zeichnung der gesamten Festung anfertigen lassen.[67] Auf der Südseite der Stadt müssten alle Bastionen von dem „Rondellchen" vor der Lohmühle an der Südostecke bis zur Ecke am Klostertor von der Ringmauer weg verlegt werden, um eine kürzere Linie zu erhalten. Dazu waren gegenüber dem Kreuz- und dem Lewtor je eine Bastion anzulegen.

64 Bambauer/Kleinholz 1992 (wie Anm. 61), S. 32 f.; Prieur, Klöster (wie Anm. 45), S. 49; StAW A7/205, fol. 53r.

65 Vgl. beispielsweise StAW, A7/222, fol. 36r (Abbau der Fundamente) und A7/217, fol. 38v (1597: Verwendung der Steine zum Festungsbau).

66 StAW, A1/253,2, fol. 18r–23r. Abdruck bei Roelen 2022 (wie Anm. 4), S. 114–119. Der Grund für das Gutachten ist wahrscheinlich eine Einladung der Stadt Wesel an Pasqualini, sich die Stadtbefestigung anzu

schauen und die Stadt zu beraten, wie sie mit dem Ausbau der Festung fortfahren soll. Die Einladung datiert vom 24. April 1593 (StAW A5/35, fol. 98v), was chronologisch nicht passt. Da es auch keinen Sinn macht, Pasqualini zweimal in gleicher Angelegenheit einzuladen, dürfte ein Datum – Gutachten oder Einladung – eine falsche Jahresangabe aufweisen.

67 Die Zeichnung dürfte in etwa der bei Arand, Braun u. Vogt 1981 (wie Anm. 1), S. 58 (Nr. 45) abgebildeten Handzeichnung aus Stockholm entsprechen.

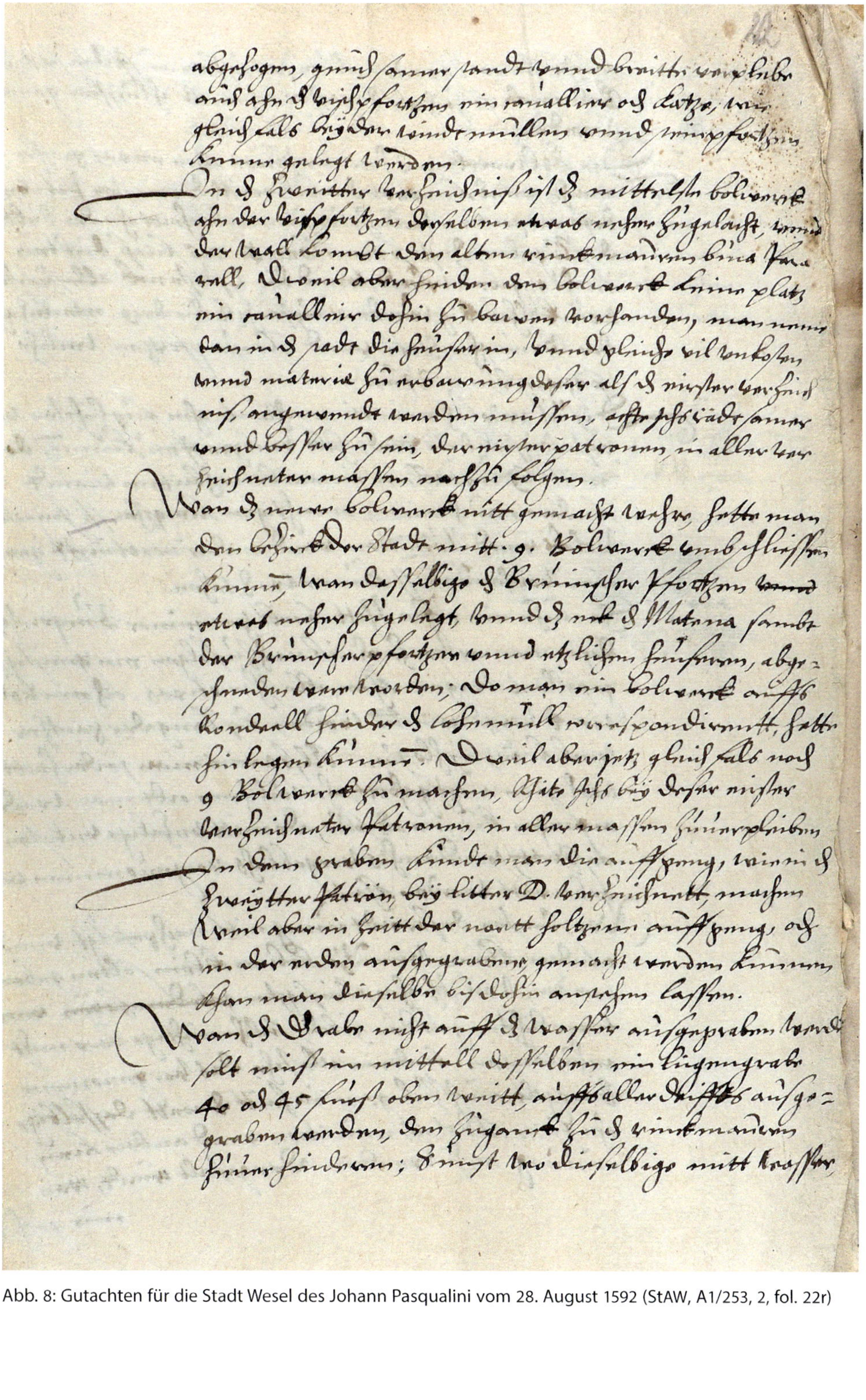

Abb. 8: Gutachten für die Stadt Wesel des Johann Pasqualini vom 28. August 1592 (StAW, A1/253, 2, fol. 22r)

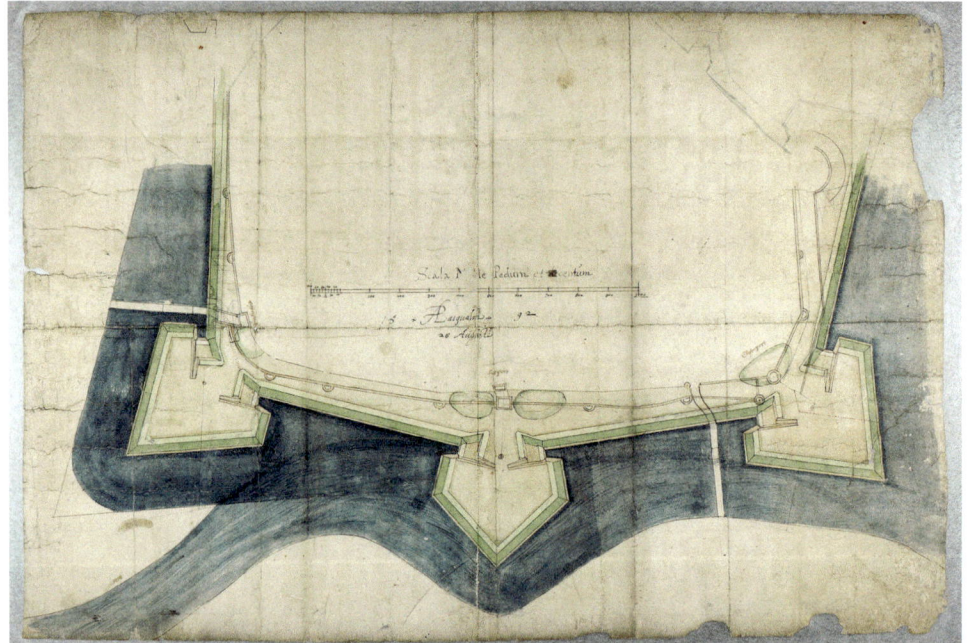

Abb. 9: Entwurf des Alexander Pasqualini vom 28. August 1592 zum Bau von drei Bastionen mit Kavalieren im Westen inklusive eines neuen Klostertores nebst Brücke zum Hafen (StAW, K1/2033)

Das Brüner Tor benötigte einen neuen Ausgang, wofür es zwei Optionen gab. Zur Sicherung der Ostseite zwischen Brüner Tor und der Lohmühle sollte eine Bastion angelegt werden. Am Lewtor müsste die Bastion verlegt werden, weil die Entfernung zum Klostertor zu kurz ist und die Stadtmauern aufgrund ihrer ungeschickten Lage nicht in die Festung einbezogen werden können. Die alte Bastion gegenüber Haus Wylaken wäre nicht zu gebrauchen und das Bollwerk am Steintor, das kleinste von allen, müsste vergrößert werden. Die drei Bastionen im Westen am Rhein sollten gleichgroß sein und alle Kavaliere oder Katzen[68] erhalten (Abb. 9). Der dazu angefertigte Entwurf ist im Gegensatz zu den beiden anderen Entwürfen noch vorhanden und wurde, wie schon erwähnt, von Alexander Pasqualini angefertigt. Eine Variante am Fischtor, bei dem die Bastion etwas zurückgezogen wurde und der Wall bis fast an die Stadtmauer reichte, zeigte der zweite Entwurf. Wegen Platzmangels gebe es hier keinen Kavalier.

Statt zehn zu bauender Bastionen könnte man auch mit neun auskommen, wenn man an der Ostseite das Brüner Tor und einige Häuser zur Lohmühle hin niederlege und die Eckbastionen entsprechend versetze (Abb. 10). Sollten die Gräben nicht gewässert sein, so

---

68 Erhöhter Platz auf der Bastion für Geschütze.

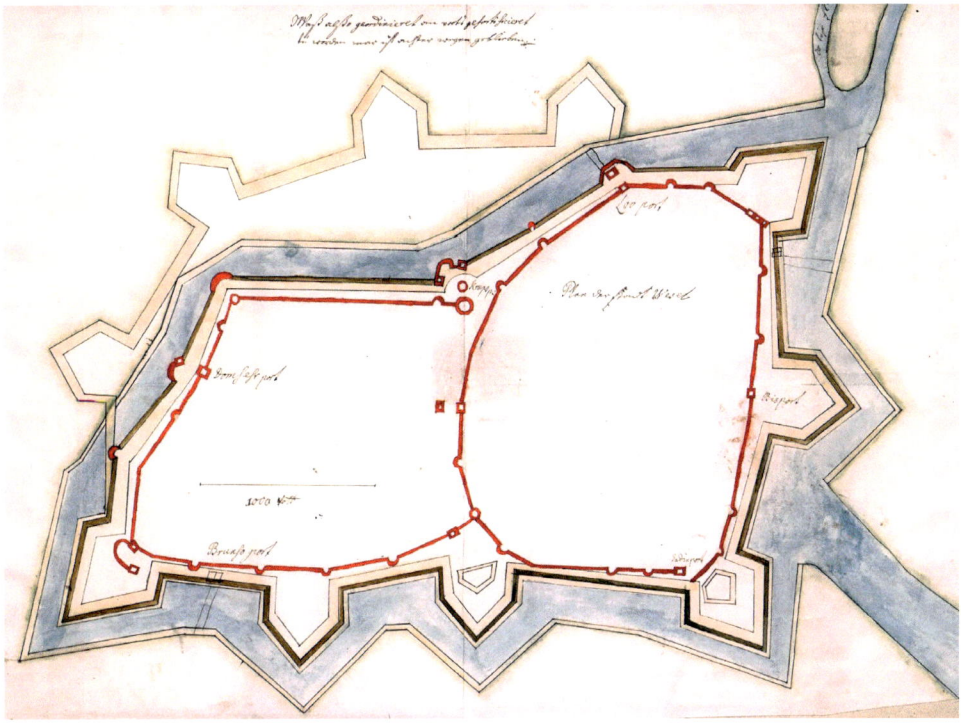

Abb. 10: Zeichnung der Festung mit den 1614 vorhandenen sechs Bastionen sowie vier bislang nicht gebauten Bastionen, die den Vorstellungen von Johann Pasqualini entsprechen (Krigsarkivet Stockholm, Nr. 0406/25/293/001)

sei ein wasserführender Mittelgraben von mindestens 40 Fuß[69] Breite erforderlich, der so tief wie möglich sein müsse. Von den neun bzw. zehn Bastionen seien die am Brüner, Stein- und Klostertor spitzer auszurichten als die übrigen. Sollte die Festung so gebaut werden, könne man Jahr für Jahr eine Bastion errichten. Gewarnt wurde in dem Gutachten vor zu kleinen Bastionen, wie sie damals vorhanden waren, weil sie letztlich nicht ihren Zweck erfüllten und daher unnütz wären.

Pasqualini fällte über die bestehende Festung ein vernichtendes Urteil, was dem Weseler Magistrat nicht gefallen haben dürfte, da er die enormen Ausgaben für den Festungsbau in den vergangenen 25 Jahren buchstäblich in den Sand gesetzt hatte. Der klevische Festungsbaumeister wollte im Prinzip drei Schwachstellen beseitigen: die ungünstige Situation am Brüner Tor, die ebensolchen weil konkaven Verteidigungslinien im Norden, Osten und Süden sowie die nicht ausreichenden Befestigungen im Westen. Dafür hätte die Festung an

69 Geht man nach der Skale auf dem erhaltenen Plan,
  betrug der Fuß etwa 35 cm.

drei Seiten erneuert werden müssen. Zu seinen Lebzeiten wurden lediglich vier neue Bastionen gebaut. Erst die Preußen setzten gut einhundert Jahre später auf ihre Weise – radikal und rücksichtslos – das um, was er nur vorschlagen konnte. Sie verlegten drei Stadttore, rissen alle unnützen mittelalterlichen Befestigungen ab und legten Privathäuser nieder, wo es ihnen geraten schien.

Die Vorschläge von Pasqualini wurden erst einmal ad acta gelegt. Eine Veränderung der Verteidigungslinien kam für den Magistrat überhaupt nicht in Frage. Corputius dürfte diese Schwächen auch gesehen haben, aber wegen der bestehenden Rondelle im Süden eher pragmatisch entschieden haben. Der erhebliche Landbedarf hätte die Zahl der sowieso schon abgegrabenen Bürgergärten enorm vergrößert, was wegen der erheblichen finanziellen Zumutungen sicher nicht vom Magistrat gewollt war. Bastionen wurden in den folgenden Jahren nicht gebaut, weil dazu schlicht das Geld fehlte. Die Stadtkirche St. Willibrord brannte 1594 nach einem Blitzschlag ab und die sogenannte admirantische Brandschatzung, die Erpressung durch das spanische, unter dem Oberbefehl des Francesco de Mendoza, Admirant von Aragon, stehende Heer im Jahre 1598 kostete die Stadt 300.000 Rheinische Gulden und 1.000 Malter Roggen.[70] Es wurden erst einmal im Zweijahresrhythmus nur kleinere Baumaßnahmen durchgeführt, für die man ohne zusätzliches Geld auskam. So baute man 1593 und 1595 vor dem Steintor am neuen Bollwerk, dem Wall und dem Graben, der geweitet wurde.[71] Zwei Jahre später erhielt der Wall zwischen Lew- und Klostertor einen steinernen Sockel sowie eine Ringmauer. Magistrat und Gemeinsfreunde beschlossen 1599, vor dem Klostertor eine kleine Bastion („bolwerksgen") – was Pasqualini gerade nicht wollte – aus Erde zu errichten.[72]

Erst nach neun Jahren, am 7. Mai 1601,[73] erfolgte der erste Spatenstich für die präferierte Bastion mit der wohl höchsten Priorität, die vor dem Brüner Tor. Hierfür musste die Stadt mit 3.768 Talern wieder viel Geld aufnehmen;[74] bei jeder großen Baumaßnahme lieh sich die stark verschuldete Stadt erneut Geld, was sie sich aber nur alle paar Jahre leisten konnte. Entsprechend langsam wurden die notwendigen Bastionen gebaut. Der Entwurf für die neue Bastion stammt vom Festungsbaumeister Wolter von Breda, der im April 1601 auf Einladung der Stadt kam und die neue Bastion absteckte.[75] Die Ausführung wurde zwei niederländischen Werkmeistern, Ruib Jansen und Adam de Frieß, übertragen, die ihre Arbeiter mitbrachten.[76] Für die neue Bastion mussten einige Bürgergärten weichen und die städtische Wassermühle, eine Walkmühle, verlegt werden; die Arbeiten an der Mühle und der Schleuse wurde mit Meister Wilhelm van Eßen und seinem Bruder zwei Fachleuten und

70 Prieur, Zeit (wie Anm. 45), S. 189 und 197 f.

71 StAW, A7/209, fol. 49r–54r; A7/214, fol. 49v.

72 StAW, A7/220, fol. 41r.

73 Anderes Datum (9. Mai 1601) bei Bambauer u. Kleinholz 1992 (wie Anm. 61), S. 282.

74 StAW, A7/222, fol. 18v.

75 StAW, A7/222, fol. 28r; der Lohn betrug 147 Taler. Er besichtigte die Arbeiten Ende Juli Anfang August und reiste aus dem niederländischen Lager vor Rheinberg an (fol. 29v). Meister Wolter wurde kurz darauf vor Rheinberg erschossen.

76 StAW, A7/222, fol. 34r; sie wurden vom städtischen Werkmeister Johann Hollandt in Gorinchem abgeholt (fol. 28v).

deren Arbeitern anvertraut.[77] Schließlich wurde der Graben zwischen Brüner und Steintor vertieft.[78] Die Bastion war am Jahresende fertig, die hölzerne Wasserzufuhr für die Mühle nicht, da sie im März 1602 zerbrach und erneuert werden musste. Die Zufuhr am Steintor wurde durch eine steinerne ersetzt. Zudem gab es die üblichen Arbeiten an der Bastion wie Fertigstellung der Brücke und die Aufstellung von Wachhäuschen.[79] Im September 1602 erschienen der Ratsherr Warrenstein, wohl ein Niederländer, und einige niederländische Kommissare, die die Festung besichtigten und einen Plan anfertigten.[80]

Die Arbeiten an der neuen Klostertorbastion begannen in der Osterwoche 1605.[81] Das Bollwerk war von Johann Pasqualini, der persönlich zur Besichtigung erschienen war, ange-ordnet und abgesteckt worden. In der Karwoche hatte auch der angeworbene Ingenieur Junker Johan van Riswick dafür auch einen Entwurf angefertigt. Ausgeführt wurden die Arbeiten durch den Wallmeister Johan Claißen. Da für das neue Werk das Grundstück, auf dem das zerstörte Kloster Oberndorf gestanden hatte, benötigt wurde, wurde mit den Nonnen und dem Propst von Cappenberg im Mai der Verkauf des Areals für 2.800 Taler vereinbart.[82] Die Arbeiten waren aufwändig, weil die Bastion am Wasser besonders gegrün-det (Abb. 11), eine neue Lippebrücke gebaut und das Klostertor verlegt werden musste. Brücke und Tor wurden 1606 in Angriff genommen.[83] Nicht nur Pasqualini war in diesem Jahr allein dreimal zur Inspektion in Wesel und fertigte dabei Entwürfe an; auch spanische und niederländische Militärs kamen, um die Festung zu besichtigen.[84] Für den aufwändigen Neubau des Tores verpflichtete die Stadt Meister Henrich Boll aus Jülich, der auch für die Fassade, deren Material in Andernach gekauft wurde, verantwortlich zeichnete.[85] Das alte Tor musste weichen; es wurde ein Stück weiter nördlich und um 90 Grad im Uhrzeigersinn gedreht neu errichtet und mit einer Brücke über den Rheinarm mit dem Hafen verbunden. Mit Sicherheit ebenfalls abgebrochen wurde das älteste Klostertor, das an der Rheinstraße lag und dem Neubau im Wege stand. Auch das zweite Klostertor sowie zumindest ein Teil der Stadtmauer zwischen dem südlichen Klostertor und dem Fischtor inklusive des Binnenwalls hat man wohl abgetragen. Der Name des Tores änderte sich nach 1630 angesichts des einge-ebneten namengebenden Klosters zu „Rhein- oder Klostertor" und schließlich zu Rheintor (Abb. 12). Fertiggestellt wurde es 1608.[86] Die Arbeiten an der Klostertorbastion dauerten bis

---

77 StAW, A7/222. fol. 26r. Die Arbeiten am „bolwerck", an der Mühle und der Brücke wurden vom städtischen Werkmeister abgerechnet. Die Wochenarbeitszettel sind nicht erhalten. In den Stadtrechnungen erschei-nen nur die Wochenausgaben mit dem Betreffen Boll-werk, Schleuse, Mühle und Brücke.

78 StAW, A7/222, fol. 35r.

79 StAW, A7/223, fol. 35v–37r.

80 StAW, A7/223, fol. 25v.

81 StAW, A7/229, fol. 39r; vgl. auch StAW A1/253,2, fol. 25r ff., Schreiben des Johann Pasqualini vom 19. Mai 1605.

82 StAW, A7/229, fol. 31r ff.; für die neue Bastion muss-ten 1.400 Taler aufgenommen werden (fol. 21r). Prieur, Klöster (wie Anm. 45), S. 20 f.

83 StAW, A7/583, fol. 28v (neue Lippebrücke); A1/253,2, fol. 29r, Schreiben des Johann Pasqualini vom 23. Sept. 1606.

84 StAW, A7/583, fol. 27v.

85 StAW, A7/232, fol. 28r. Zum Bau des Klostertores vgl. auch StAW A1/253,2, fol. 29r, Schreiben des Johann Pasqualini vom 23. Sept. 1606.

86 StAW, A3/233, fol. 48r: Arbeiten am neuen Kloster-tor (Dach gedeckt, Verzierungen), fol. 50rff. (diverse Schmiedewaren übers Jahr geliefert).

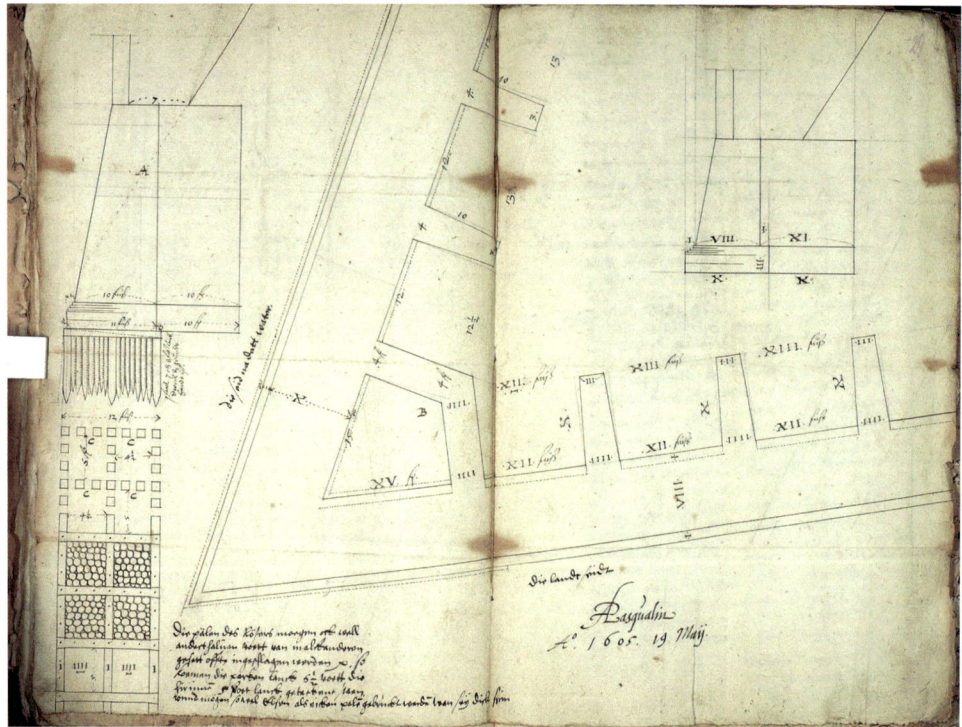

Abb. 11: Zeichnung des Alexander Pasqualini vom 19. Mai 1605 zur Fundamentierung der Klostertorbastion (StAW, A1/253,2, fol. 27v/28r)

Abb. 12: Neues Klostertor, erbaut 1606–1608, Zeichnung von Hendrik Feltmann, um 1650 (Museum Kurhaus Kleve, S.A. Hz 183)

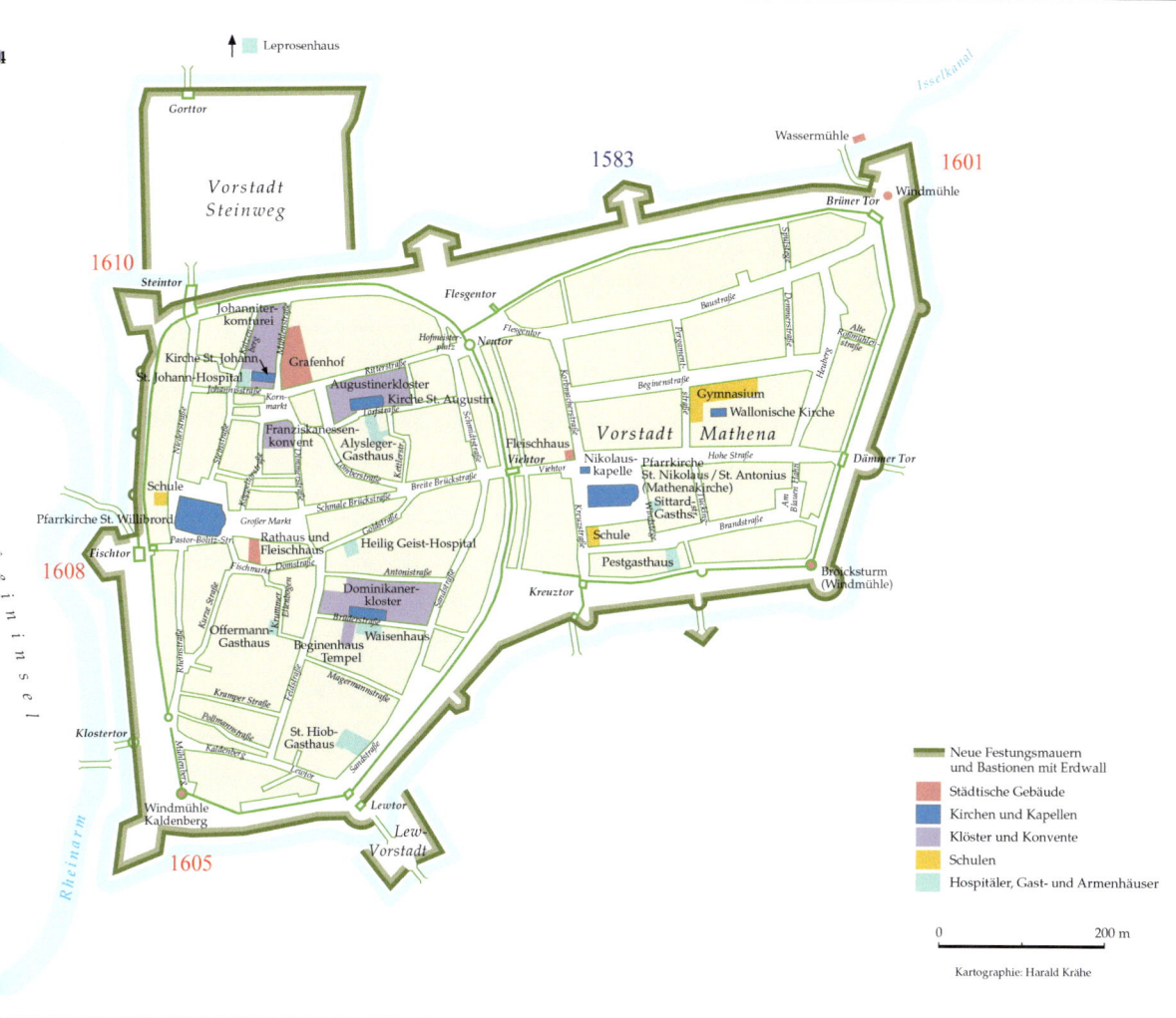

Abb. 13: Die Festung Wesel 1614; eingetragen sind die Baujahre der ab 1583 gebauten Bastionen

zum Jahr 1609. Im Jahr zuvor hatte man mit dem Bau der Fischtorbastion begonnen, die wohl 1610 fertiggestellt war.[87] Zwischen den beiden Bastionen wurde ein neuer Wall gebaut, in dem auch das neue Klostertor stand. Im Juni 1610 begann man schließlich mit dem Bau der neuen Bastion vor dem Steintor, indem man die alte, irdene Bastion abtrug. An dieser neuen Bastion wurde bis 1613 gearbeitet.[88] Im Jahr darauf musste der Wall beim Steintor

---

87 StAW, A7/234, fol. 24v, A7/235, fol. 24v; A7/236, fol. 24v f.

88 StAW, A7/236, fol. 43r; A7/244, fol. 35v.

wegen der neuen Bastion erneuert werden.[89] Dafür nahm die Stadt wiederum zwischen 1608 und 1611 die stolze Summe von 17.137 Talern auf, davon allein 5.300 Taler im Jahre 1610 als Folgekosten für den Bau der Klostertorbastion. Das Geld wurde benötigt für den Bau einer neuen Brücke und den neuen Hafendeich beim Klostertor.[90] Zwischen Steintor- und Fischtorbastion gab es augenscheinlich keinen neuen Erdwall, sondern es blieb bei der Stadtmauer mit dem dahinterliegenden Binnenwall (Abb. 13).

Nicht nachzuweisen ist der Bau des Hornwerks vor dem Lewtor zum Schutz der dortigen Vorstadt. Da das Hornwerk ebenso wie die Schanze am Rhein in einer italienischen Darstellung der Belagerung Wesels im September 1614 eingetragen sind, ist zu vermuten, dass beide zeitnah errichtet worden sind.

Letzte Erweiterungen nach dem Plan des Abraham von Nyvelt (1612–1614)

Zur Sammlung des württembergischen Generals und Militärtheoretikers Ferdinand Friedrich von Nicolai (1730–1814), die heute in der Württembergischen Landesbibliothek in Stuttgart liegt, gehört auch eine undatierte Handzeichnung der altniederländischen Festung Wesel.[91] Wie Nicolai an den Plan gelangte, ist nicht überliefert; die Vorlage muss eigentlich aus Wesel kommen, denn die Zeichnung weist zwei überaus bedeutende Merkmale auf, die wesentlich zum Verständnis von Zeichnungen und Drucken der Weseler Festung aus dem 17. Jahrhundert beitragen. Das Besondere an dieser Karte sind zum einen die ausführlichen Erläuterungen und zum anderen die gekennzeichneten wie auch in den Erläuterungen beschriebenen geplanten bzw. möglichen Erweiterungen der Festung. Insgesamt umfassen die Erläuterungen sechzig Items.

Die Karte enthält sieben projektierte Festungswerke, ein Ravelin, drei Hornwerke und drei Halbe Monde, sind im Plan vorhanden, von denen tatsächlich nur das Ravelin ‚L‘ und der Halbe Mond ‚Q‘ ausgeführt wurden. Diese dürften erst nach dem Tod Pasqualinis im Jahre 1612 angelegt worden sein.

Die schon mehrfach erwähnte Akte zum Weseler Festungsbau enthält auch eine Reihe von Zeichnungen, die entweder entnommen wurden oder aber in der Akte belassen wurden. Nicht mehr vorhanden ist leider der farbige Plan der Stadt Wesel von dem niederländischen Ingenieurkapitän und Kompaniechef Abraham van Nyvelt, den die Stadt im August 1611 von ihm erhielt.[92] Dieser wird in Kunstdenkmälern des Kreises Rees von Paul Clemen[93] nur erwähnt und nicht beschrieben, so dass wir nur aufgrund der Urheberschaft mutmaßen

89 StAW, A7/246, fol. 19v f. 1614 wurde eine nicht genannte Summe für den Wall beim Steintor aufgenommen.

90 StAW, A7/234, fol. 24v (5.000 Taler); A7/235, fol. 21v f. (5.165 Taler); A7/236, fol. 24v f. (1.672 Taler); A7/238, fol. 19r (5.300 Taler).

91 Württembergische Landesbibliothek, Stuttgart, Nic.S.146, fol. 22r. Vgl. dazu auch Roelen 2022 (wie Anm. 4), S. 119–129.

92 StAW, A3/74, fol. 117v und A7/240, fol. 34r.

93 Paul Clemen, Die Kunstdenkmäler des Kreises Rees (Die Kunstdenkmäler der Rheinprovinz, Bd. 2.1), Düsseldorf 1892 (Nachdruck 1985), S. 140 f.

Abb. 14: Belagerung Wesels durch spanische Truppen im September 1614. Die Karte zeigt das Hornwerk vor dem Lewtor, das Ravelin sowie die Schanze am Rhein (StAW, L3)

können, es handelte sich um die Vorlage für die Nicolai'sche Handzeichnung (Abb. 15). Diese entstand in jedem Falle zwischen 1611 und 1614, was für den Plan von Abraham van Nyvelt spricht.

Nicht nachzuweisen ist der Bau des Hornwerks vor dem Lewtor zum Schutz der dortigen Vorstadt und des Ravelins ‚L'. Da das Hornwerk – der halbe Mond ‚Q' der Nicolai'schen bzw. Nyvelt'schen Karte – ebenso wie das Ravelin und die Schanze am Rhein in einer italienischen Darstellung der Belagerung Wesels im September 1614 eingetragen sind (Abb. 14), ist zu vermuten, dass alle drei zeitnah errichtet worden sind.[94]

Zum eher klein dargestellten Ravelin ‚L', das eine in den bekannten Ansichten und Plänen nicht eingetragene und hohe Behr genannte Schleuse deckte, haben sich drei Ansichten aus der Mitte des 17. Jahrhunderts erhalten (Abb. 16). Sie gehören zu den noch vorhandenen

94 Zu den bekannten Darstellungen der Belagerung vgl.
    Roelen 2022 (wie Anm. 4), S. 124–127.

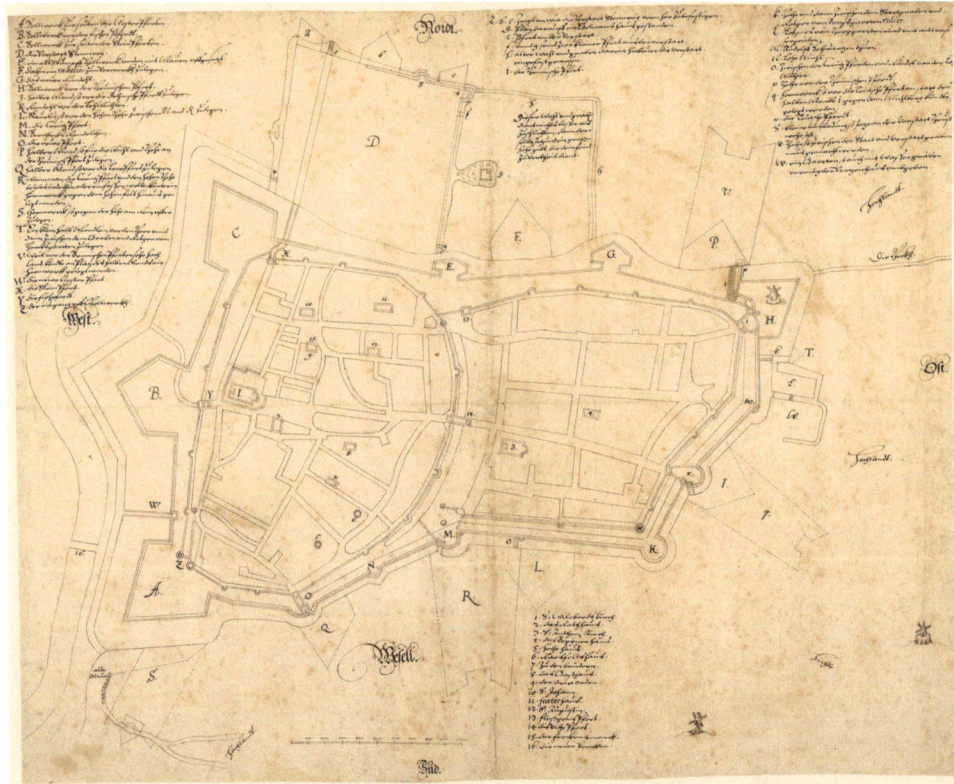

Abb. 15: Wesel. Handzeichnung aus der Sammlung Nicolai, wohl nach Abraham von Nyvelt 1611 (Württembergische Landesbibliothek, Stuttgart, Nic.S.146, fol. 22r)

acht Ansichten der Befestigungen Wesels, die vor allem durch ihre genaue Darstellung von Befestigungen und Stadt bestechen.[95]

*

Im Jahre 1614 hatte die Stadt Wesel ihre Festungsanlagen gerade einmal zur Hälfte nach den Vorstellungen des 1612 verstorbenen klevischen Festungsbaumeisters Johann Pasqualini des Jüngeren umgebaut. Es gab vom Klostertor über das Stein- bis zum Brüner Tor sechs der geforderten elf Bastionen. Auf der Ost- und Südseite bestanden noch ältere Bollwerke,

---

95 Vgl. die Abbildungen 19–26, bes. 19, 21 und 22, in Heiko Suhr, Spielball der Mächte? Festungsbau in Wesel unter spanischen, niederländischen und französischen Vorzeichen, in: Martin Wilhelm Roelen (Hrsg.), Stadt und Festung Wesel in Mittelalter und Neuzeit (Studien und Quellen zur Geschichte von Wesel 42), Wesel 2021, S. 46–77, hier S. 72 f.

Abb. 16: Ansicht aus der Mitte des 17. Jahrhunderts der Befestigungen an der Südseite der Mathena mit dem Ravelin (Staatliche Museen zu Berlin, Preußischer Kulturbesitz, Kupferstichkabinett, Top Wesel 2)

Rondelle, die auf eine Modernisierung warteten. Es war ein langer und sehr beschwerlicher Weg zum Bau der Festung, da sich gleichzeitig die Kriegsparteien des niederländischen Freiheitskampfes ungeniert auf fremdem Territorium bekämpften, nach Belieben Städte und Dörfer einnahmen, plünderten, erpressten und zerstörten. Unter dem ständigen Druck vor allem der Spanier, ohne Schutz durch den eigenen Landesherrn und bei einer starken, ständig wachsenden Verschuldung war der Festungsbau unbedingt notwendig, aber letztlich wirkungslos, da die Festung gleich den ersten Feind, die Spanier, im September 1614 nicht aufhalten konnte. Diese belagerten im Jülich-Klevischen Erbfolgestreit als Verbündete des katholischen Prätendenten Wolfgang Wilhelm von Pfalz-Neuburg die Stadt, um sie als Faustpfand einzunehmen. Die Stadt kapitulierte – ohne Hoffnung auf Entsatz – nach wenigen Tagen, die Spanier besetzten sie und blieben, wie die Niederländer in den von ihnen besetzten Städten auch, als im November 1614 die Prätendenten, Brandenburg und Pfalz-Neuburg, sich im Vertrag von Xanten vorerst geeinigt hatten. Die vereinbarte Räumung der eingenommenen Orte unterblieb.

Abbildungsnachweis

Abb. 1–9, 11, 14: Stadtarchiv Wesel
Abb. 10: Krigsarkivet Stockholm
Abb. 12: Museum Kurhaus Kleve
Abb. 13: Entwurf: Martin Wilhelm Roelen, Kartographie: Harald Krähe
Abb. 15: Württembergische Landesbibliothek, Stuttgart
Abb. 16: Staatliche Museen zu Berlin, Preußischer Kulturbesitz, Kupferstichkabinett, Foto: Dietmar Katz

Josef Vogt

Das Reduit des ehemaligen Forts Fusternberg als Fundament für eine Kirche[1]

Mitte des 19. Jahrhunderts wurde Wesel an das neue in der Entstehung begriffene Eisenbahnnetz angeschlossen. 1856 wurde die Strecke nach Düsseldorf und Haltern eröffnet. 1874/1878 folgten die Strecken nach Geldern, Kleve, Arnheim, Zutphen und Münster. Zum Schutz der Eisenbahnlinien wurden verschiedene Forts rund um Wesel errichtet (Abb. 1).

Die Strecke nach Haltern und der Bahnhof wurden vom Fort Fusternberg, erbaut 1857, und auf der anderen Lippeseite die Strecke nach Düsseldorf vom Lippebrückenkopf, erbaut 1857, gesichert.

Zum Schutz der neuen Eisenbahnbrücke über den Rhein wurde das Fort I um 1878 erbaut, es hatte gleichzeitig die Strecke nach Geldern zu sichern. Das Fort II, erbaut ab 1876, lag in der Gabelung der Strecken nach Geldern, Emmerich und Bocholt.

Im weiteren Verlauf des 19. Jahrhunderts verlor die Festung Wesel immer mehr an Bedeutung. 1886 wurde durch die Reichsregierung der Entschluss gefasst, die Stadtbefestigungen zu beseitigen. Nach 1900 wurde das Fort Fusternberg aufgegeben.

Wenn man sich aus nördlicher Richtung der Stadt Wesel nähert, sieht man ein Gebäude von beeindruckender Architektur. Es ist die katholische Kirche „Zu den Heiligen Engeln" im Weseler Stadtteil Fusternberg (Abb. 2). Diese Kirche steht auf dem Reduit des ehemaligen Fort Fusternberg (Abb. 3). Es bedeckte eine Fläche von ca. 5 1/2 ha und war in Form eines Dreiecks mit zwei Schultercaponnieren und in der Spitze des Hauptgrabens mit einem halbrunden Blockhaus sowie in der Kehle mit einem Reduit errichtet worden (Abb. 4, 5).

Das Fort wurde gegen Ende der 70er-Jahre des 19. Jahrhunderts noch umgebaut und verstärkt. Das Reduit erhielt auf der Feldseite (heute Eingangsseite zur Krypta) einen zusätzlichen Mauerring und eine Ummantelung in Form eines Erdwalles und im Fort wurden diverse Hohltraversen angelegt.

Nach der Auflassung der Festung kaufte die Stadt das Fort für 69.000 Mark und übernahm das Gelände im April 1908. Mit dem Abbruch des Forts wurde bereits 1915 begonnen,

---

1 Gekürzte und überarbeitete Fassung von Josef Vogt, Die Friedenskirche „Zu den Heiligen Engeln". Das Reduit des ehemaligen Forts Fusternberg als Funda- ment für die Kirche, in: Wesel und der untere Niederrhein 5 (2015), S. 181–187.

Abb. 1: Plan der Festung Wesel von 1880 mit den Forts um die Stadt herum

Abb. 2: Friedenskirche „Zu den Heiligen Engeln", Luftaufnahme von Norden 1959

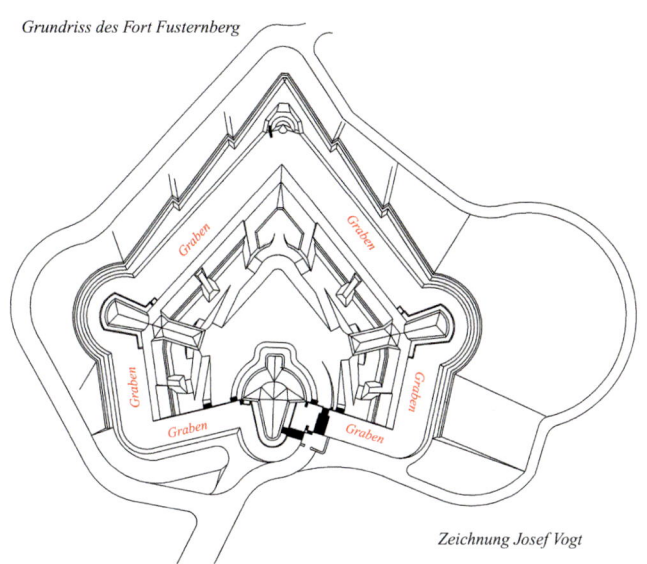

Grundriss des Fort Fusternberg

Zeichnung Josef Vogt

Abb. 3: Grundriss des
Reduits des Forts Fusternberg, Mittelgeschoss

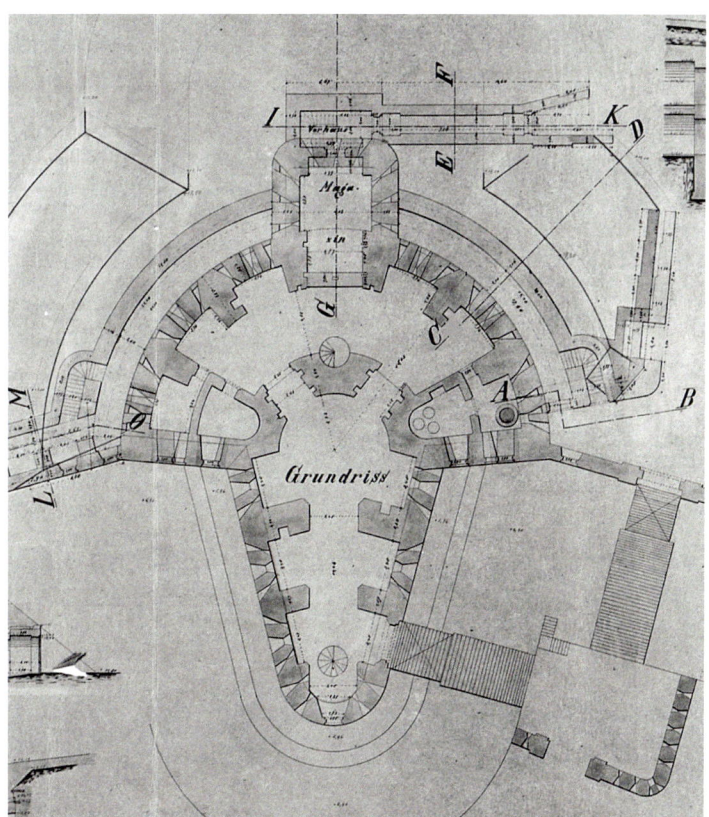

Abb. 4: Grundriss des
Forts Fusternberg

Abb. 5: Im Tiefgeschoss des Forts Fusternberg

die endgültige Niederlegung erfolgte jedoch erst ab 1922 durch Erwerbslose. Die Gräben wurden verfüllt und das Gelände eingeebnet, parzelliert und als Bauland verkauft.

Von diesem Fort sind noch das Reduit und die linke Schultercaponniere erhalten geblieben. Die rechte Schultercaponniere ist zwar ebenfalls vorhanden, aber überbaut und nicht mehr zugänglich. Der Eingang ins Fort lag auf der Westseite. Es führten zwei Brücken über den Festungsgraben, eine in das Reduit, in Höhe des Mittelgeschosses, und eine in den Innenhof des Forts. Beide Brücken waren mit Zugbrücken versehen. Im Reduit kann man heute noch die Rollen, über die die Ketten der Zugbrücke liefen, sehen. Vor dem Graben stand ein gesichertes Wachthäuschen.

Das Reduit ist im vorderen Bereich (stadtseitig) dreigeschossig und im hinteren Bereich (feldseitig), zweigeschossig. Seine Wände, Bögen und Pfeiler sind aus Ziegelsteinen gemauert. Das tiefste Geschoss des Reduits, im Bereich der Grabensohle gelegen, war nur zur Verteidigung mit Gewehren ausgebaut, deshalb befinden sich in den Außenmauern nur Gewehrscharten. Vom mittleren Geschoss aus konnte schon über das Glacis hinweg mit leichten Geschützen geschossen werden.

In den Außenwänden befinden sich kleine Geschützscharten und links und rechts davon Gewehrscharten. Oberhalb der Scharten sind die Öffnungen der Rauchabzüge sichtbar

Abb. 6: Fort Fusternberg. Luftaufnahme vor der Schleifung; 1 – Reduit, 2 – Schultercaponniere, 3 – Graben

(Abb. 6). Im obersten Geschoss standen die schwereren Geschütze. In die ehemaligen Geschützscharten sind zum Ausbau der Krypta als Kirchenraum Fenster eingebaut worden.

Wenn man durch die Geschosse des Reduits unterhalb des modernen Kirchenbaus geht, sieht man an verschiedenen Pfeilern senkrechte Mauerschlitze. In diese Schlitze konnten bei Gefahr (Einbruch des Gegners) zu Verteidigungszwecken Holzbalken eingeschoben werden. Die einzelnen Geschosse waren durch Wendeltreppen mit einander verbunden. Vom Mittelgeschoss führte eine Treppe (leider entfernt) ins Obergeschoss und im vorderen Bereich (in der Spitze) eine Treppe ins Untergeschoss. Für die Soldaten gab es keine abgeschlossenen Stuben, sie hatten im Reduit verteilt ihre Schlafstätten. Im Mittelgeschoss waren die Küche sowie Toiletten untergebracht (Abb. 7).

Die Wände, Bögen und Pfeiler der zweigeschossigen Schultercaponnieren waren ebenfalls aus Ziegelsteinen gemauert. Sie waren so zum Hauptgraben angelegt worden, dass der Graben in beiden Längsrichtungen bestrichen werden konnte. In ihrer Längsachse waren die Caponnieren höhenversetzt. Der im Graben befindliche zweigeschossige Teil war um ein Geschoss tiefer gelegt. Das untere Geschoss war zur Gewehrverteidigung eingerichtet worden und vom oberen Geschoss aus konnte wiederum über das Glacis hinweg geschossen werden. Das oberirdische, heute als Garage genutzte Gebäude, gehört zum höher liegenden rückwärtigen Teil einer Caponniere. Der Graben um das Fort hatte eine Breite von 15 m und

Abb. 7: Das Mittelgeschoss des Forts Fusternberg

Abb. 8: Ansicht des Reduits des Forts Fusternberg während der Nutzung als Notkirche

war als trockener Graben angelegt worden. Seine Escarpenmauern waren aus Ziegelsteinen gemauert.

Der Zweite Weltkrieg brachte neben der Zerstörung der Stadt Wesel auch die Zerstörung der Weseler Gotteshäuser mit sich. Nach dem Krieg suchten die Kirchengemeinden Räumlichkeiten, in denen sie Gottesdienste abhalten konnten. Die Gemeinde Maria Himmelfahrt fand in dem Reduit des ehemaligen Forts Fusternberg im Obergeschoss einen geeigneten Raum, um hier eine Notkirche einzurichten (Abb. 8). Die Zweckentfremdung des Reduits war jedoch keine Lösung von Dauer, zumal der Raum mit der Zeit zu klein wurde. So war der Wunsch verständlich, einen eigenen Kirchenneubau zu erhalten. Die Kirchengemeinde erwarb das Grundstück des ehemaligen Forts von der Stadt Wesel und konnte mit den Planungen für eine neue Kirche beginnen.

Auf Empfehlung des Generalvikariats des Bistums Münster sollte der Kölner Architekt Hans Schilling eine Hochkirche im Bereich des Forts planen. Bevor der Auftrag an einen Architekten vergeben werden konnte, wurde ein Architektenwettbewerb ausgeschrieben. Mehrere Architekten reichten ihre Entwürfe – diverse burgartige aber auch konventionelle – ein.

Der Entwurf des Architekten Hans Schilling sah einen Neubau auf dem Reduit des ehemaligen Forts vor, indem er die Grundrissform des Reduits übernahm. Bei einer Überplanung des Reduits wurde seitens der Denkmalpflege und des Landeskonservators zur Auflage gemacht, dass die ursprüngliche Form des Reduits nicht verändert werden durfte (Abb. 9).

Abb. 9: Die fertige Kirche „Zu den Heiligen Engeln"

Nach dem Entwurf des Architekten sind die Außenwände des aufstehenden Kirchenschiffs bündig mit den Außenwänden des Reduits errichtet worden. Jedoch wurde das umlaufende Gesims des Reduits abgeschlagen. Einen Glockenturm sucht man vergebens. Das vorspringende ehemalige Magazin des Reduits wurde zusammen mit dem Kirchenschiff aufgemauert. In diesem vorgebauten Teil, der u. a. verschiedene Räume enthält, befinden sich die Glocken in einer Glockenkammer unter dem Dach (Abb. 10).

Das Dach der Kirche, eine Stahlbetonkonstruktion mit Unterzügen, erstreckt sich frei gespannt über den gesamten Kirchenraum, der hallenartig das gesamte Reduit überdeckt (Abb. 11).

Die Kirche wurde in den Jahren 1956 bis 1958 errichtet und am 2. Februar 1958 wurde sie als Friedenskirche „Zu den Heiligen Engeln" konsekriert.

Abbildungsnachweis

Abb. 1–4, 6, 8–11: Josef Vogt
Abb. 5, 7: Guido von Büren

Abb. 10: Der Kirchenraum der Kirche
„Zu den Heiligen Engeln"

Abb. 11: Der Glockenturm der Kirche
„Zu den Heiligen Engeln"

Autorenverzeichnis

Dr. Martin Klöffler
Neusser Weg 72
40474 Düsseldorf
E-Mail: M_K_Kloeffler@t-online.de

Benedikt Loew
Städtisches Museum Saarlouis
Alte Brauerei-Straße, Kaserne VI
66740 Saarlouis
E-Mail: loew@saarlouis.de

Marcel Pfeil
Pappelweg 37
28865 Lilienthal
E-Mail: marcelpfeil1961@gmail.com

Werner Pfeil (†)

Kateřina Pražáková, Ph.D.
Jihočeská univerzita v Českých
Budějovicích (Südböhmische Universität in
České Budějovice)
Branišovská 31A
370 05 České Budějovice
Tschechien
katerina.prazakova@gmail.com

Lutz Reichardt
Im Leinertsgarten 13
56841 Traben-Trarbach
E-Mail: lutz.reichardt@gmx.net

Dr. Martin-Wilhelm Roelen
E-Mail: mwjmr@arcor.de

Dr. habil. Anne-Simone Rous
E-Mail: asrous@gmail.com

Dipl.-Ing. Josef Vogt
Niederstr. 23a
46483 Wesel
E-Mail: vogtjosef@t-online.de

Dr. Klaus T. Weber
E-Mail: klweber@uni-mainz.de